"十三五"国家重点图书出版规划项目

智能制造系列丛书

精益制造与管理

刘洪伟 齐二石 著

LEAN MANUFACTURING AND MANAGEMENT

清华大学出版社
北京

本书封面贴有清华大学出版社防伪标签，无标签者不得销售。
版权所有，侵权必究。举报：010-62782989，beiqinquan@tup.tsinghua.edu.cn。

图书在版编目（CIP）数据

精益制造与管理/刘洪伟，齐二石著．—北京：清华大学出版社，2023.12
（智能制造系列丛书）
ISBN 978-7-302-63204-7

Ⅰ. ①精… Ⅱ. ①刘… ②齐… Ⅲ. ①制造工业－工业企业管理 Ⅳ. ①F407.406

中国国家版本馆 CIP 数据核字（2023）第 052478 号

责任编辑：冯　昕　王　华
封面设计：李召霞
责任校对：欧　洋
责任印制：杨　艳

出版发行：清华大学出版社
　　　网　　址：https://www.tup.com.cn，https://www.wqxuetang.com
　　　地　　址：北京清华大学学研大厦 A 座　　邮　　编：100084
　　　社　总　机：010-83470000　　邮　　购：010-62786544
　　　投稿与读者服务：010-62776969，c-service@tup.tsinghua.edu.cn
　　　质量反馈：010-62772015，zhiliang@tup.tsinghua.edu.cn
印 装 者：涿州市般润文化传播有限公司
经　　销：全国新华书店
开　　本：170mm×240mm　　印　张：17.5　　字　　数：359 千字
版　　次：2023 年 12 月第 1 版　　印　　次：2023 年 12 月第 1 次印刷
定　　价：65.00 元

产品编号：078290-01

智能制造系列丛书编委会名单

主　任：
　　周　济

副主任：
　　谭建荣　李培根

委　员（按姓氏笔画排序）：

王　雪	王飞跃	王立平	王建民
尤　政	尹周平	田　锋	史玉升
冯毅雄	朱海平	庄红权	刘　宏
刘志峰	刘洪伟	齐二石	江平宇
江志斌	李　晖	李伯虎	李德群
宋天虎	张　洁	张代理	张秋玲
张彦敏	陆大明	陈立平	陈吉红
陈超志	邵新宇	周华民	周彦东
郑　力	宗俊峰	赵　波	赵　罡
钟诗胜	袁　勇	高　亮	郭　楠
陶　飞	霍艳芳	戴　红	

丛书编委会办公室

主　任：
　　陈超志　张秋玲

成　员：

郭英玲	冯　昕	罗丹青	赵范心
权淑静	袁　琦	许　龙	钟永刚
刘　杨			

Foreword 丛书序 1

制造业是国民经济的主体,是立国之本、兴国之器、强国之基。习近平总书记在党的十九大报告中号召:"加快建设制造强国,加快发展先进制造业。"他指出:"要以智能制造为主攻方向推动产业技术变革和优化升级,推动制造业产业模式和企业形态根本性转变,以'鼎新'带动'革故',以增量带动存量,促进我国产业迈向全球价值链中高端。"

智能制造——制造业数字化、网络化、智能化,是我国制造业创新发展的主要抓手,是我国制造业转型升级的主要路径,是加快建设制造强国的主攻方向。

当前,新一轮工业革命方兴未艾,其根本动力在于新一轮科技革命。21世纪以来,互联网、云计算、大数据等新一代信息技术飞速发展。这些历史性的技术进步,集中汇聚在新一代人工智能技术的战略性突破,新一代人工智能已经成为新一轮科技革命的核心技术。

新一代人工智能技术与先进制造技术的深度融合,形成了新一代智能制造技术,成为新一轮工业革命的核心驱动力。新一代智能制造的突破和广泛应用将重塑制造业的技术体系、生产模式、产业形态,实现第四次工业革命。

新一轮科技革命和产业变革与我国加快转变经济发展方式形成历史性交汇,智能制造是一个关键的交汇点。中国制造业要抓住这个历史机遇,创新引领高质量发展,实现向世界产业链中高端的跨越发展。

智能制造是一个"大系统",贯穿于产品、制造、服务全生命周期的各个环节,由智能产品、智能生产及智能服务三大功能系统以及工业智联网和智能制造云两大支撑系统集合而成。其中,智能产品是主体,智能生产是主线,以智能服务为中心的产业模式变革是主题,工业智联网和智能制造云是支撑,系统集成将智能制造各功能系统和支撑系统集成为新一代智能制造系统。

智能制造是一个"大概念",是信息技术与制造技术的深度融合。从20世纪中叶到90年代中期,以计算、感知、通信和控制为主要特征的信息化催生了数字化制造;从90年代中期开始,以互联网为主要特征的信息化催生了"互联网+制造";当前,以新一代人工智能为主要特征的信息化开创了新一代智能制造的新阶段。

这就形成了智能制造的三种基本范式,即:数字化制造(digital manufacturing)——第一代智能制造;数字化网络化制造(smart manufacturing)——"互联网+制造"或第二代智能制造,本质上是"互联网+数字化制造";数字化网络化智能化制造(intelligent manufacturing)——新一代智能制造,本质上是"智能+互联网+数字化制造"。这三个基本范式次第展开又相互交织,体现了智能制造的"大概念"特征。

对中国而言,不必走西方发达国家顺序发展的老路,应发挥后发优势,采取三个基本范式"并行推进、融合发展"的技术路线。一方面,我们必须实事求是,因企制宜、循序渐进地推进企业的技术改造、智能升级,我国制造企业特别是广大中小企业还远远没有实现"数字化制造",必须扎扎实实完成数字化"补课",打好数字化基础;另一方面,我们必须坚持"创新引领",可直接利用互联网、大数据、人工智能等先进技术,"以高打低",走出一条并行推进智能制造的新路。企业是推进智能制造的主体,每个企业要根据自身实际,总体规划、分步实施、重点突破、全面推进,产学研协调创新,实现企业的技术改造、智能升级。

未来 20 年,我国智能制造的发展总体将分成两个阶段。第一阶段:到 2025 年,"互联网+制造"——数字化网络化制造在全国得到大规模推广应用;同时,新一代智能制造试点示范取得显著成果。第二阶段:到 2035 年,新一代智能制造在全国制造业实现大规模推广应用,实现中国制造业的智能升级。

推进智能制造,最根本的要靠"人",动员千军万马、组织精兵强将,必须以人为本。智能制造技术的教育和培训,已经成为推进智能制造的当务之急,也是实现智能制造的最重要的保证。

为推动我国智能制造人才培养,中国机械工程学会和清华大学出版社组织国内知名专家,经过三年的扎实工作,编著了"智能制造系列丛书"。这套丛书是编著者多年研究成果与工作经验的总结,具有很高的学术前瞻性与工程实践性。丛书主要面向从事智能制造的工程技术人员,亦可作为研究生或本科生的教材。

在智能制造急需人才的关键时刻,及时出版这样一套丛书具有重要意义,为推动我国智能制造发展作出了突出贡献。我们衷心感谢各位作者付出的心血和劳动,感谢编委会全体同志的不懈努力,感谢中国机械工程学会与清华大学出版社的精心策划和鼎力投入。

衷心希望这套丛书在工程实践中不断进步、更精更好,衷心希望广大读者喜欢这套丛书、支持这套丛书。

让我们大家共同努力,为实现建设制造强国的中国梦而奋斗。

周济

2019 年 3 月

Foreword | **丛书序 2**

技术进展之快,市场竞争之烈,大国较劲之剧,在今天这个时代体现得淋漓尽致。

世界各国都在积极采取行动,美国的"先进制造伙伴计划"、德国的"工业 4.0 战略计划"、英国的"工业 2050 战略"、法国的"新工业法国计划"、日本的"超智能社会 5.0 战略"、韩国的"制造业创新 3.0 计划",都将发展智能制造作为本国构建制造业竞争优势的关键举措。

中国自然不能成为这个时代的旁观者,我们无意较劲,只想通过合作竞争实现国家崛起。大国崛起离不开制造业的强大,所以中国希望建成制造强国、以制造而强国,实乃情理之中。制造强国战略之主攻方向和关键举措是智能制造,这一点已经成为中国政府、工业界和学术界的共识。

制造企业普遍面临着提高质量、增加效率、降低成本和敏捷适应广大用户不断增长的个性化消费需求,同时还需要应对进一步加大的资源、能源和环境等约束之挑战。然而,现有制造体系和制造水平已经难以满足高端化、个性化、智能化产品与服务的需求,制造业进一步发展所面临的瓶颈和困难迫切需要制造业的技术创新和智能升级。

作为先进信息技术与先进制造技术的深度融合,智能制造的理念和技术贯穿于产品设计、制造、服务等全生命周期的各个环节及相应系统,旨在不断提升企业的产品质量、效益、服务水平,减少资源消耗,推动制造业创新、绿色、协调、开放、共享发展。总之,面临新一轮工业革命,中国要以信息技术与制造业深度融合为主线,以智能制造为主攻方向,推进制造业的高质量发展。

尽管智能制造的大潮在中国滚滚而来,尽管政府、工业界和学术界都认识到智能制造的重要性,但是不得不承认,关注智能制造的大多数人(本人自然也在其中)对智能制造的认识还是片面的、肤浅的。政府勾画的蓝图虽气势磅礴、宏伟壮观,但仍有很多实施者感到无从下手;学者们高谈阔论的宏观理念或基本概念虽至关重要,但如何见诸实践,许多人依然不得要领;企业的实践者们侃侃而谈的多是当年制造业信息化时代的陈年酒酿,尽管依旧散发清香,却还是少了一点智能制造的气息。有些人看到"百万工业企业上云,实施百万工业 APP 培育工程"时劲头十足,可真准备大干一场的时候,又仿佛云里雾里。常常听学者们言,CPS(cyber-physical systems,信息物理系统)是工业 4.0 和智能制造的核心要素,CPS 万不能离开数字孪生体(digital twin)。可数字孪生体到底如何构建? 学者也好,工程师也好,少有人能够清晰道来。又如,大数据之重要性日渐为人们所知,可有了数据后,又如何分析? 如何从中提炼知识? 企业人士鲜有知其个中究竟的。至于关键词"智能",什么样的制造真正是"智能"制造? 未来制造将"智能"到何种程度? 解读纷纷,莫衷一是。我的一位老师,也是真正的智者,他说:"智能制造有几分能说清楚? 还有几分是糊里又糊涂。"

所以,今天中国散见的学者高论和专家见解还远不能满足智能制造相关的研究者和实践者们之所需。人们既需要微观的深刻认识,也需要宏观的系统把握;既需要实实在在的智能传感器、控制器,也需要看起来虚无缥缈的"云";既需要对理念和本质的体悟,也需要对可操作性的明晰;既需要互联的快捷,也需要互联的标准;既需要数据的通达,也需要数据的安全;既需要对未来的前瞻和追求,也需要对当下的实事求是……。满足多方位的需求,从多视角看智能制造,正是这套丛书的初衷。

为助力中国制造业高质量发展,推动我国走向新一代智能制造,中国机械工程学会和清华大学出版社组织国内知名的院士和专家编写了"智能制造系列丛书"。本丛书以智能制造为主线,考虑智能制造"新四基"[即"一硬"(自动控制和感知硬件)、"一软"(工业核心软件)、"一网"(工业互联网)、"一台"(工业云和智能服务平台)]的要求,由 30 个分册组成。除《智能制造:技术前沿与探索应用》《智能制造标准化》《智能制造实践》3 个分册外,其余包含以下五大板块:智能制造模式、智能设计、智能传感与装备、智能制造使能技术以及智能制造管理技术。

本丛书编写者包括高校、工业界拔尖的带头人和奋战在一线的科研人员,有着丰富的智能制造相关技术的科研和实践经验。虽然每一位作者未必对智能制造有全面认识,但这个作者群体的知识对于试图全面认识智能制造或深刻理解某方面技术的人而言,无疑能有莫大的帮助。丛书面向从事智能制造工作的工程师、科研人员、教师和研究生,兼顾学术前瞻性和对企业的指导意义,既有对理论和方法的描述,也有实际应用案例。编写者经过反复研讨、修订和论证,终于完成了本丛书的编写工作。必须指出,这套丛书肯定不是完美的,或许完美本身就不存在,更何况智能制造大潮中学界和业界的急迫需求也不能等待对完美的寻求。当然,这也不能成为掩盖丛书存在缺陷的理由。我们深知,疏漏和错误在所难免,在这里也希望同行专家和读者对本丛书批评指正,不吝赐教。

在"智能制造系列丛书"编写的基础上,我们还开发了智能制造资源库及知识服务平台,该平台以用户需求为中心,以专业知识内容和互联网信息搜索查询为基础,为用户提供有用的信息和知识,打造智能制造领域"共创、共享、共赢"的学术生态圈和教育教学系统。

  我非常荣幸为本丛书写序,更乐意向全国广大读者推荐这套丛书。相信这套丛书的出版能够促进中国制造业高质量发展,对中国的制造强国战略能有特别的意义。丛书编写过程中,我有幸认识了很多朋友,向他们学到很多东西,在此向他们表示衷心感谢。

  需要特别指出,智能制造技术是不断发展的。因此,"智能制造系列丛书"今后还需要不断更新。衷心希望,此丛书的作者们及其他的智能制造研究者和实践者们贡献他们的才智,不断丰富这套丛书的内容,使其始终贴近智能制造实践的需求,始终跟随智能制造的发展趋势。

2019 年 3 月

Preface 前言

精益制造与管理、精益生产、精益管理在国内制造业已非常流行。究其概念来说,大同小异。20世纪80年代日本的丰田生产方式(Toyota production system,TPS)创造了举世闻名的效益,被美国学者概括为精益生产(lean production,LP),也因为创造了非常惊人的管理效益,又称为精益管理(lean management,LM)。对于精益制造与管理(lean manufacturing and management,LMM),文中简称精益制造,其含义与上述概念差不多。根据我国制造业的现实需要,可以说精益制造与管理包括精益设计、精益生产、精益管理之含义。

那么为何精益管理当前会在我国制造业被广泛应用?这应从我国制造业发展阶段来考虑。我国制造业真正高速发展应是近三四十年的事,比美、日、德等制造强国晚一百年以上,在技术、管理等各个方面经验不足。因而深入研究分析西方发达国家制造业发展的历史规律就极为重要,使我们不至于走错路、走弯路而影响我国制造业的健康发展。

作者基于三方面的认识和观点,确立了本书的基本内容,供广大读者和相关专家参考。

1. 基于美、日、德等发达国家制造业发展路线的规律分析

18世纪以蒸汽机为代表的英国工业革命,开创了技术创新引领制造业发展的先河。后来,欧洲的德国、法国因在第二次工业革命中的领先地位,开拓了欧洲制造业统治世界的局面。由于18—19世纪市场主体上是一个"稀缺市场",所以有产品、工艺、设备、材料等方面的技术创新,企业效益就好。

到了19世纪末、20世纪初,国际市场的形成和市场过剩竞争的产生,使以欧洲移民为主的美国不仅要继承前辈的技术创新能力,还必须创造另外一种工程技术,即解决效率、质量、成本(集成起来称为效益)问题的工业工程(industrial engineering,IE)。最典型的案例是汽车发明于德国,卡尔·弗雷德里希·本茨(Karl Friedrich Benz)在汽车的产品设计、制造工艺上贡献非凡,可是其生产组织形式则是作坊式,效率低下;几十年后大西洋另一端的美国密歇根有个叫亨利·福特(Henry Ford)的企业家,他发明了大批量流水生产线的新型生产组织形式,创

造出比本茨的生产模式高几十倍、几百倍的生产效率。也就是说,亨利·福特以工业工程的原理加上德国本茨的汽车技术创新,实现了市场竞争的成功。此后,技术创新和以工业工程为特征的管理创新支撑美国取得了第一次世界大战和第二次世界大战的胜利,打垮了欧洲同行,取得了制造业世界霸主的地位。

有趣的是,被美国人在"二战"中打败的日本和德国,学会了美国的工业工程并改造成自己的管理理论和方法,结合技术创新,使得日本和德国在制造业竞争中逐渐成为世界一流。特别是日本的丰田生产方式,成为风靡全球的助力企业竞争力快速提升的利器。综上所述,产品、工艺、设备、材料的技术创新能力和效率、质量、成本的管理创新能力的结合成为当今国际上一流制造强国(美、日、德)的最明显特征,如图 0-1 所示。

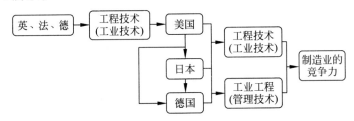

图 0-1 发达国家制造业发展路线示意图

对西方发达国家生产与管理的产生与发展过程进行总结,可以发现美、日、德先后都经历了不同的转型升级阶段,其共同规律是,在过剩市场竞争转型升级时,不约而同地经历了使用 IE/LP 的发展阶段(图 0-2)。换言之,发达国家的制造业在转型升级的过程中都经历了采用 IE/LP 的阶段,确切地说是在工业工程和精益管理的基础上累积上百年才实施信息化、数字化、智能化改造。我国许多企业未经 IE/LP 的累积而天真地认为凭借信息技术、智能技术,就可提高企业的竞争力,其结果是花了大量的资金和时间却未达到预期的效果。

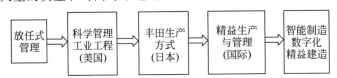

图 0-2 生产与管理方式的产生与发展过程示意图

美国按照工业工程→精益生产→信息化与计算机集成制造系统(computer integrated manufacturing systems,CIMS)→互联网和智能制造的路线发展,日本则是经过工业工程→丰田生产方式→全面精益生产→信息化的过程,而德国则经历了效率工程(标准化工程)→工业工程(道维斯计划)与标准工时测量法(method-time measurement,MTM)→精益生产、流程改善→信息化→智能制造、工业 4.0 的发展路线。我国的一汽、潍柴、华为等领先企业则是凭借创新性的 IE/LP 应用而能够始终保持行业优势。

历史发展过程证明,制造业发展是"技术＋管理＋人"的系统竞争过程,任何一次技术的重大突破注定与生产模式的变革、管理技术的创新相伴而行,共同推动工业经济向更高层级迈进。从工业1.0到工业4.0,美、日、德的企业转型升级本质上也是在管理上选择工业工程和精益管理的应用时代,如表0-1所示。

表0-1 技术创新、管理创新与工业阶段的关系

工业阶段	技术创新	生产模式	管理创新
工业1.0	蒸汽机(人类体力的延伸)	单件生产	经验管理
工业2.0	电动机(人类组织能力的延伸)	大批量流水生产	工业工程、科学管理
工业3.0	计算机、信息技术(人类脑力的延伸)	多品种小批量生产	TPS、精益生产、企业资源计划(ERP)
工业4.0	智能技术	智能制造	智能管理、互联网管理等

如今,面对百年未有之大变局,智能转型是我国制造业未来发展的主攻方向。在这一背景下,我们更需要提高企业管理竞争力。2022年4月26日,新华社发文指出,很多大型制造企业纷纷进入数字化转型的进程……有些企业在智能制造方面投入巨大,但实际效果不如预期,很大原因在于没有练好"内功",即要通过精益生产打好管理基础。企业中技术与管理不平衡,重技术轻管理是我国企业普遍存在的问题,快速提升管理能力是当前数字化转型关键所在。

面对当今的现实需求和新技术带来的新发展机遇,IE/LP与新技术的强大融合能力同样能够提供有效的解决方案,在智能化浪潮中继续发挥关键作用。在德国,精益制造与管理被列入构成未来智能工厂的四大模块之一。为了迎接工业4.0时代,德国企业界和管理学界提出了管理4.0这一新的管理体系,认为要实现工业4.0,得先实现管理4.0。在我国,精益制造与管理也被认为是实现《中国制造2025》、加快转型升级的基础与保障,企业需要首先通过精益生产改善管理基础,在数字化、网络化的基础上才能搞智能化,精益生产要贯穿产品的全生命周期。

然而,目前无论是理论界还是实业界,对于IE/LP对智能制造的作用认知观点都不统一。如何认识IE/LP与智能制造的关系?如何评价IE/LP对智能制造的作用?如何正确发挥IE/LP的作用?这些问题尚未有清晰的解答。为此,本书通过分析梳理美、日、德等先进国家工业化过程中的规律性特征,明确IE/LP对企业创新发展的重要作用,并针对我国制造业的现实水平,探讨在智能制造的滚滚大潮中IE/LP应该承担的历史作用,从实施基础准备、实施方案选择以及实施后的融合发展等角度深度分析IE/LP与智能制造的关系,为我国企业实施智能制造转型提供战略思考和初步的解决思路。

2. 基于我国制造企业实施IE/LP的几点考虑

1) 马车模型:基于企业的分析与研究

对于制造企业来说,其运营结构犹如一驾马车(图0-3)。马车主要由两个车

轮、一匹马和驾驶者(人)组成,除此之外,还有缰绳、轴等。

图 0-3　马车模型

模型中的两个车轮,一个是技术创新,另一个是管理创新。马车要想跑得快,必须两个车轮一样大,如果一个大,一个小,马车肯定跑不快,还会原地打转。这就说明如果我国制造企业仅在技术、装备上国际领先还不够,在竞争中也会因为效率、质量、成本等管理创新要素败下阵来。只有管理与技术双轮驱动,才能支撑企业这驾马车在工业化的道路上顺利前行。

例如:20多年前,一汽大众买下德国大众的全套生产系统,连厂房都几乎建造成一样的。企业总经理、车间主任等重要岗位都是德国大众的人,只有普通员工是中国人。即便如此,一汽大众的车在质量等方面,还是比不上德国大众原装进口车。原因何在?一汽大众的管理创新能力低于德国大众。近几年,一汽大众公司意识到问题所在,精益生产管理推动得如火如荼,也因此它在产能过剩的情况下仍然在同行中处于领先地位。

马车模型中的马代表着企业的动力。马是否有活力,即企业是否有活力,这取决于企业文化的质量和这种企业文化决定的一系列企业政策、机制等。一个企业如果死气沉沉,那一定是机制、文化、政策出了问题,所以,企业文化是企业的"源动力"。

马车模型中的人是企业的领导者、管理者、工程师和生产者等的集合。精益管理如果成功实施,最终一定会培养、锻炼出一大批精益人才,这是企业自己真正的财富。

2) IE/LP 的基本特征

企业中的管理行为都有这样的特征:

(1) 不可复制性。产品、工艺、设备、材料等技术要素都具有可复制的特征,所以技术创新必须申请专利,用法律来保护。而管理创新不具有复制性,必须与本企业相结合,进行本土化自主创新。如:日本丰田的 TPS,德国大众的管理体系,美国福特的企业公司管理方法等,都是结合本国文化和本企业实际形成的创新性管理成果。它们不需要通过申请专利来保护,甚至还欢迎同行来参观学习。近年来,我国制造企业有成千上万的人去日本丰田公司学习,日本丰田公司不仅热情接待,还详细讲解,可是这些人回国后就是复制不出 TPS 那样的中国生产系统。原因是文化不一样,人的行为不一样。很多人还照抄照搬美、德、日的制造模式,花费了巨大精力、财力,最终收效甚微。这都是因为没有注意到文化和社会的差异太大。

(2) 累积性。企业的竞争力与企业对技术和管理的投入成正比,并且只有二者有效匹配,技术投入才能发挥价值。我国许多企业在技术投入上肯花钱,在管理投入上却斤斤计较,所以很难和美、日、德企业抗衡。这种重技术轻管理的思想很落后,无法适应现代工业化的发展。

管理的基础是需要累积的。累积性的特征使得管理创新不可能出现跨越式发展(技术创新可以),必须一步一步地进行。只有基础打好了,才能盖高楼大厦。因此,精益管理只有起点,没有终点。管理理论和方法不随出现的时间先后区分先进和落后。制造企业的现场管理、劳动定额、期量标准、物流系统、均衡生产、目视管理、标准作业等,这些基础性管理水平没达到一定程度时,做信息化、智能制造等都是纸上谈兵。我国的工业企业可能还要补上从工业 2.0 到工业 3.0 发展的课,然后才能向工业 4.0 发展。

3. 精益制造与管理是信息化和智能制造的基础与推动力

信息化和智能制造的核心是数据驱动。没有数据的支持,任何资源都只是摆设;没有及时准确的数据,决策往往是无效的甚至是错误的。管理基础薄弱,数据总是处于变动中,生成的决策无法正常执行,都会导致智能制造系统的效力无法发挥,形成巨大浪费甚至造成不可弥补的损失。之前很多企业在实施企业资源计划的过程中,花费时间最多的就是基础数据的整理。企业资源计划系统运行不理想很大程度上也是由于无法获得标准化、规范化的数据。基础数据没有理顺,却大谈"工业大数据",注定是难以取得实效的。

例如,对如图 0-4 所示的生产系统进行改造,如果不先行改善而直接套用先进系统,无法从根本上消除系统生产周期长、库存大、生产成本高、质量缺陷等问题,其结果必然是以失败告终。

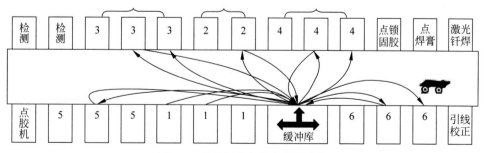

图 0-4　改善前的生产布局示意图

在对该生产线进行精益设计、流程再造和布局调整后(图 0-5),生产效率提升了92%！在优化后的生产布局基础上，信息化、智能化才有可能实现。

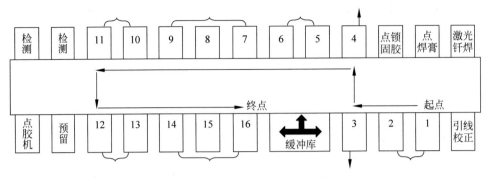

图 0-5 改善后的生产布局示意图

我国的制造业整体上大而不强，管理基础差，管理水平低，其关键问题在于(和发达国家相比)缺少 IE/LP 这门课。例如在电子行业，中国企业的平均库存周转时间为 51 天，而美国为 8 天；在纺织服装行业，中国企业的平均库存周转时间为 120 天。信息化、数字化、智能制造不可能建立在这种低效的生产模式之上，精益制造与管理必须是前道"工序"，构筑数字化、规范化的管理基础，之后才可能实现智能化。无此基础，盲目超前进行信息化、智能化改造不仅不会带来效益，反而会带来浪费，削弱企业竞争力。

根据中投顾问发表的《2016—2020 年中国智能制造行业深度调研及投资前景预测报告》，仅 16% 的企业进入智能制造应用阶段，52% 的企业其智能制造收入贡献率低于 10%。事实上，即使在工业 4.0 的发源地德国，对中小企业而言，工业 4.0 也只是一个奢侈的口号。

一个智能工厂，应该是精益、柔性、绿色、节能和数据驱动的，能够适应多品种小批量生产模式。智能工厂不是无人工厂，推进智能工厂绝不是简单地实现机器换人。如果以减少多少人作为评价标准，很大程度上会让企业深陷泥潭，投产后发现成本不但没有降低反而大幅上升了。虽然操作人员减少了，但设备维护人员增加了，同时技术投资带来折旧、能耗和财务成本的大幅上升，难以收回投资，甚至拖垮企业。更遑论现实中很多时候机器并不能达到人的效能，比如汽车制造的总装和质检环节。脱离实际的"技术崇拜"，过度追求生产自动化，让有着明星光环的特斯拉在 Model 3 项目上也曾迈入"产能地狱"，公司几近破产。直到将总装环节挪入"帐篷工厂"，重新定义超级工厂模式，即以一定程度的半自动化以及人工装配取代全自动化，之后特斯拉才再次"王者归来"。2019 年，特斯拉又将这种模式复制到上海生产基地的建设上，可行性被再次验证。同样地，南京某工厂有一条装配线，一开始设置的自动化率是 90%，后来发现调整为 70%，增加若干人工工位，整体质量和效率反而是最优的。

自动化与数字化是实现智能制造投资最重要的部分。企业在做自动化改造前千万要慎重，必须明确升级自动化的目的和投资回报率情况，并展开系统分析，围绕竞争力提升研究使系统运行效率最高、成本最低的方案，通过"人-机"系统的有效配置充分发挥智能资源的作用，在更高的技术平台上更好地服务顾客。在实施智能制造时，IE/LP 是其合理布局的基本原则，依靠 IE/LP 从精益的角度去系统评估先进设备投入的必要性、进行技术经济分析、开展项目规划、制定项目实施方案与实施路线、开展预实验等管理决策与优化活动是智能制造项目成功的关键。

IE/LP 不仅是智能制造的基础，更是智能制造的加速器。通过与智能制造技术的裂变融合，创造出新的生产模式、管理模式与生产技术，通过乘法效应推动企业发展进入快车道，持续保持竞争优势。"工业工程＋新技术"的复合技术形态，为企业实现双向赋能、增能、使能。

IE/LP 的这种创新性源于 IE 与专业工程技术之间与生俱来的强大融合能力。自 IE 诞生以来，每次大的产业需求迭代总是与重大工业工程创新如影随形，不断吸收先进技术的最新成果，推动 IE 从一个能级跃升到另一个更高能级，在更高更广的平台上发挥更大作用。从最初主要采用工程学、物理学的技术方法、实验方法研究现场效率与成本的优化，到 20 世纪 40 年代吸收运筹学、系统科学、心理学等多学科思想与方法，面向企业整体竞争力改善，大大增强了 IE 对于复杂的工业和社会生产系统进行量化分析与系统设计的能力。随着计算机技术和网络技术的快速发展与广泛应用，IE 的数据分析与处理能力显著增强，管理范围也跨出企业边界而关注供应链、价值链、产业链的管理。在当今的智能化时代，工业工程进一步与物联网、大数据、人工智能、5G、区块链、云计算、数字孪生等新技术相结合，这一方面赋予了 IE 更强的分析处理和解决问题的能力，另一方面在 IE/LP 加持下的新技术也具有了更高能级的生产力。精益与智能的有机融合形成了新的精益智能模式，既可以使智能化的靶点对准关键需求，又可以使智能化过程全面提质、增效、降本。

本书阐述了精益制造与管理的意义、概念、基本原理和精益设计、精益制造与管理的主要技术体系，说明了精益与智能制造的关系，并提供了若干典型实施案例。

本书由刘洪伟和齐二石担任主要撰写人，其中第 1 章、第 2 章由刘洪伟和齐二石主写；第 3 章中 3.2 节由霍艳芳和宝斯琴塔娜主写，3.4 节案例由聂斌、蔺宇编写，其余部分由刘洪伟主写；第 4 章、第 5 章由刘洪伟主写。由于作者水平有限，不免有疏漏之处，敬请各位读者给予批评指正。

作　者

2023 年 5 月

Contents 目录

第 1 章　精益制造与管理的理论基础　　001

1.1 经营原理　　001
    1.1.1 逻辑模型　　001
    1.1.2 基本原理　　001
    1.1.3 经营方式比较分析　　002

1.2 生产管理与运作管理原理　　004
    1.2.1 逻辑模型　　004
    1.2.2 基本原理　　004
    1.2.3 可行方式与方法　　006
    1.2.4 示例分析　　007

1.3 精益制造与管理的理论基础——工业工程　　008
    1.3.1 工业工程的概念　　008
    1.3.2 工业工程的内涵及作用机理　　010
    1.3.3 工业工程的知识构造与基础功能　　011
    1.3.4 工业工程的主要特征　　014
    1.3.5 工业工程应用中应遵循的重要原则　　016
    1.3.6 工业工程的关键意识　　017
    1.3.7 工业工程的核心技术与方法　　019

第 2 章　精益制造的产生与发展　　043

2.1 特定的社会历史背景　　043

2.2 创新思考与干练作风融合　　044
    2.2.1 内生价值创新动力　　044
    2.2.2 家族式的持续创新与整合　　045

2.3 精益制造的提出　　046

第 3 章　精益制造与管理体系的核心内容　　　047

- 3.1　精益制造与管理的内在价值逻辑　　　047
  - 3.1.1　精益制造与管理的长期理念　　　047
  - 3.1.2　精益制造的价值逻辑　　　048
  - 3.1.3　精益制造与管理的本质——消除浪费　　　058
  - 3.1.4　精益制造的文化基石　　　064
- 3.2　精益系统设计　　　065
  - 3.2.1　精益系统设计概述　　　065
  - 3.2.2　精益系统设计的内容　　　068
  - 3.2.3　工厂精益设计　　　070
  - 3.2.4　精益布局设计的内涵与特点　　　074
  - 3.2.5　精益布局设计方法　　　075
  - 3.2.6　精益系统设计方案评价　　　088
  - 3.2.7　某冷轧薄板厂新工厂精益设计实例　　　091
- 3.3　精益制造与管理的技术体系　　　094
  - 3.3.1　精益制造体系构造　　　094
  - 3.3.2　目标管理　　　096
  - 3.3.3　改善与持续改善　　　099
  - 3.3.4　准时化生产　　　111
  - 3.3.5　自働化　　　146
  - 3.3.6　基础管理　　　172
  - 3.3.7　人才育成——尊重人性与激发活力　　　190
  - 3.3.8　良好的外部协作关系　　　191
- 3.4　案例：基板产品制造过程质量能力改进　　　193
  - 3.4.1　实施精益质量管理的背景　　　193
  - 3.4.2　LTCC 生产线及生产工艺简介　　　194
  - 3.4.3　产品质量改善实施　　　194

第 4 章　流程制造业精益制造与管理　　　209

- 4.1　流程制造业及其制造管理特点　　　209
  - 4.1.1　流程制造业及相关企业特性　　　209
  - 4.1.2　流程制造业的制造与管理特点　　　210
- 4.2　流程制造业生产运行中的普遍问题　　　212
- 4.3　流程制造业精益制造与管理的主要做法　　　214
  - 4.3.1　现场秩序化　　　214
  - 4.3.2　识别并消除制造系统中的浪费　　　219

	4.3.3 开展精益车间/班组建设	220
	4.3.4 强化基于需求响应的工艺柔性能力	222
	4.3.5 建立均衡拉动的准时化生产体系	223
4.4	案例：特大型钢铁企业全业务链精益制造与管理	224
	4.4.1 全业务链精益管理体系构建背景	224
	4.4.2 创建全业务链精益制造模式的内在要求	225
	4.4.3 构建全业务链精益制造模式的主要做法	226
	4.4.4 构建全业务链精益制造管理体系取得的成效	234

第5章 智能化精益制造与管理 237

5.1 智能制造的管理功能 238
5.2 智能精益制造与管理的主要内容 239
5.3 案例：基于智能精益的成组制造单元改造 241
    5.3.1 项目背景 241
    5.3.2 改善思路与方法 241
    5.3.3 基于TBP的智能精益制造项目实施 242

参考文献 256

第1章 精益制造与管理的理论基础

从科学原理出发,本章从经营原理和管理原理两个角度阐述精益制造与管理的基础理论。

1.1 经营原理

1.1.1 逻辑模型

企业是以营利为目的的法人或其他社会经济组织,始终在探究适合自身的盈利模式。从经济学角度讲,企业利润是指企业在一定时期内生产经营的财务成果,等于销售产品总收益与生产产品总成本之间的差额,即图 1-1 所示阴影部分面积。具体解释为,某企业在一段时间内生产一种产品,C 代表单位产品成本,P 代表单位产品价格,Q 代表产品销售数量,阴影部分面积 R 则为企业利润,企业的经营目标即追求阴影面积最大化。

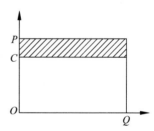

图 1-1 企业盈利模式示意图

1.1.2 基本原理

图 1-1 中阴影部分面积的数学表达式如式(1-1)所示

$$R = (P - C) \times Q \tag{1-1}$$

式(1-1)中企业利润 R 由产品价格 P、产品成本 C、销售数量 Q 三个要素共同决定,企业利润 R 最大化即追求 P、C、Q 三者的最佳组合,可通过下述四种途径实现:

方式 1,如图 1-2(a)所示,在产品成本 C 和销售数量 Q 不变的前提下,产品价格 P 增加至 P_1,企业利润与产品价格呈正相关,会随着产品价格的增加而增加。增加量为 $\Delta R = (P_1 - P) \times Q$。

不过提高产品价格需要市场需求的允许,不是企业自己决定的。产品涨价是有条件的,比如稀缺市场需求、产品需求弹性小等,条件比较严苛。一般只能通过技术创新提高产品附加功能,或者生产市场需求大的新产品,才能实现。

方式 2,如图 1-2(b)所示,在产品成本 C 和产品价格 P 不变的前提下,销售数量 Q 增加至 Q_1,企业利润与销售数量呈正相关,会随着销售数量的增加而增加。

增加量为 $\Delta R=(P-C)\times(Q_1-Q)$。

但是,扩大产量、扩大销量,需要企业多投入资金,增加设备、流动资金和人力,并且要求市场需求存在,生产的产品能卖出去才行。这个方式也不是企业可以自主决定的。企业只能通过管理创新提高效率。

方式 3,如图 1-2(c)所示,在产品价格 P 和销售数量 Q 不变的前提下,产品成本 C 降低至 C_1,企业利润与产品成本呈负相关,会随着产品成本的降低而增加。

增加量为 $\Delta R=(C-C_1)\times Q$。

这个方式是否可行取决于企业自身管理创新的能力,与环境、市场、竞争对手基本无关。

方式 4,如图 1-2(d)所示,综合考虑前三种方式,组合使用共同增加企业利润。

此时,利润的增加量表示为 $\Delta R=(P_1-C_1)\times Q_1-(P-C)\times Q$。

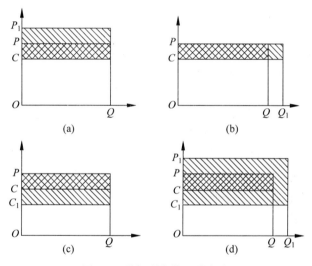

图 1-2 增加利润的四种方式

方式 4 显然是最好的,但是产品涨价,市场需求量足够大,生产效率提高,降低成本的措施有效,这么多条件同时满足的概率实在不高。

1.1.3 经营方式比较分析

上述四种经营方式在理论上均可以为企业带来利润的增加,但是在实际经营中是否均可行呢?

方式 1,产品成本 C 和销售数量 Q 保持不变,产品价格 P 增加。这里提到的产品价格是产品的市场价格,即商品在市场上买卖的价格。同一种商品在同一市场上一般只能有一种价格。市场价格取决于两个因素:商品的价值和该种商品在市场上的供求状况。商品的价值一定,商品在市场上的供求关系决定了商品的均衡价格。在其他因素保持不变的情况下,当市场价格与均衡价格相等时,市场价格一般不会变动;当市场价格与均衡价格不相等时,市场中自发的供求关系的作用会使市场价格趋近于均衡价格。所以,产品价格往往取决于市场,不由任何企业单独控制,企业很难通过这一方式实现利润的增加。

方式 2,产品成本 C 和产品价格 P 保持不变,销售数量 Q 增加。销售数量 Q 与市场需求密切相关。经济学中的需求是指在一定时期、在某一既定的价格水平下,消费者愿意并且能够购买的商品数量。形成需求有三个要素:对物品的偏好、物品的价格和手中的收入。物品的价格在方式 1 中已假设为不变,因此重点关注企业对其他两点的可控性。具体来说,个人偏好是客户在消费时的购买欲望,是潜藏在人们内心的一种情感和倾向,反映了客户的主观愿望。客户对可供选择的商品或服务可以按照个人偏好进行排序,企业能做的是通过各种市场营销的方式发现需求、引导需求并且满足需求,而这一活动的实施效果则更多依赖于推广人群的特点,不完全取决于企业的引导。个人收入指个人在一年内得到的全部收入。它反映了个人的实际购买力水平,预示了未来消费者对于商品、服务等需求的变化。个人收入的差异往往是由多方面原因导致的,例如性别、年龄、教育背景,以及所在行业等,这些都是在短时间内无法改变的。综合上述两点看出,通过提升销售数量 Q 来实现利润的增长是一种可行的选择,但是销售数量提升的效果往往过于依赖外部环境,且周期较长。

方式 3,销售数量 Q 和产品价格 P 保持不变,产品成本 C 降低。区别于前两种方式,方式 3 是在向企业自身要利润,这也正是精益制造与管理所采用的方式。在这种方式中成本不再是固定因素,它可以根据企业控制成本的能力而改变。面对日趋激烈的市场竞争,成本控制的效果将会直接影响企业经营效益,如果因成本过高而导致价格昂贵,客户就不会买你的产品,这样不但不能得到期望的利润,而且还会降低产品的竞争能力。"售价=成本+利润"与"成本=售价-利润"两种思维方式的转变其实是一种解决问题思路的转变,也许放弃单纯依靠提高产品售价、转嫁费用负担来增加企业利润的做法是一种更好的选择。当售价作为常量或者需要降价时,若要取得预期利润,就必须从降低成本上找出路。关注产品从设计开发到生产销售全周期的各类活动,最大限度地降低各种形式的浪费,打破常规认知、挖掘企业内部潜力,是实现企业利润增加的有效途径。

方式 4,综合使用前三种方式。上述三种提高利润的方式均可行,但是在实际操作中难度各不相同,实践者可根据企业的实际需求将上述三种方式搭配使用,使得利润增加效果更加明显。

总之,企业的经营目的是要追求图 1-2 中阴影面积的扩大,即利润的增加。能够采用的措施中提高技术开发能力毫无疑问是可行的,而通过精益管理创新降低成本、提高效率、提高质量,并不受市场等环境和条件的限制,是更好的选择。

1.2 生产管理与运作管理原理

1.2.1 逻辑模型

1.1 节从经营原理的角度探究了企业提高利润的最可行且易掌控的方式是降低成本,而要有效降低成本就要从企业内部入手对整个转化系统进行分析,通过管理的方式使输入资源在特定时期、特定环境下获得更大的产出,即追求资源利用效率 $\eta=$ 产出/投入 $\times$ 100% 最大化,这也就是精益制造与管理所追求的高质量、低成本和高效率。

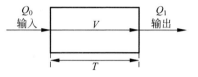

图 1-3 系统转化过程图

上面提到的转化系统是指由人、机器、物料、方法和环境(4M1E)构成的有机整体,能在某一时期 T 将一定资源输入 Q_0 转化为特定输出 Q_1,如图 1-3 所示,其中 V 代表物流速度。

由图 1-3 可知,企业的生产效益 E 和 T、Q、V 三个参数的关系可用下式表达:

$$E = f(T, Q, V)$$

也就是说,E 是 T、Q、V 三个变量的函数,但 T、Q、V 并不相互独立。只有实现 T 越来越短,Q 越来越少,V 在满足市场需求条件下越来越快,企业才能获得最大效益。这是理论上的分析,实际实施受多种因素影响,是相当不容易的,效果好坏取决于企业的实施管理水平和管理技术能力的高低。

进一步解释,资源输入 Q_0 是实现转化功能的必备前提条件。资源主要有两大类:有形资源和无形资源。有形资源主要指土地、厂房、机器、设备、能源、动力、各种自然资源、人力资源等;无形资源主要指管理、市场、技术、信息、知识、智力资源以及企业形象、企业文化、产品品牌、客户关系、公众认可等。

特定输出 Q_1 是生产系统的基本要素,也是其存在的前提条件。一般包含以下三种类型:产品,包括硬件产品和软件产品;服务,包括售前服务、售后服务、技术输出、人员培训、咨询服务等;信息,包括质量信息、价格信息、运输信息、生产计划信息等。

转化方式可以分为以下几类:实体(如制造业)、位置(如运输业)、交换(如零售业)、储存(如仓储业)、生理(如医疗照护)、资讯(如通信业)等。转化过程的优劣主要通过质量(quality)、效率(efficiency)、成本(cost)等指标进行衡量。

简单地说,精益管理就是使物流速度 V 在满足市场需求的条件下越来越快,生产周期越来越短,资金占用越来越少。

1.2.2 基本原理

图 1-3 所示的转化系统涉及四个变量,即输入(Q_0)、输出(Q_1)、生产周期(T)

和物流速度(V)。其中,当 Q_1 作为因变量时,Q_0、T 和 V 是自变量,因变量与自变量间存在着因果关系,三个自变量之间也存在相互依存关系,如式(1-2)~式(1-5)所示

$$Q_1 = f_1(Q_0, V, T) \tag{1-2}$$

$$T = f_2(Q_0, V) \tag{1-3}$$

$$V = f_3(Q_0, T) \tag{1-4}$$

$$Q_0 = f_4(V, T) \tag{1-5}$$

转化系统的基本功能就是使转化过程具有增值性,如式(1-6)所示,即系统输出与系统输入所形成的价值差额为正。在同样输入条件下,系统输出越多越好。为了追求资源输出的竞争力,就要提升系统的管理效率,对涉及资源输入(Q_0)、生产周期(T)和物流速度(V)的转化过程进行有效控制,从质量、效率、成本三个角度考虑。

$$R = Q_1 - Q_0 \tag{1-6}$$

1. 质量

质量是转化过程中企业首要保证的指标,美国著名质量管理专家朱兰博士从顾客角度出发,指出产品(服务)质量就是产品(服务)的适用性,即产品(服务)在使用时能成功地满足用户需要的程度,追求的是性能、成本、数量、交货期、服务等因素的最佳组合。无法满足用户需要的产品(服务)是没有市场的,同时也是无法为企业创造效益的。企业可以从产品(服务)的经济特性、服务特性、环境特性和心理特性等方面综合衡量用户的满足程度。检验产品质量水平的同时,更要关注转化过程的质量控制。

2. 效率

企业在保证产品(服务)质量的前提下须尽可能保证系统的高效性。以生产型企业为例,企业一般采用生产周期对效率进行考量。从广义角度讲,生产周期包括设计研发、生产制造及售后服务的全过程,缩短生产周期对企业有着非常重要的意义,不仅能够提高用户满意度,同时可以加快客户反馈速度,对产品的改进及质量的提升都有所帮助。生产周期的长短主要取决于转化方式的选择,即转化(生产)的能力,通常能力越大,速度越快、质量越高、成本越低。

3. 成本

从成本角度衡量的指标一般为投入产出比,如式(1-7)所示。投入产出比是指全部投资与产出增加值总和之比,其值越小,表明经济效果越好。在式(1-7)中,该值和资源输入、生产周期和物流速度紧密相关。其中,资源输入是实现转化功能的必备前提条件,是生产系统的源头,每一宗原材料、在制品在初期就已经决定了生产过程的好与坏。而在实际生产过程中,生产规模不合理、资源浪费严重、人机资源不匹配和生产要素利用不充分等问题也往往会造成企业的生产高成本。降低生产成本的一个有效途径就是在企业资源有效配置的基础上实现最优配置。因此,

企业管理本质是不断探索更好的转化方式。

$$\eta = \frac{Q_0}{Q_1 - Q_0} \times 100\% = \frac{Q_0}{f(Q_0, V, T) - Q_0} \times 100\% \quad (1\text{-}7)$$

1.2.3　可行方式与方法

从上面的分析可以看出，管理是制约和决定企业效益的重要因素，企业具备充分竞争力的一个必然条件就是管理高效性。同样的经营环境、同样的产品、同样的技术设备，为什么有的企业亏损，有的企业赢利？其中，关键原因在于企业内部管理状况和水平不同，归根结底，在于管理效率不同。

从理论上讲，管理效率与企业效益存在着正相关关系。生产活动与资源输入和转化过程直接相关，结果和产出不过是资源输入和转化过程有效性的延伸，一个企业的产出效率高于同类型企业的平均水平时，其赢利的可能性就相对较大。而达到这一目标不仅需要企业具备较高技术水平，同时更需要强大的管理与经营水平，充分有效地获取和使用各种资源，在内部实施组织管理、计划管理和程序管理等管理方法，促使各个环节发挥相互制约、相互协调作用，使系统真正实现高效化、专业化、规范化、科学化和自动化。但是，不同管理方式、管理手段具有不同效率结果；同一种管理方式在不同社会历史条件下所产生的管理效率也不尽相同。为了取得高管理效率，就会有管理方式、手段的选择问题。

模型中提炼出了转化系统中的三个精益参数，即资源输入（Q_0）、物流速度（V）和生产周期（T），针对这三个精益参数的改善，可以将其与影响该参数的精益要素匹配，并与要素功能（状态）和精益活动相对应，如图1-4所示。

"人、机、料、法、环"是现场管理中的五个基本要素。人，指制造产品的人员；机，指制造产品所用的设备；料，指制造产品所使用的原材料；法，指制造产品所使用的方法；环，指产品制造过程中所处的环境。资源输入（Q_0）、物流速度（V）和生产周期（T）这三个变量与这五个基本要素均有一定联系，但是联系有强弱区别。其中，资源输入（Q_0）和料及法有直接联系，这里的"料"主要是指来料的品质、数量和周期，与品质对应的精益活动包括"品质管理"和"自働化[①]"等，与数量对应的精益活动包括"均衡化管理"和"准时化生产"等，与周期相关的精益活动包括"准时化物流""均衡化管理"和"准时化生产"等；而"法"主要指包括规划设计、计划组织和评价控制等在内的方法体系，它与所有精益活动均有所对应。同时，人、机、环等精益要素也会对资源输入（Q_0）产生一些间接影响，比如人员技能熟练程度在加工操作时会对原材料加工质量产生影响，生产环境嘈杂程度及安全性也可能会对生产调度效果产生影响。同理，可以看到物流速度和生产周期也与相应的精益要素对应，通过改善与精益要素所对应的相关精益活动，可以有效改善转化系统中的指标，进而有效提升管理效率。

[①]　关于"自働化"的解释，详见3.3.6节。

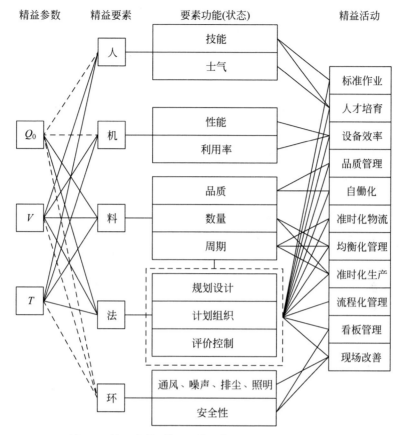

图 1-4 精益参数、精益要素、功能(状态)、活动关系图

精益参数、精益要素、要素功能(状态)与精益活动为精益改善的四个层面,在每一层面中各个元素之间也存在着相互影响。假设某一工厂存在生产周期过长、无法按时交付产品的现象,针对这一问题的首要改善目标就是缩短生产周期(T)。而在分析影响生产周期(T)长短的因素时,我们发现其与同一层面的资源输入(Q_0)和物流速度(V)是相互作用的,同时又受到精益要素层面——"人、机、料、法、环"五个要素或强或弱的影响,进而会影响精益活动。所以,对于某一具体参数的改进,需要进行起始因素、中间因素与最终因素的逐层分析。

1.2.4 示例分析

有三家同类企业,其基本经营情况如下:A 企业期初资源输入(Q_0)1000 万元,该输入资源每年周转 1 次,期末收益(Q_n)2000 万元;B 企业期初资源输入(Q_0)200 万元,该输入资源每年周转 5 次,期末收益(Q_n)2000 万元;C 企业期初资源输入(Q_0)50 万元,该输入资源每年周转 20 次,期末收益(Q_n)2000 万元。若按照每 25 万元资源输入配备 1 单位人力资源计算,则 A 企业配备 40 人,B 企业配备 8 人，C 企业配备 2 人。每人每年的人工费用为 8 万元，银行贷款利息记为 6.5%，质保费记为 4%，安保费记为 2%，能耗记为 10%，税费记为 10%。三个企业的经营情况如表 1-1 所示：

表 1-1 企业经营情况表

企业	Q_0/万元	$n=1/T$/次	Q_n/万元	人员数量	人工/万元	利息/万元	质保/万元	安保/万元	能耗/万元	税费/万元	净收益/万元
A	1000	1	2000	40	320	65	40	20	100	200	255
B	200	5	2000	8	64	13	8	4	20	200	1491
C	50	20	2000	2	16	3.25	2	1	5	200	1722.75

根据表 1-1 数据，按照净收益计算公式计算 A、B、C 三家企业的净收益情况，即净收益＝期末收益－（期初输入＋人工费用＋利息＋质保费＋安保费＋能耗费＋税费）：

$$E_A = [2000 - (1000 + 320 + 65 + 40 + 20 + 100 + 200)]\text{万元} = 255 \text{万元}$$

$$E_B = [2000 - (200 + 64 + 13 + 8 + 4 + 20 + 200)]\text{万元} = 1491 \text{万元}$$

$$E_C = [2000 - (50 + 16 + 3.25 + 2 + 1 + 5 + 200)]\text{万元} = 1722.75 \text{万元}$$

从计算结果可以看出，三家企业期末总收益均为 2000 万元，但是三家企业的净收益存在巨大差异，究其原因是期初资源输入和资金周转率不同导致了后续费用不同。资金周转率简单地说就是资金在一年内的周转次数，它能够体现企业经营期间全部资金从输入到产出的流转速度，反映企业全部资金的管理质量和利用效率。

一般来说，如图 1-5 所示，同样的期初输入（Q_0），企业资金周转率越高，即一年内资金周转次数越多，该企业利用其资金的效率越高，公司获利（Q_n）能力越强。若企业资金周转率低，则得到同等期末收益的情况下需要在期初输入更多的资金，从而带来人力资源等投入数量的增加，以及期初资金输入带来的后续财务费用增加。所以，为了达到某

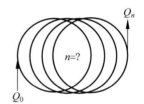

图 1-5 资金周转次数示意图

一预期净收益，需要在期初进行一定投入，但是投入多少主要取决于资金周转率的大小，即企业过程管理的效率性水平。

总之，所谓精益管理就是要在保证质量的前提下，使生产周期 T 越来越短，物流速度 V 越来越快（满足市场需求条件下），资金输入 Q_0 越来越少。

1.3 精益制造与管理的理论基础——工业工程

1.3.1 工业工程的概念

工业工程诞生于美国，迄今已有 100 年历史，应用发展主要在日本，在世界各

工业发达国家广泛使用。我国从 20 世纪 90 年代开始学习和应用工业工程。在工业工程形成与发展的过程中，不同国家、专业组织在不同时期对工业工程给出了许多定义。

美国工业工程师学会（AIIE）1955 年提出的定义最具有权威性，几经修改，至今仍然被广泛采用，其表述如下："工业工程是对由有关人员、物资、设备、能源和信息所组成的集成系统进行设计、改善和设置的一门学科。它综合运用数学、物理和社会科学方面的专门知识与技术，并且使用工程分析的原理和方法，对上述系统可能取得的成果予以确定、预测和评价。"这个定义已被美国国家标准学会采用为标准术语，收录为美国国家标准 Z94 及工业工程术语标准。它被认为是工业工程的基本定义。该定义表明工业工程实际是一门方法学，它告诉人们，为把人员、物料、设备和设施等组成有效的系统，需要运用哪些知识、运用什么思维分析问题、采用什么方法研究问题和运用哪些特定的技术手段解决问题。此定义明确指出了工业工程研究的对象、方法、内容和学科性质，不足之处是没有明确指出工业工程的核心目标。

《美国大百科全书》（1982 年版）对工业工程的定义是："工业工程是对一个组织中人员、物料和设备的使用以及费用情况的详细分析和研究，这种工作由工业工程师完成，目的是使组织能够提高生产率，获得更高的利润和整体效率。"这一定义直接反映了工业工程的目的、功能和实现的途径。美国著名的工业工程专家菲利浦·E.希克斯（Philip E. Hicks）博士指出：工业工程的目标就是设计一个生产系统及该系统的控制方法，使它以最低的成本生产具有特定质量水平的某种或几种产品，并且这种生产必须是在保证工人和最终用户健康与安全的条件下进行的。

日本工业工程协会（JIIE）根据 AIIE 的定义，将工业工程定义为："工业工程是从事把人员、原材料、设备作为一个整体系统去发挥其功能的科学，它是进行经营管理系统方面的设计、改善与设置工作的学科。为了规划、预测、评价经营管理系统的成果，运用数学、自然科学、社会科学中的特定知识，同时使用技术分析与归纳的原理和方法。"这一定义基本继承了美国工业工程师学会的定义内容，将物理学和社会科学改为自然科学和人文科学。丰田生产方式的实践者，被誉为"改善之神"的前丰田副社长大野耐一，将工业工程简单而精练地定义为："直接涉及经营管理的全公司性生产技术。"

我国高等学校工业工程类专业教学指导委员会根据我国国情对工业工程下的定义是："工业工程（IE）是应用自然科学与社会科学知识，特别是应用工程科学与管理科学中系统分析、规划、优化、设计、控制和评价等手段，解决生产与服务等系统的效率、质量、成本及环境友好等管理与工程综合性问题的理论和方法体系，具有系统性、交叉性、人本性与创新性等特征，适用于国民经济多种产业，在社会与经济发展中起着重要的积极推动作用，亦可称为产业工程。"概括地说：IE 是一种创新思维、一套方法论、一种管理技术等。本书作者称上述定义为中国式工业工程概念(Chinese industrial engineering,CIE)。

CIE具有以下特点：第一，CIE是科学与工程技术和管理相结合的，具有管理属性的科学技术体系；第二，CIE的目的是追求生产与服务系统的高效率、低成本、高质量的效益和环境友好；第三，CIE的应用对象是由人员、物料、设备、能源和信息所组成的生产与服务系统；第四，CIE使用分析、设计、运行、控制、评价和优化的技术体系；第五，CIE具有系统性、交叉性、人本性与创新性等特征，适用于国民经济多种产业，其社会应用价值较高。

1.3.2　工业工程的内涵及作用机理

1. 工业工程的内涵

工业工程的内涵，需要从工业(industry)和工程(engineering)两个基本概念来说明。首先，industry不仅仅包含工业的含义，还包含产业的含义，即industry涉及工业、农业、交通和医疗服务等诸多产业领域，所以工业工程也可称为产业工程。

早期形成的工业工程(也称为"经典工业工程"或"基础工业工程")可以定义为以制造企业生产过程或生产系统为研究范围，以具体生产活动为研究对象，以提高单机、单人劳动效率为目的，在技术与管理之间起着桥梁作用的学科。其科学理论是以当时泰勒的"科学管理"为基础，进一步形成了包括吉尔布雷斯夫妇的"动作研究""时间研究""疲劳研究"，埃莫森的"效率学说"，甘特的"甘特图"和休哈特的"统计质量控制"等在内的较为系统的理论和方法。现阶段，随着研究对象和内容的扩展，研究方法和手段的丰富与现代化，基础工业工程可以被认为是由工业工程学中最本质的学科目标、最基础的研究思想和方法所组成的，其内涵是研究提高管理和技术相关联的劳动工效的解决方案问题。这里的"劳动"概念不仅包括体力劳动，还包括脑力劳动；不仅指单人劳动，还指组织的整体工作。这里的"工效"概念包含了效率和效果两方面的含义。基础工业工程的外延应是一切社会组织中的运营活动，包括制造业和服务业等营利性企业组织，也包括医院、学校等非营利性事业组织，以及政府机关部门等行政组织。

2. 工业工程的学科与专业特性

根据前述介绍，显然工业工程将管理思想、方法与工程原理和技术高度融合，对任何产业和组织都具有很好的指导作用，具有丰富的内涵。这里，我们将工业工程的内涵做如下概述：

从学科性质看：工业工程是一门自然科学、工程学、管理学与人文社会学相结合的交叉学科，是工业管理和组织运营不可或缺的知识系统。

从研究对象看：工业工程以由人员、物料、设备、能源和信息组成的各种生产系统、经营管理系统以及服务系统为对象，研究系统能力的提升、生产要素的构成及其相互作用关系优化的理念和方法。

从研究方法看：工业工程基于管理学的基本思维，运用数学、物理学的基本方法和工程学、计算科学、信息科学等专业技术,结合社会学、心理学等特定知识和环境因素,形成独特的系统理论与方法集,对所有组织和过程均有普遍适用性。

从功能方面看:工业工程将人员、物料、设备、能源和信息等要素整合为一个高效率、集成化的功能系统,并不断对其进行设计、配置、改善和创新,从而使其具备更强的竞争力。

从目标方面看:工业工程旨在提高生产质量和系统整体效率,降低成本,保证安全,改善环境水平。

由于工业工程是将管理学与专业工程技术相结合的体系和方法,因此美国大学中一般把工业工程划入工程学的学科范畴。在我国,工业工程起源于科学管理,为管理提供了方法和依据,具有管理特征,常被看作属于管理技术范畴。加之我国企业在工业工程应用方面更偏重管理方面需求,所以我国很多高校将其设置在管理学科。

3. 工业工程的作用机理

人类的生产活动实际上使用了两种重要技术:一种是关于产品、设备、材料和工艺的"硬"技术,即用于解决生产过程基本能力问题的专业工程技术,如机械工程、化学工程、材料工程、电气工程、土木工程等,是分类的产品设计技术、产品加工技术等;另一种是关于生产要素(厂房、设备、物料、工具、能源、信息)、人员和环境等的资源组合、配置的"软"技术,如生产系统结构设计、生产计划制定、物料配送、人机作业方法和存货控制等,是解决生产效率、质量、成本的问题和改善工作环境的能力技术,即工业工程技术。

台湾清华大学陈茂生教授曾形象地以提桶对此进行了比喻(图 1-6):将生产力比作水桶中的水(D),专业工程技术比作水桶的一个提耳(A),而工业工程则是另一个提耳(B),C 为管理。管理目标是多提水,但如果缺乏工业工程,水桶只有一个提耳(A),技术上再下功夫,最多也只能提半桶水。这一表述深刻揭示了价

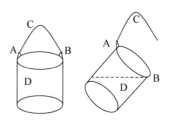

图 1-6 工业工程的作用比喻

值创造的内在机理,刻画了事物发展的基本规律。工业管理、生产制造都应遵循这一基本规律、原理和方法。

1.3.3 工业工程的知识构造与基础功能

1.3.3.1 工业工程的知识系统

美国国家标准《工业工程术语》(ANSI-Z94,1982 年修订),从学科角度将工业工程知识领域分为 16 个分支:生物力学,成本管理,数据处理与系统设计,销售与市场,工程经济,设施规划(含工厂设计、维修保养、物料搬运等),材料加工(含工具设计、工艺研究、自动化等),应用数学(含运筹学、管理科学、统计质量控制、统计和

数学应用等),组织规划与理论,生产计划与控制(含库存管理、运输路线、调度、发货等),实用心理学(含心理学、社会学、工作评价、人事实务等),人的因素,工资管理,人体测量,安全,职业卫生与医学。

美国的《工业工程手册》(G.萨尔文迪)根据内维尔·哈里斯(Neville Harris)对英国667家公司应用工业工程实际情况的调查统计,总结出工业工程在实际应用中的常用方法和技术有32种,按普及程度次序排列是:方法研究,作业测定(直接劳动),奖励,工厂布置,表格设计,物料搬运,信息系统开发,成本与利润分析,作业测定(间接劳动),物料搬运设备选用,组织研究,职务评估,办公设备选择,管理开发,系统分析,库存控制与分析,计算机编程,项目网络技术,计划网络技术,办公室工作测定,动作研究,目标管理,价值分析,资源分配网络技术,工效学,成组技术(group technology,GT),事故与可操作性分析,模拟技术,影片摄制,线性规划,排队论,投资风险分析。

现在的工业工程方法中已经进一步融入了信息系统、数据科学、物联网技术、人工智能方法等新的内容,以数据为新型重要生产要素的数据运营技术成为21世纪20年代工业工程发展的重要创新领域。

1.3.3.2 工业工程技术体系构造

由于我国工业工程起步比欧美、日等晚八九十年,社会经济发展需求和发达国家也不同步,管理技术及应用需求问题更为突出,所以很多高校将工业工程划入管理学科范畴。

通过对工业工程知识和技术的特性归纳,作者将工业工程的内容划分为基础理论体系、专业技术体系和支撑技术体系三个层面,进而将我国工业工程的专业技术体系内容按照功能分为分析评价类技术、设计改善类技术、管理控制类技术三大类,便于理解、学习和运用。具体构造见图1-7。

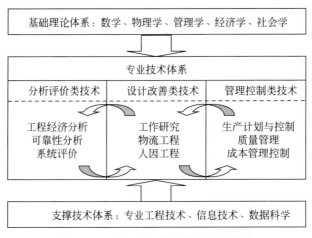

图1-7 工业工程知识分类及相互关系

1. 工业工程基础理论体系

工业工程以物理学、数学等自然科学知识,经济学、管理学和社会学等人文科学知识为其基础理论内容。工业工程需要从组织和人的角度出发去分析和解决问题,必须面对组织系统中人的心理和行为对价值系统的影响,要具备从社会和组织的角度开展分析、改进的能力。

2. 工业工程专业技术体系

工业工程专业技术体系是工业工程核心思想与应用功能的体现,作者将工业工程专业技术体系定义为三类:设计改善类技术、管理控制类技术、分析评价类技术。

设计改善类技术是对企业及其他组织进行规划、设计、改进和优化的技术。设计类技术是组织活动的先期工作需求的具体体现,是解决做什么和如何做的问题的技术,如战略规划、组织设计、设施规划、物流工程等;改善类技术是针对活动的过程所做的进一步提升、优化的技术,如作业测定、工作分析、业务流程再造等。

管理控制类技术是对企业和其他组织运营过程的控制、调节、修订和保障的技术,如生产计划与排程、现场调度、质量控制、成本管理、预算控制、信息集成控制、现场管理等。

分析评价类技术是对企业及其他组织的需求能力、过程能力及绩效水平进行诊断和评价的技术,涉及工程经济学、统计分析、计量经济分析和系统评价等。

设计改善、管理控制、分析评价三类技术间互为前提、相互兼顾,构成了工业工程完整的闭环管理体系。

3. 工业工程支撑技术体系

以产品、设备、工艺、材料等为主体的专业工程技术,如机械、电子、冶金、汽车、化工、制药、食品工程技术等,是工业工程得以生存、发展的行业技术依托,构成了工业工程发挥效用的工程环境,是前面所讲的"硬"技术。工业工程与专业工程技术的结合,为二者找到了互补和各自提升的空间。

信息技术(information technology,IT),是指在信息科学的基本原理和方法指导下扩展人类信息功能、管理和处理信息所采用的各种技术。一般来说,信息技术是以电子计算机和现代通信为主要手段实现信息的获取、加工、传递和利用等功能的技术总和,也常被称为信息和通信技术(information and communications technology,ICT)。信息技术主要包括传感技术、计算机与智能技术、通信技术和控制技术。

在制造业领域,产品设计环节普遍应用计算机辅助设计(computer aided design,CAD)、计算机辅助工程(computer aided engineering,CAE)、计算机辅助工艺设计(computer aided process planning,CAPP);运营管理环节普遍应用企业资源计划(enterprise resource planning,ERP)、制造执行系统(manufacturing execution system，MES)、产品生命周期管理(product lifecycle management，PLM)等系统。产品数据管理(product data management，PDM)是用来管理所有产品基础信息(包括零件信息、配置、文档、CAD 文件、结构、权限信息等)和所有产品相关过程(包括过程定义和管理)的技术系统，可以将产品设计信息系统与管理信息系统进行链接，从而实现设计到制造管理的信息集成。

工业工程技术与信息技术融合发展是生产力发展和社会进步的必然体现，信息技术具有满足工业工程实现目标的需要的功能，并且信息技术需要不断转化、承载、传递工业工程的价值创造理念和方法，使信息技术本身更具有功能进化性和普遍适应性。工业工程技术与信息技术犹如一对孪生体，相互依存、相互促进、共同进化。

工业工程可以独立存在于专业工程技术系统之中，也可以借助信息技术存在于专业工程技术系统之中。而专业工程技术效用的发挥，显著依赖于工业工程技术的支持，并越来越依赖于工业工程与信息技术相融合所形成的管理技术环境。

1.3.4 工业工程的主要特征

1. 核心目的是提高生产率和效益

我们把提高生产率(效率)、降低成本、提高质量综合起来视为效益，而在工业工程诞生之初，其核心目的主要是提高生产率。美国《工业工程手册》指出："如果要用一句话来表明工业工程师的使命，那就是提高生产率。"也就是说，提高生产率是工业工程的出发点和最终目的，是工业工程师的第一使命。该手册在 1989 年版中进一步说明工业工程师的职业重点是提高生产率和质量。

汽车业是应用工业工程非常成功的行业之一。在 19 世纪中后期，人类就发明了汽车，德国人本茨曾为此做出巨大贡献，但那时由于成本高、效率低，汽车只能作为贵族的奢侈品。到 1903 年福特汽车创办时，年产仅几千辆。从 1908 年福特进行生产管理技术创新、改进 T 型车流水线生产方式后，1916 年美国汽车销量突破 100 万辆，1920 年达到 200 万辆。到第二次世界大战之前，汽车已成为美国普通老百姓的大众消费品。20 世纪 80 年代，日本汽车的腾飞更是工业工程应用的完美体现。与传统的大批量生产相比，丰田生产方式只需要"一半的人员、一半的生产场地、一半的投资、一半的生产周期、一半的产品开发时间和少得多的库存"就能生产品质更高、品种更多的产品。这就是工业工程的作用。

从诞生之日起，工业工程就将减少浪费、降低成本、提高效率和提高质量作为奋斗的目标。只有为社会创造并提供质量合格的产品和服务，才能获得有效的产出。所以早期的工业工程师又被称为"效率工程师"。

生产率(productivity)是产出(资源量或价值)与投入(资源量或价值)的比，用来描述上述转化功能的效率。生产率计算表达式为 $P = O/I \times 100\%$，其中 P(productivity)为生产率，O(output)为产出，I(input)为投入。

假定某一企业用5天时间生产了100单位产品,则其生产率为每天20单位;一个提供社会服务的工人4个星期(20个工作日)生产了750个纸箱,则其生产率为每天37.5个纸箱;一个企业用20kg的原材料生产1单位产品,而另一个企业用25kg相同的原材料生产1单位的相同产品,则前者的生产率更高。

生产率作为生产系统产出与投入比较的结果,依据所考察的对象、范围和要素的不同,具有各种不同的表现形式,因而有不同类型的生产率及其相应的测评方法。

2. 综合性的应用知识体系

工业工程的定义清楚地表明,工业工程是一个包含多种学科知识和技术的综合体系。其本质在于综合地运用这些知识和技术,特别体现在应用的系统性上,这是由工业工程的目标——提高生产率所决定的。因为生产率不仅取决于各生产要素本身的使用效率,还取决于各个要素之间、系统的各部分(如各部门、车间)之间的协调配合。

企业要想提高经济效益,应该全面运用工业工程以便系统地解决生产和经营中的各种问题。这里,既有技术问题,又有管理问题;既有物的问题,也有人的问题。因而,必然要用到包括自然科学、工程技术、管理科学、社会科学及人文科学在内的各种知识。这些领域的知识和技术不应被孤立地运用,而是要围绕所研究的整个系统(如一条生产线、一个车间、整个企业等)的生产率提高而有选择地、综合地运用,这就是整体性。

3. 注重人的因素

生产系统的各组成要素中,人是最活跃和最具不确定性的因素。工业工程为实现其目标,在进行系统设计、实施控制和改善的过程中,都必须充分考虑到人和其他要素之间的相互依存、相互作用,突出以人为中心的理念和特点。对于整个生产系统的运行程序设计、工作地设计、每项作业的具体流程和操作方法、岗位和职务设计、作业的基本动作和时间规范,直到整个系统的组织设计,工业工程都十分重视研究人的因素,如研究人-机关系、环境对人的影响、人的工作主动性和创造性、薪酬与激励机制等,寻求合理地配置人和其他因素,建立适合人的生理和心理特点的机器和环境系统,使人安全、健康、舒适地工作,充分发挥能动作用和创造性,提高工作效率,并能最好地发挥其他各生产要素的作用。

在工业工程继续发展的进程中,工效学的出现、人因工程的兴起就是此特点的反映。

4. 重点面向生产运营体系能力的提升

为了提升一个行业或产业的生产率水平,可以综合运用工业工程的系统规划、设计、控制、改善和创新的方法,实施对行业的整体提升,如汽车行业通过学习和实施精益制造方式获得行业能力的提升。针对微观企业,为了达到减少浪费、降低成本的目的，工业工程可以重点面向微观环节，解决各环节管理问题或管理与技术交叉的问题，从制定作业标准和劳动定额、现场管理优化直至各职能部门之间的协调和管理改善，都需要工业工程发挥作用。

从性质上讲，工业工程关注的最核心内容是对象系统是什么和怎么做（what 和 how），是以过程为手段而追求更高价值目标的工作技术系统。工业工程技术也可以概括为面向要素、面向过程、面向流程、面向体系和面向跨系统综合平台的价值规划与实现技术。

1.3.5 工业工程应用中应遵循的重要原则

通过对工业工程的管理性和工程性内容的分析，以及对 CIE 技术体系的深入剖析，作者认为对工业工程的学习和应用应重点掌握四方面原则，即工业工程的累积性、发展性、创新性和满意度原则。

1. 累积性原则

企业综合能力的提高不是一蹴而就的，无论专业技术能力还是管理能力，都需要通过一定时期的技术、管理活动和规范过程逐渐积累起来。工业工程能力的累积性，是指企业的管理基础能力构建是从无到有、从弱到强、从无序到规范、从刚性上升为柔性的系统演进过程。任何企业都有一定的管理累积，但内容和水平差异很大，差异性决定了企业应用工业工程技术的选择性。企业在经营初期必须强调基础教育和技能培训，进而通过组织的、文化的、制度的，乃至现场作业的规范性来逐步提升对产品和服务的品质保障能力；当企业进入相对高阶水平时，工业工程应用主要体现在先进运营管理模式的构建与持续提升方面。工业工程的累积性实质上强调的是管理的不可跨越性，大跃进式、跨越式做法往往会断送企业的前程。

2. 发展性原则

工业工程体系的发展性，是指工业工程从科学管理开始，不断吸纳各时期的管理思想和科学技术方法，逐步融合成为具有时代特征的管理技术体系。在过去 100 年间，工业工程技术从关注制造企业现场管理逐步发展到企业的价值流程乃至供应链领域，制造企业的生产管理模式已从批量生产、大规模定制、精益制造、集成制造发展到敏捷制造模式，应用领域也从传统制造业延伸至交通、服务和行政组织。发展性是工业工程知识与技能传承和进步的过程，是适应环境发展变化的过程，是不会停止的。不过，也不存在所谓过时的工业工程技术（这和专业技术相比有很大的不同），只有面向不同对象的实用性差异，所以工业工程体系会越来越大。

3. 创新性原则

工业工程模式的创新性是工业工程管理内涵的体现，指工业工程应用模式的不可简单复制性。德鲁克曾经说："请转告中国的朋友,管理者是不能进口的。"日本丰田汽车公司学习美国的工业工程,是从本质上发现了连续流程是提高效率、降低成本并提高质量的真谛,因此否定了福特制中不合适的做法,建立了拉动式生产系统。丰田汽车公司同样将工业工程中的质量管理方法融入自働化理念中,创新了全面质量管理的思维和具体做法,建立了"不生产不良品、不传递不良品和不接受不良品"的品质原则和做法。更为重要的是,丰田汽车公司将美国的工业工程技术根植于日本的本土文化中,才创新出超越美国和其他国家制造管理模式的丰田生产方式。简单地说,TPS 的成功是把美国的工业工程进行有效的"国产化""本企业化"改造的结果。

当丰田汽车进入中国后,其模式中已经有相当成分中国文化内容的体现,与日本丰田有一定差别。美国摩托罗拉、日本本田、德国大众和韩国三星等国际知名企业在中国的做法都证明:专业工程技术具有良好的可复制性,而管理是很难复制的,工业工程作为管理技术同样具有不可简单复制的管理特性。我国企业也面临同样的问题,在工业化与信息化并行的政策导向下,由于企业间的基础和需求的差异很大,不能用某一种模式发展所有的企业。因此,企业应根据各自的基础和需求有选择性地学习和应用工业工程,其重点仍然在于将共性技术与企业自身资源和特色文化相结合,建立自己的工业工程应用模式和发展途径。

4. 满意度原则

工业工程应用的满意度原则,是指工业工程技术应用要符合客观需要,对象和问题范围的界定适度,方法得当,不盲目追求高目标、高标准,在整体最优的前提下能将人员、设备、物料、环境、工艺流程、物流路径、设施布局、作业方法和人机关系等方面向着有益且可实现的方向持续改善,不怕进步小,追求改善不间断。

1.3.6 工业工程的关键意识

1. 问题与改革意识

工业工程最基本的功能是对企业问题、现状进行分析和描述,进而运用一系列诊断、评价和改进的技术和工具,帮助企业找到解决问题的方向与方法,使各生产要素达到有效结合,形成一个有机整体系统。因此,工业工程是在识别问题的基础上解决问题的综合技术,工业工程师的基本理念是:"做任何工作都会找到更好的方法,改善无止境"(There is always a better way)。为使工作方法更趋合理,就要坚持改善,再改善,因为环境的改变、科技的进步,往往会带来新的更有效率的方法,采用"5W1H"六大提问技术对当前问题进行反复研究和改进,总能找到更好的方法。否定,肯定,再否定的思维是工业工程师应具备的基本素质要求。

2. 质量、成本和效率意识

工业工程追求最佳整体效益,必须树立质量、成本和效率意识。基于流程识别、精益设计和改善的思想,工业工程可以通过消除过程中可见的和不可见的多种浪费加速价值流程,实现质量、成本与效率目标的一致性。工业工程的基本思维是一切工作应从总目标出发,大处着眼,小处着手,力求节约,杜绝浪费,寻求以成本更低、效率更高的方式实现高品质成果。

3. 工作简化和标准化意识

工作研究可谓是工业工程技术最基础、最核心的内容,其主旨就是以最简单的工具、方法和标准时间完成最有价值的作业,从而以最小的投入获得最大的产出。因此,工作简化是工业工程技术的过程体现,作业方法和工具的标准化是工业工程阶段性成果的体现。只有达到标准化,才能固化阶段性管理和技术改进的成果,成为衡量作业者操作水平和流程水平的标准。在作业方法和工具不断改善的同时,也要更新标准,推动生产过程向更高水平发展。

4. 整体优化与持续改进意识

工业工程遵循系统管理思想,分析和解决问题要从大处着眼、小处着手。整体优化要求通过分层、有序、关联、一致的做法,实现对问题的诊断和处理。从大处着眼是从宏观角度审视企业中问题的性质和程度,将问题的内在属性和外在影响性关联起来,从而找到瓶颈问题和解决问题的出发点。从小处着手是指解决问题时要细致、具体,工具、方法要得当,尽量降低因解决问题而带来的风险。问题解决、瓶颈消除和系统优化都是以持续改善为原则和宗旨的,从 P(plan)、D(do)、C(check)、A(act)到 S(standardize)、D(do)、C(check)、A(act)的循环改进,使企业的价值创造能力不断上升到新的层面。循环改进过程如图 1-8 所示。

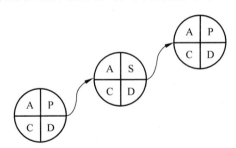

图 1-8 整体优化与循环

5. 以人为中心的意识

工业工程认为人是生产服务系统的主体和最活跃、最关键的决定因素。尊重人性和发挥人的积极性是 CIE 尤其强调的中心意识。同样,工业工程认为一线的员工更了解一线的问题,他们的思考、改善往往能够快速、有效地解决生产服务面临的问题。任何一项活动的成败主要取决于人,各种新的改进方案的实施更离不开全体员工的认同、参与及配合。只有建立一个合理的激励机制,才能鼓励人人动脑,时时处处寻找更有效、更容易实施的方案,全员参与工业工程的推广与改善,改善由小积大,量变引起质变。推广应用工业工程,一定要取得员工的理解和支持,切忌盲目和秘密进行。现地、现物、现时的精益管理原则是工业工程发挥人的能动性的鲜明写照。

1.3.7 工业工程的核心技术与方法

工业工程的技术体系分为三大类:一是设计改善类技术,主要包括工作研究、物流工程、人因工程;二是管理控制类技术,主要包括生产计划与控制、质量管理、成本管理控制;三是分析评价类技术,主要包括工程经济分析、可靠性分析、系统评价等。

1.3.7.1 设计改善类技术

1. 工作研究

工作研究是以工作(生产或服务的实现)为对象,运用一套从宏观到微观的分析和改进方法,识别工作中的问题,分析造成问题的原因,通过消除问题原因改进工作方法和时间标准,提高工作质量和工作效率的综合技术。工作研究技术包括方法研究与作业测定两大技术系统。

方法研究的目的是通过方法改进来提高劳动效率和降低劳动强度,方法研究过程是对现有生产作业系统的工作方法进行系统记录、分析和改进,提出最合理、最经济、最有效的工作程序和操作方法,通过方法的改进使工作更富有品质和效率。

方法研究技术是生产、服务价值创造的最基本、最核心的技术,包括程序分析(process analysis)、操作分析(operation analysis)和动作分析(motion analysis)三个层次的技术,分别对应于工艺流程规划设计与改进、工序作业分配与改进、作业的动作构成与优化,涵盖了任何生产、制造和辅助性活动的全部内容。

程序分析着眼于对整个工作系统、生产系统的分析、评价和改进;操作分析重在对构成工艺的工序和工序作业的精雕细琢,用作业的有效性确保工序的精准有效,用工序的有效连接确保工艺过程的质量和效率;动作分析是对构成作业的微观动作和动作要素进行分析、评价和改进,用底层方法确保基础作业单元的精准和经济。这样,方法研究形成了从宏观到微观逐步深化的效率改进机制,而从本质上是用微观作业品质保障宏观生产工艺的品质。

概括而言,方法研究是面向生产要素 5M2E[人(men)、机(machine)、料(material)、法(method)、测(measurement)、能(energy)、环(environment)]及其配置过程[工艺(process)和工序(operations)],运用 5W1H(what,where,who,when,why,how)和 5Why 的问题分析技术探求真因,进而使用 ECRS(删除、合并、重排、简化)的手段建立新的工作方法。具体来说是通过改进工艺和管理流程来消除工作中的不合理和不必要环节;改进工厂、车间和工作场所的平面布置,缩短工艺和运输路线；改进对物料、机器和人力的使用，提高生产率；减轻劳动强度，消除劳动生产中不必要的体力消耗；改进工作环境，改善劳动条件。显然方法研究承载了科学的思维，是产品生产、服务提供、价值创造的第一前提，是为确立更好的方法所做的基础性工作。方法本身不仅意味着效率，更意味着使工作富有品质。

作业测定技术是工作研究的另一大技术系统。作业测定的主要用途是在方法研究的基础上，测量这套方法所标定的工作过程的合理时间并建立工作时间标准。换言之，方法研究是建立工作的方法标准，作业测定是建立工作的时间标准，因此作业测定也称为时间研究。

一项工作(完整的工艺过程)可以分解成多个工序，每个工序可以分解为若干作业，每个作业还可分解为若干作业单元，每个作业单元又由一组动作构成。

在时间研究中，研究人员用秒表观察和测量一个训练有素的人员，在正常发挥的条件下各个工作单元所花费的时间，这通常需要对一个动作观察多次，然后取其平均值。从观察、测量所得到的数据中，可以计算为了达到所需要的时间精度，样本数据量需要有多大。如果观察数目不够，则需进一步补充观察和测量。最后，再考虑到正常发挥的程度和允许变动的幅度，以决定标准时间。时间研究主要使用的方法是预定时间标准(predetermined time standards，PTS)法。

作业测定就是面向工作方法的主体构成，使用时间测量技术和相应的工具，测量、记录、分析、评价所测定工作对象的时间占用情况，通过一定的评比宽放策略，建立工作的标准时间。标准时间也称为工时定额，是确定生产资源配置量、核算产品和服务生产周期、测算产品或服务成本、制定产品或服务价格的基准。

由此可见，工作研究是产品生产和服务制造的最核心技术，几乎涵盖了企业活动的全部内容。生产计划制订、质量管理、物流管理、人因工程等都是由此发展起来的专项技术。

2．物流工程

物流工程是工业工程主要技术之一，主要包括选址设计、物流系统设计、平面布置设计、物料搬运系统设计、库存及仓储设计、工位器具设计及管理等。美国物流协会理事长理查德·缪瑟在 20 世纪 80 年代初访问中国机械工业部，介绍了美国物流协会在企业管理中的作用，以及一些企业管理方法。其中，系统平面布置设计及物料搬运(systematic plant layout and material handling)等在国内工厂、设计院和制造企业有较大的影响，为后来我国工业工程的发展和应用起到了巨大推动作用。特别是推动了近些年物流工程、物流管理、物资配送、准时化物流、社会物流系统的研究，以及供应链管理的发展和企业应用，并受到国家相关部委的重视，目前已形成庞大的物流学科体系和产业应用。

物流工程的主要内容在本套丛书之一《智慧物流与智慧供应链》中有详细介绍，这里不再赘述。

3. 人因工程

人因工程学(human factors engineering)或人的因素学(human factors),又称人类工效学或简称为工效学(ergonomics)。国际人类工效学学会(International Ergonomics Association)于2000年对其下了定义:"人类工效学(ergonomics)是研究人在某种工作环境中的解剖学、生理学和心理学等方面的各种因素;研究人和机器及环境的相互作用;研究在工作中、生活中和休息时怎样统一考虑工作效率、人的健康、安全和舒适等问题的学科。"

人因工程研究主要聚焦于人的生理与心理,人机系统总体设计,人机界面设计,工作场所设计及其改善,作业方法设计及其改善,系统的安全性和可靠性,组织与管理的效率等。

人因工程学的主要研究方法有:

(1)调查法,是获取有关研究对象资料的一种基本方法,具体包括访谈法、考察法和问卷法;

(2)观测法,是研究者通过观察、测定和记录自然情境下发生的现象来认识研究对象的一种方法;

(3)实验法,是在人为控制的条件下,排除无关因素的影响,系统地改变一定变量因素,以引起研究对象相应变化来进行因果推论和变化预测的一种研究方法;

(4)心理测量法,是运用人的主观感受对系统的质量、性质等进行评价和判定的一种方法,即人对事物客观量做出主观感觉评价;

(5)心理测验法,是以心理学中有关个体差异理论为基础,将操作者个体在某种心理测验中的成绩与常模作比较,用以分析被试心理素质特点的一种方法;

(6)图示模型法,是采用图形对系统进行描述,直观地反映各要素之间的关系,从而揭示系统本质的一种方法。

根据研究对象的不同,人因工程学的研究步骤也各有不同。一般来说,首先,确定目的和实现该目的的功能;其次,确定功能分配;再次,进行模型描述与分析;进而,进行模型的试验;最后,提出多种方案,在进行分析评价的基础上,确定最佳方案。常见的应用有宇航器座舱设计、汽车驾驶室设计、生产现场的人机活动设计、工作及生活环境的颜色设计等,以达到更舒适、环境友好、效率更高等目的。

1.3.7.2 管理控制类技术

1. 生产计划与控制

生产计划与控制是研究如何将企业的生产要素进行时间和空间上的合理配置,在运行中如何合理调度使用,以便高效地创造出产品和服务的一套技术和方法,实际上就是大家相对熟悉的"生产管理学"或"生产作业管理"。在生产管理中要达成的基本功能包括以下两种:

生产计划功能。计划是未来生产和管理活动的依据和目标,它包括目标的制定，为实现目标所采取的措施方案的拟订，以及实施目标和措施的有关活动的计划安排。企业的目标有远期目标和近期目标两个方面。远期目标有生产增长速度、竞争地位、产品发展方向等，它们都关系到企业的长远发展。近期目标如年度生产大纲、产品产出计划等，它的措施计划可以是产品生产进度计划、新产品试制计划、技术措施计划等。另外，财务预算也是计划的一部分。在生产计划拟订出来之后，需编制财务预算，计划资金的筹措，并控制资金的使用。

生产控制功能。控制就是调度，是对计划执行情况所进行的检查、监督、分析进而调整，它包括从生产过程的产出取得实际绩效的信息，将它们与计划要求相比较，对比较的结果进行分析，若发现有偏差，则采取措施，返回去调节生产过程的投入，以修正偏差。

制造企业内负责生产计划与控制工作的典型职能机构包括生产计划准备部门、生产计划与调度部门、生产作业计划部门、物资供应与采购部门、设备管理部门、劳动管理部门和成本管理部门。企业正是通过生产计划与控制来将各项生产要素组织成现实生产力，按市场需求创造出物质产品和服务，并不断提高企业的经济效益。

1）生产组织方式确立

产品的生产管理是一套科学方法论，以何种原理、逻辑、规则、过程和方法来组织生产是一套典型的工作艺术。形式上，生产是将资产资源投入，经过工艺过程，实现价值转化或者必要的产出。本质上，生产不仅是达成必要的质量和数量，还追求过程品质、资源综合效率、生产安全、对需求相应的柔性、对环境的呵护，以及良好的育人功能。因此，生产管理必须富有先进理念和一系列科学方法和手段。生产管理的第一要务是确立最佳的生产组织方式，这也是确定企业的价值系统。任何生产组织方式，都有相应的内涵和价值逻辑。

(1) 推动式生产

推动式生产(push production)方式，是以一套相对完整的生产计划为前提，将生产指令分别下达到各生产作业单位，乃至具体的作业单元，各生产单位、单元执行生产和作业指令，按质、按量、按期完成生产任务。各生产单位、单元不对其上下生产工序负责，仅接受生产计划主管部门指令，这种方式的典型特征是多指挥链并存和单工序的"个人主义"做法。为了确保推动式生产的连续性，需要在各生产单元、单位之间设置一定数量的缓冲，缓冲的设置就要求部分生产单元或单位提前或过量生产，从而导致整个生产周期较长，在制品存货较多，生产占用面积较大，直接制造成本偏高。

(2) 拉动式生产

拉动式生产(pull production)方式，以生产过程紧密相连为前提，优先寻求各工艺、工序的动态平衡，将生产指令下达在产品生产的末端工序，由末端工序根据交付需求，向前工序发出要货指令(品种、数量、质量)，前工序依据后工序要求做出生产响应,从而准时准量为后工序提供相应在制品。按此逻辑,生产指令从最后生产工序逐次传递到最前生产工序,使生产过程因供需关系形成连续稳定的链条。这种方式的典型特征是所有生产单位或单元服从单一指挥链,只在必要时间内生产必要数量的必要产品。由于生产指令从交付端发出,所以交付端可按合理的提前期进行生产组织安排,从而按客户需求进行交付。这样,整个生产系统实现了按需交付的准时化生产能力。

推动式生产是大量生产方式下的基本做法,拉动式生产是精益制造的主要功能和特点。

制造企业选择生产方式往往受到其产品特征、工艺特征的影响,但主要是由管理者对不同生产方式的认识、理解能力所决定的。选择推动式生产还是拉动式生产,与行业特性无关,与生产管理基础无关,仅与价值模式选择有关。

2)生产计划与排程优化技术

在生产计划与控制中,计划制订是以生产组织方式为前提的,生产过程的控制策略与方法也是以生产组织方式为前提的。生产控制主要在于对生产要素和生产过程的控制,排除时间或生产提前期交货期的因素,生产控制主要是以质量管理形式体现的。本节后面专门介绍了质量管理技术和方法,这里不再赘述,重点进行生产计划与排程的分析。

生产计划主要是指面向市场需求或目标产出要求,对拟生产产品的种类、数量在特定期间内做出基本安排,如月度生产计划,包括由此而产生的原材料采购、部分加工的外协外购和自制计划等。

生产排程是指按照生产计划,结合具体生产任务要求,对生产资源进行分析指派,从而确保生产的加工、装配作业等按照既定任务节点完成。生产排程是作业执行层面的计划,是对生产计划的分解和保障。

生产计划制订主要是根据产品的工艺流程和企业的总体制造资源情况,重点考虑瓶颈资源的约束,对某段时期生产任务的总体安排。生产计划制订可以借助 ERP 等系统工具的计划制订功能来实现。生产计划辅助工具的功能逻辑水平和运算能力,对生产计划制订的合理性起至关重要的作用。生产计划制订方式和制订水平,通常将决定企业的生产能力和价值水平。

生产排程则需要考虑产品制造微观环节的能力和条件约束,生产能力变化和约束条件的变化均会对排程结果产生重要影响。生产过程越复杂,对排程技术的要求越高。因此,生产排程优化始终是学术界研究的热点问题之一。生产排程可以借助 MES 的相关功能来实现,同样,排程水平受系统内在功能的影响显著。

在生产计划和生产排程执行过程中,会因生产需求变化或生产资源状态变化导致既定计划难以实现,需要对生产任务和状态进行调节,生产调度即成为解决这一问题的重要管理功能。当然,生产调度也是对生产计划和生产排程的执行体现。下面重点介绍不同生产组织方式下的生产排程技术和方法。

(1) 排程与调度的几种形式与相应研究方法

生产中的排程可以概括为图 1-9 所示内容,可将具体生产单位的生产形式分为离散式(open shop)、连续式(flow shop)和混合式(flexible flow shop)三种具体方式,每种方式的生产工艺不同,作业顺序关系不同。离散式主要是因为生产设备按照工艺原则布局,使产品生产的工艺路线(工艺规则和标准不变)在生产系统内具有设备或路径可选择性,而在连续式方式下,生产工艺只能按照既定物理顺序进行。连续式往往是由多条生产线构成的,还涉及相似工艺产品对生产线的选择,以及在同一生产线上对不同设备设施的选择问题。

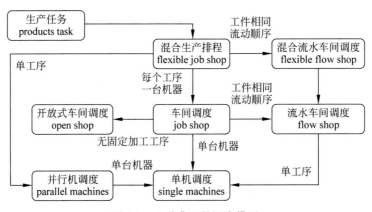

图 1-9 几种典型的调度模型

(2) 排程与调度的普适性原则

排程与调度可以遵循的原则较多,从重要性和策略性出发,这些原则基本遵循一定的顺序规律,建议顺序如图 1-10 所示。

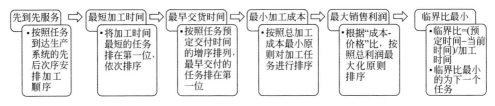

图 1-10 排程与调度原则的重要性排序

(3) 双机调度算法

单机调度的策略和算法比较简单,双机调度的算法相对复杂一些,更具有优化价值。图 1-11 基于 Johnson 算法提出了双机调度的逻辑模型,对解决此类问题有一定借鉴意义。

(4) 多机并行的调度方法

此类离散问题的特点是:有 n 件任务在 n 台机器上并行加工,有足够数量的合适机器供选择(即可用机器数量 m 大于并行加工任务数量 n),使得所有任务都

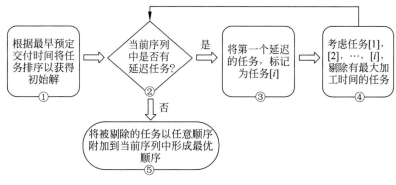

图 1-11　双机调度逻辑

可在同一时间开始进行,如图 1-12 所示。这种情况下的决策目标是找出将哪个任务安排给哪台机器是最优配置方案。

此类问题求解可运用指派算法,其基本优化规则是:有 n 个"事项"要分配到 m 个"目的地"的 n 个位置,每个事项必须被指派给一个而且是唯一的目的地;对于"n to n"的指派,都遵循一个标准(如最小成本、最大利润、最少完成时间等)开展决策优化。

(5)两件任务的流水作业调度方法

问题描述如下:在承担两件任务的流水车间,两件任务要通过 m 台机器加工,每件任务必须以特定的顺序在机器上加工,而两件任务的顺序未必一样。如图 1-13 所示,其中任务 1 从 M_1 开始,经过 M_2 至 M_4,到 M_3 结束;任务 2 同时进行,从 M_3 开始,经 M_1 至 M_2,再到 M_4 结束。两个任务均经过了 M_1、M_2、M_3、M_4。本例中任务 1 和任务 2 所走工艺路径不同,但是均涉及对 M_1 至 M_4 的调用,需要建立优化策略,以使两个任务在最短时间内或最低成本下完成。Akers 算法对解决此类问题有良好的策略和求解效果。

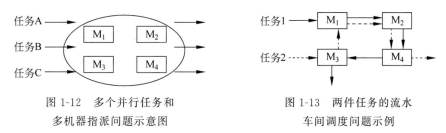

图 1-12　多个并行任务和多机器指派问题示意图　　图 1-13　两件任务的流水车间调度问题示例

如果任务 1 和任务 2 经过相同的工艺路径,且二者在同一工序中的作业时间相近,则顺序投产可以获得最短加工时间;若二者在同一工序中的作业时间不同,则仍需使用 Akers 算法等进行求解。

由两件任务的流水车间调度问题可派生出多任务调度问题:一种情况是,在有限生产设备条件下,在同一期间安排多种不同任务,各任务均遵循"n to n"的规则;另一种情况是,在有限生产设备条件下,在同一期间安排多种不同任务,各任务均不遵循"n to n"的规则,即不同的任务不仅有不同的工艺路线,且有不同的工序(需要不同数量的机器),此时排程和调度的复杂性增加,需要借助智能算法求解。同时,随着任务数量的增加,任务指派的难度显著增加,需要计算精度更高、计算速度更快的算法的支持。

(6) 复杂生产的计划制订与排程优化

比如在流程生产中,以长流程钢铁企业生产计划制订为例:其铁前料(焦炭、球团、烧结)生产工艺、炼铁工艺、炼钢工艺(铁水、铁水+废钢+废钢)、铸坯工艺、炼钢工艺(热轧、冷轧,考虑品种钢的成分、规格、热处理差异等),共同形成全工艺钢铁生产流程。为确保该工艺组合过程能够顺畅执行,并实施多品种钢的均衡生产,且希望以尽可能低的成本实现,首先需要对多工艺过程、不同约束条件的生产开展优化排程。

再比如在离散生产中,以复杂装备生产为例:首先需要数百种甚至数千种机、电、液类零件,零件加工在工厂既定型号、既定数量的加工设备上完成,大部分金属材料加工件和复合材料加工件需要在机加工后进行热处理和(或)表面处理,热、表处理后的加工件组装成若干部件,所有部件及部分零件再组装成最后的产品。整个生产过程涉及毛坯件制造(炼钢、铸坯、锻造、铸造)、零件加工(车、铣、刨、磨、钳、喷丸等多项冷加工作业)、热处理(淬火、正火、回火、退火)、表面处理(渗碳、渗氮、磷化、镀锌等)、部件装配及测试、总装及测试。每个工艺阶段,其工艺技术特性、组产方式、约束条件、加工周期、可同步作业的批量大小均不同。在这种条件下,普遍需要基于多产品、多阶段、多约束条件的统筹决策。由于这些问题具有典型的 NP-Hard 属性,因此较大规模、多层级、嵌套式的复杂问题求解是优化领域的难题。

上述分别存在于流程制造业和离散制造业中的普遍难题,显然已经不是运用某些模型和算法组合所能解决的了。因此,在几乎所有 ERP、MES 或类似系统中都设置了以规则为主的排程逻辑,但是规则排程必然忽略了制造系统具体环节的很多现实约束条件,其结果只能是粗略排程,具体制造中的排程优化转移到加工作业的具体环节。由于制造系统是多工程主体、多利益主体,不同生产主体追求的生产目的不同,进而造成生产工艺周期排程原则、策略、方法不同,从而必然导致产品全生产周期过长和在制品量过大。

上述问题的解决,显然需要优先从大系统角度,通过先进生产组织方式的选择和改进入手,从价值形成逻辑上优先建立最优策略,才有可能解决系统性问题。到目前为止,解决此类问题的最优策略是采用多品种均衡排程原则,在此基础上,对具体约束下的制造任务和制造资源运用优化模型和算法进行求解,方能有效。因此,面向复杂问题的决策机制应该是:

① 生产组织方式决策,确定最优价值模式;

② 基于生产能力和多工艺条件约束的生产批量决策,建立以齐套性和快速产

出为目标的期间总体生产计划,形成多工艺生产任务的期量标准;

③ 基于准时化生产原则,在期间任务和提前期要求下,建立各工艺环节的多品种均衡生产方式,用工艺内的工序间拉动式生产确保批次、批量产品的准时化产出,以及在工艺间的转移;

④ 面向工艺内具体约束条件,建立单一工艺内的最优排程决策方法,利用运筹模型和相关算法进行求解。

2. 质量管理

质量管理技术与方法是产品设计、制造、使用和维护等环节中,确保产品性能、状态的措施和手段。本部分在简单回顾质量管理三个重要阶段内容的基础上,重点介绍产品要素质量提升的基本方法、过程质量控制基本技术与手段、全面质量管理的基本做法,以及六西格玛管理的主要方法。

20世纪以来,资本主义工业革命之后,机器工业代替了手工作坊,质量管理也得到了迅速的发展。质量管理理论和方法发展经过了质量检验、过程质量控制和全面质量管理三个重要阶段,呈现出不同阶段的技术和方法特点。

1) 质量检验

通过对产品进行百分之百的检验来保证工序间和出厂的产品质量,这是一种事后把关的质量管理方法。管理的对象是产品,管理的任务是满足产品的质量要求。20世纪40年代,随着企业生产规模的不断扩大,很多企业都设置了专职的检验部门,配备有专职的检验人员,用一定的检测手段负责整个产品检验工作。这种做法在保证出厂产品质量方面取得了一定的成效,但也有不可克服的缺点:出现质量问题容易扯皮、推诿,缺乏系统的观念;只能事后把关,而不能在生产过程中起到预防、控制作用,待发现废品时已经成为事实,无法补救;对产品的全数检验,有时在技术上是不可能做到的(如破坏性检验),有时在经济上是不合理、不合算的(如检验工时太长、检验费用太高等)。

2) 过程质量控制

统计过程控制(statistical process control, SPC)是一种借助统计分析方法,实现对生产过程中的各阶段的评估和监控,从而使产品或服务的质量满足规定要求,以预防缺陷产生的质量管理技术。SPC控制的对象是生产过程。控制的任务是满足过程控制要求,通过样本计算过程能力,从而得到整批产品的合格率水平。通过对异常趋势点的分析及时采取应对措施,避免不合格产品的生产。通过SPC揭示生产过程中存在的问题,发现其内在变化规律,能进一步探寻生产过程发生异常的原因,从而改进现有生产过程。

统计质量控制图是由休哈特在1925年提出的。1950年,W. 爱德华·戴明(W. Edwards Deming)博士将SPC的概念引入日本,随后SPC得到广泛推广应用。从1950—1980年,经过30年的努力,日本在质量与生产率方面取得世界领先地位。美国著名质量管理专家罗杰·W. 伯格(Roger W. Berger)教授指出,日本成功的基石之一就是 SPC。

美国从 20 世纪 80 年代起开始推行 SPC。美国汽车工业已大规模推行了 SPC，如福特汽车公司、通用汽车公司、克莱斯勒汽车公司等。美国钢铁工业也大力推行了 SPC，如美国 LTV 钢铁公司、内陆钢铁公司、伯利恒钢铁公司等。

"二战"期间，这种方法主要用于美国军工企业。全数质量检验速度慢、成本高，不能适应战争的需要，因此，美国组织了数理统计专家去解决国防工业中的实际问题。数理统计方法在生产过程控制中产生了非常显著的效果，保证和改善了军工产品的质量。后来又把这种方法推广到民用产品之中，使制造企业从中受益。数理统计方法应用与企业生产过程控制，在一定程度上限制了质量管理统计方法的普及与推广。

ISO9000 标准簇规定，所有工作都是通过"过程"来完成的，同时对"过程"进行了定义："过程是指一组将输入转化为输出的相互关联或相互作用的活动。"任何一项作业都可以看作一个过程，同时一个过程的输出通常又是另一个过程的输入，从而构成了过程间的链式关系。过程质量是指某一过程的固有特性满足要求的程度。应用过程质量控制方法，通过对生产过程的识别、分解、预测和控制，确保每个过程都满足质量要求，就能达到质量控制的目的。

开展 SPC 的步骤如下：

步骤 1：培训。培训内容主要有 SPC 概念、正态分布等统计基本知识、质量管理七种工具，特别是控制图和两种质量诊断理论。

步骤 2：确定关键变量（即关键质量因素），列出过程控制网图。

步骤 3：提出或改进规格标准。

步骤 4：编制控制标准手册，在各部门落实。

步骤 5：对过程进行统计监控。主要应用控制图对过程进行监控，若发现问题，则需对上述控制标准手册进行修订，即反馈到步骤 4。

步骤 6：对过程进行诊断并采取措施解决问题。

实施一个完整的过程质量控制主要是进行过程的识别、监控、检验以及改进这四个方面的工作，其本质上就是一个 PDCA（计划—执行—检查—处理）循环改进的过程。目前具体的过程质量控制主要集中在过程故障检测、过程控制图模式识别、过程质量预测和过程质量控制的虚拟仿真等方面。

3）全面质量管理

所谓全面质量管理，就是企业全体员工共同参与质量管理，结合多种质量工具，建立起从产品研发、生产制造到售后服务等活动全过程的质量保证体系，从而用最低的成本，制造出用户最满意的产品。管理的对象是企业管理体系，管理的任务是满足相关方的要求，即保证经营质量。1961 年，美国质量管理专家费根堡姆出版了《全面质量管理》一书，首次提出了全面质量管理的概念："全面质量管理是为了能够在最经济的水平上，以及满足用户要求的条件下，进行市场研究、设计、生产和服务,把企业各部门的研制质量、维持质量和提高质量的活动构成为一体的有效体系。"全面质量管理强调从企业高层领导、管理人员、技术人员到操作人员都参与质量管理,企业对全体员工分层次地进行质量教育培训,广泛开展群众性质量改进活动,激发员工质量改进的热情,不断完善各个环节、各个领域的质量管理程序和方法,形成从产品研发到生产制造再到售后服务等全过程的质量管理理念。世界各国制造业都在推进全面质量管理理念,并结合自己的实践有所创新发展。目前众所周知的美国波多里奇奖、欧洲质量奖、日本戴明奖等各种质量奖以及六西格玛质量管理模式等都是以全面质量管理的理论和方法为基础的。

全面质量管理(total quality management,TQM)就是一个组织以质量为中心,以全员参与为基础,目的在于通过让顾客满意和本组织所有成员及社会受益而达到长期成功的管理途径。

20 世纪 50 年代末,美国通用电气公司的费根堡姆和质量管理专家朱兰博士提出了"全面质量管理"的概念。20 世纪 60 年代初,美国一些企业根据行为管理科学的理论,在企业的质量管理中开展了依靠职工"自我控制"的"无缺陷运动";日本在工业企业中开展质量管理小组活动,使全面质量管理活动迅速发展起来。20 世纪 60 年代,丰田汽车公司率先在日本深入使用 TQC,并结合本土文化赋予了全员、全过程和全面质量管理的内涵,进而催生了现代全面质量管理。

全面质量管理的基本方法可以概括为:一个过程,四个阶段,八个步骤,数理统计方法。

一个过程,即企业管理是一个过程。企业在不同时间内,应完成不同的工作任务。企业的每项生产经营活动,都有一个产生、形成、实施和验证的过程。

四个阶段,指根据管理是一个过程的理论,戴明博士把它运用到质量管理中来,总结出"计划(plan)—执行(do)—检查(check)—处理(act)"四阶段的循环方式,简称 PDCA 循环,又称"戴明循环"。

为了解决和改进质量问题,PDCA 循环中的四个阶段还可以具体划分为八个步骤。在计划阶段:①分析现状,找出存在的质量问题;②分析产生质量问题的各种原因或影响因素;③找出影响质量的主要因素;④针对影响质量的主要因素,提出计划,制定措施。在执行阶段:⑤执行计划,落实措施。在检查阶段:⑥检查计划的实施情况。在处理阶段:⑦总结经验,巩固成绩,工作结果标准化;⑧提出尚未解决的问题,转入下一个循环。

在应用 PDCA 四个循环阶段、八个步骤来解决质量问题时,需要收集和整理大量的书籍资料,并用科学的方法进行系统分析。最常用的七种统计方法是排列图、因果图、直方图、分层法、相关图、控制图及统计分析表。这套方法以数理统计为理论基础,不仅科学可靠,而且比较直观。

4) 六西格玛管理

西格玛"σ"(sigma)是统计分析中用来衡量一个总体或样本的标准误差的统计

单位。制造业一般规定的误差范围是三西格玛到四西格玛。以四西格玛标准而言,相当于每100万个机会中存在6210次误差。如果企业不断追求品质改进,达到六西格玛的程度,在100万个机会中只能找到3.4个瑕疵,这种绩效近于完美。

六西格玛管理法是一种质量尺度和追求目标,一套科学的工具和管理方法,运用DMAIC或DFSS过程进行流程的设计和改善,是基于客户满意的一种经营管理策略。六西格玛管理是在提高顾客满意程度的同时,不断降低经营成本和缩短交付周期的过程革新方法,它是通过提高组织核心过程的运行质量,进而提升企业盈利能力的管理方式。

(1) 面向业务流程改进——DMAIC(图1-14)

D(define)——问题定义阶段:辨认需改进的产品或过程,确定项目所需的资源。

M(measure)——水平衡量阶段:收集产品或过程的相关信息,对存在的问题做出判断,建立改进目标。

A(analyze)——原因分析阶段:分析在衡量阶段所收集的数据、信息,以确定一组按重要程度排列的影响质量的变量。

I(improve)——过程改进阶段:选择并执行解决方案,确认该方案能够满足或超过项目质量改进目标。

C(control)——控制阶段:确保过程改进一旦完成就能继续保持下去,不会返回到先前的状态。

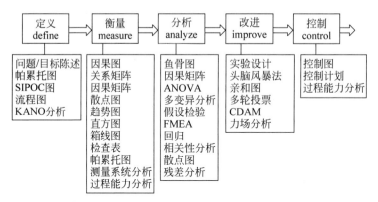

图1-14 DMAIC及其支撑工具

(2) 面向产品开发与设计——DFSS

质量是设计和制造出来的。实践表明,产品质量的70%是在早期设计阶段决定的,面向六西格玛设计(design for six sigma,DFSS)是在DMAIC的基础上发展起来的,是将六西格玛管理沿着价值链向前延伸至产品开发阶段。基于并行工程和面向产品全生命周期的设计(design for X,DFX)的思想,采用系统的问题解决方法,把关键顾客需求融入产品设计过程中,从而确保产品的开发速度和质量,降低产品生命周期成本,为企业解决产品和过程设计问题提供有效的方法。

DFSS 是一种实现无缺陷的产品和过程设计的方法,是按照合理的流程、运用科学的方法准确理解和把握顾客需求,对新产品、新流程进行健壮设计,使产品、流程在低成本下实现六西格玛质量水平,同时使产品、流程本身具有抵抗各种干扰的能力。DFSS 是帮助我们在提高产品质量和可靠性的同时降低成本和缩短研制周期的有效方法,具有很高的实用价值。

相对地,DFSS 确立了产品开发的 DMADV 理论:

D(define)——定义阶段:收集市场和客户信息,找到突破的机会和目标,并且对新产品和新流程进行风险评估。

M(measure)——衡量阶段:将市场和客户的信息进行整合和分解;预备在分析阶段,将市场和客户的信息进一步细分,并将它们转化为产品和流程必须具有的特性或功能。

A(analyze)——分析阶段:通过分析研究出高水平的设计,并通过评估设计能力选择出最优的设计方案。

D(design)——设计阶段:针对产品和流程必须具有的特性或功能,进行流程设计,包括可预测性设计、可生产性设计、可靠性设计等,得到比较好的实行方案。

V(verify)——验证阶段:对新的产品和流程进行验证,收集数据,以便进一步完善和优化。

在工业 4.0 和智能制造的趋势下,质量 4.0 也被相关学者提出,其特征是面向动态的大数据环境下的质量分析与改进,可概括为实时动态 SPC。

质量管理中的一项重要内容就是通过搜集、整理数据,对数据进行分析,来找出使过程产生变异的根本原因,并采取措施消除这些变异。此过程中常常借助排列图、因果图、散布图、直方图、矩阵图、亲和图和控制图等工具和方法(一般称为"老七种工具"),或者关联图、亲和图、系统图、矩阵图、矩阵数据分析法、过程决策程序、网络图等工具和方法(一般称为"新七种工具")。这些工具和方法在质量管理工作的各个环节都得到了广泛的应用。此外,六西格玛管理是质量管理中普遍采用的先进方式,经常与精益制造方式相结合运用。

3. 成本管理控制

成本管理是企业为满足总体经营目标而持续进行的成本识别、成本降低的行为,包括成本识别、成本策划、成本核算、成本控制和绩效评价五个过程。成本管理要体现组织的战略目标和为实现该目标的策略安排,以及为此而进行的信息管理活动,它是一项系统工程,贯穿于成本产生的事前、事中和事后。

成本管理模式是企业管理模式的重要组成部分。基于成本目标的实现,运用系统性思维开展的成本策划、成本计量、成本控制的过程、方法,是企业成本管理的风格和范式,反映的是企业成本管理的行为特征和文化内涵。现行成本管理模式包括战略成本管理、目标成本管理、标准成本管理、作业成本管理和质量成本管理。

1) 战略成本管理

战略成本一般包括时间和先机成本、市场成本、信息化成本、学习成本、创新成本、智力成本。战略成本管理则是指企业为了获得和保持持久的竞争优势,以实施企业战略为目标,融合多学科理论,采用多视角观点,对企业自身的全部经营活动所进行的根本性、长远性的成本方面的规划和管理活动。

2) 目标成本管理

目标成本管理也称成本企划,是以客户需求为导向,以市场定价为主,循环挤压内部运营成本的管理方法。目标成本管理有效运用价值工程理论,通过市场分析、产品功能研究与产品成本分析,确定经营利润目标,对价格和利润间的成本进行严格的、持续的控制。

3) 标准成本管理

标准成本管理是把成本的事前预算、日常控制和最终产品的成本确定有机结合起来的完整系统,由制定标准成本、成本差异计算与分析两部分构成,以成本差异为线索,通过差异分析进行成本动因和责任分析,采取相应调控措施,实施成本控制。

4) 作业成本管理

作业成本管理是围绕构成企业价值链的作业而开展的活动,辨识作业,对作业按成本高低排序,将作业纳入企业整体作业链中进行有效性判断,利用取消、合并、重排、简化原则(ECRS)实施作业改进。

5) 质量成本管理

质量成本的概念是由美国质量专家 A. V. 费根堡姆在 20 世纪 50 年代初最早提出来的,质量成本是指企业为了达到和保持既定的质量水平所需的费用。它包括为确保客户满意的质量而发生的费用以及没有达到客户满意的质量所造成的损失。

1.3.7.3 分析评价类技术

1. 工程经济分析技术

1) 价值工程(价值分析)

价值工程(value engineering,VE)也称价值分析(value analysis,VA),是从技术和经济两方面相结合的角度研究如何提高产品、系统或服务的价值,降低其成本以取得良好的技术经济效果。价值工程是以产品或服务的功能分析为核心,以提高产品或服务的价值为目的,力求以最低生命周期成本实现产品或服务使用所要求的必要功能的一项有组织的创造性活动。价值工程涉及价值、功能和生命周期成本三个基本要素,因此有人也称其为功能成本分析。价值工程被看作一种符合客观实际的、谋求最佳技术经济效益的有效方法,以及将"价值"作为评价事物有益程度或有效性的一种尺度,用以衡量获取产品或服务的功能与所投入的成本之间关系的分析技术。

价值分析的表达式是：$V=F/C$。式中，V（value）为价值，F（function）为功能，C（cost）为成本。

价值分析中的价值、功能和成本的含义如下：

(1) 价值(value)。价值高说明有益程度高、效益大、好处多；价值低则说明有益程度低、效益小、好处少。

(2) 功能(function)。价值工程认为，功能对于不同的对象有着不同的含义：对于物品来说，功能就是它的用途或效用；对于作业或方法来说，功能就是它所起的作用或要达到的目的；对于人来说，功能就是他应该完成的任务；对于企业来说，功能就是它应为社会提供的产品和效用。总之，功能是对象满足某种需求的一种属性。认真分析一下价值工程所阐述的"功能"内涵，实际上等同于使用价值的内涵，也就是说，功能是使用价值的具体表现形式。任何功能，无论是针对机器还是针对工程，都是针对人类主体的一定需求目的，都是为了人类主体的生存与发展服务，因而最终将体现为相应的使用价值。因此，价值工程所谓的"功能"实际上就是使用价值的产出量。

(3) 成本(cost)。价值工程所谓的"成本"是指人力、物力和财力资源的耗费。其中，人力资源实际上就是劳动价值的表现形式，物力和财力资源就是使用价值的表现形式，因此价值工程所谓的"成本"实际上就是价值资源（劳动价值或使用价值）的投入量。

(4) 提高价值的途径。价值工程分析是利用产品功能结构与产品成本结构的比值关系来寻找降低成本、提高效能成本比率的途径，从而改进产品或工艺设计的有效方法。提高价值的途径主要有以下五种：①在不改变产品功能的条件下降低全生命周期成本；②在保持产品全生命周期成本的条件下提高产品的功能；③既提高产品功能，又降低产品全生命周期成本；④产品全生命周期成本有所提高，但产品功能有更大幅度的提高；⑤产品功能略有降低，但产品全生命周期成本有更大幅度的降低。

价值工程的内涵中有三个特点需要重点关注：一是价值工程的成本是全生命周期成本，不仅要考虑生产成本，还要考虑使用过程中的维修和运营成本，使用成本的统计需要长时间的数据积累，不易计算清楚，也往往容易被人忽视；二是价值工程的核心为功能分析，分析研究对象的功能费用组成，分辨必需功能、非必需功能和过剩功能，去掉非必需功能、削减过剩功能是提高价值的有效手段，也是价值工程实施的核心之一；三是价值工程是有组织的系统研究活动，由于价值工程涉及的面较广，需要组织从价值主体或业务活动的全周期、全过程予以关注，并注重整体规划和协调。

2) 工程经济分析

工程经济学作为一门交叉学科，以研究工程和经济结合规律为己任，寻求工程技术与经济效果的完美结合,其目的就是要建立和阐明解决工程中常见问题所需的基本原理和方法。工程经济学可以使工程师们从经济学的角度对将要实施的工程做出决策,并向决策层提出建议,使该工程的实施能健康顺利地进行,并能获得满意的效益。

工程经济学中有一些基本原则,这些原则是形成该学科基本概念、基本理论与基本方法的基础,可以归结为以下 7 条:

(1) 选定工程问题,拟定多个个性化解决方案,为后续问题解决提供决策依据;

(2) 选定方案选择的基本依据,关注方案在未来期望收益上的差异性;

(3) 基于相同视角考察各备选方案的经济效益或其他方面的期望结果;

(4) 采用相同计量单位分析比较各备选方案的未来期望结果;

(5) 采用相同标准评价各备选方案;

(6) 对备选方案未来期望结果估计中的不确定性进行比较和分析;

(7) 做出决策,并评价决策,衡量已选方案的可行性程度及期望与实际的差异。

最终决策可能会导致不尽如人意的结果,即便是相对成功的决策,其实际结果与先前的估计也可能会相差很大,但是企业决策部门应通过决策过程的回顾与评价不断地加强经验学习和实践,以保证已做的决策能较为理想地执行,从而提高决策质量与改善方案比较分析技术。人们经过反复实践总结,依据上述 7 个基本原则,提出了工程经济学的分析步骤:①问题识别与定义;②建立可行的解决方案;③各种可行方案的现金流与最终结果的分析;④评价标准的选择;⑤各可行方案的分析与比较;⑥选择最理想的方案;⑦执行监控以及对结果的再评价。在实际方案选择中,除了依据工程经济因素,还要考虑其他相关的技术背景及其他因素。

3) 投资分析技术

投资,指国家、企业或个人,为了特定目的,与被投资方签订协议,以促进社会发展,实现互惠互利,输送资金的过程。或者说是特定经济主体为了在未来可预见的时期内获得收益或是资金增值,在一定时期内向一定领域投放足够数额的资金或实物的货币等价物的经济行为。投资可分为实物投资、资本投资和证券投资等。国家或企业是以货币投入企业,通过生产经营活动取得一定利润;个人是以货币购买企业发行的股票和公司债券,间接参与企业的利润分配。在工程投资中,工程经济分析与评价主要就是以经济视角分析项目的可行性与合理性,对工程方案投入运营后预期的盈利性做出评估,为投资决策者提供依据。下面列出在工程经济学中常用的指标(图 1-15),并对部分指标进行说明。

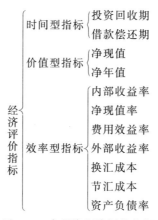

图 1-15 各投资经济评价指标

(1) 投资回收期

投资回收期就是指累计的经济效益等于最初的投资费用所需的时间,即通过回流资金来回收投资的年限。投资回收期分为两类,静态投资回收期与动态投资回收期。其中,静态投资回收期指的是不考虑资金的时间价值,以项目各年的净收益抵偿全部投资所需要的时间,用 P_t 表示,计算公式为:

$$\sum_{t=0}^{P_t} \mathrm{NCF}_t = 0 \tag{1-8}$$

式中,NCF(net cash flow)指净现金流量,是现金流量表中的一个指标,指一定时期内,现金及现金等价物的流入(收入)减去流出(支出)的余额(净收入或净支出),反映了企业本期内净增加或净减少的现金及现金等价物数额; t 表示投资的年数。

判别准则: $P_t \leqslant P_c$,项目可行; $P_t > P_c$,项目不可行。其中, P_c 为行业或部门的标准投资回收期,目前我国对 P_c 尚无统一的标准。

P_t 指标具有意义明确、直观、计算方便的优点,但是其缺点也很明显:只考虑投资回收之前的情况,不能反映投资回收之后的效果;没有考虑资金时间价值; P_c 尚未确定。

下面介绍动态投资回收期。动态投资回收期是考虑资金的时间价值,以项目各年的净收益抵偿全部投资所需要的时间,用 P_t' 表示,计算公式为:

$$\sum_{t=0}^{P_t'} \mathrm{NCF}_t (1+i_c)^{-t} = 0 \tag{1-9}$$

式中, i_c 表示基准收益率。

判别准则: $P_t' \leqslant n$,项目可行; $P_t' > n$,项目不可行。这里的 n 为项目寿命期。

(2) 净现值

净现值(net present value, NPV)是按照基准收益率 i_c 将寿命期内各点净现金流量折到期初之现值和。计算公式为:

$$NPV = \sum_{t=0}^{n} NCF_t (1+i_c)^{-t} \qquad (1\text{-}10)$$

判别准则：NPV≥0,项目可行；NPV<0,项目不可行。

(3) 净年值

净年值(net annual value,NAV)是利用i_c将项目寿命期内所有净现金流量平均折算到每期末的结果,反映的是项目年均收益的情况。计算公式为：

$$NAV = NPV(A/P, i_c, n) \qquad (1\text{-}11)$$

判别准则：NAV≥0,项目可行；NAV<0,项目不可行。

(4) 内部收益率

内部收益率(internal rate of return,IRR)也称内部报酬率,是使项目净现值为零的利率。计算公式为：

$$\sum_{t=0}^{n} NCF_t (1+IRR)^{-t} = 0 \qquad (1\text{-}12)$$

判别准则：IRR≥i_c,项目可行；IRR<i_c,项目不可行。

(5) 净现值率

净现值率(net present value ratio,NPVR)是净现值(NPV)与投资现值(PI)之比,表明单位投资的盈利能力或资金的使用效率。计算公式为：

$$NPVR = \frac{NPV}{PI} \times 100\% \qquad (1\text{-}13)$$

判别准则：NPVR≥1,项目可行；NPVR<1,项目不可行。

(6) 费用效益率

费用效益率也称效益费用比,是现金流入的现值和与现金流出的现值和之比。计算公式为：

$$\frac{B}{C} = \frac{\sum_{t=0}^{n} CI_t (1+i_c)^{-t}}{\sum_{t=0}^{n} CO_t (1+i_c)^{-t}} \qquad (1\text{-}14)$$

判别准则：B/C≥1,项目可行；B/C<1,项目不可行。

(7) 外部收益率

若项目所有投资按某个折现率折算的终值恰好等于项目所有净收益按基准折现率折算的终值,则这个折现率称为外部收益率(external rate of return,ERR)。计算公式为：

$$\sum_{t=0}^{N} CO_t (1+ERR)^{N-t} = \sum_{t=0}^{N} CI_t (1+i_c)^{N-t} \qquad (1\text{-}15)$$

判别准则：ERR≥i_c,项目可行；ERR<i_c,项目不可行。

由于工程项目的复杂性和目的的多样性,仅凭单一指标很难全面地评价项目。为此,往往需要采用多个评价指标。这些既相互联系又相对独立的评价指标,就构成了项目经济评价的指标体系,包含了时间型指标、价值型指标、效率型指标。时间型指标是指用时间计量的指标,如投资回收期和借款偿还期;价值型指标是用货币量计量的指标,如净现值、净年值等;效率型指标是无量纲指标,反映资金的利用效率,如内部(外部)收益率、净现值率等。

投资回收期评价法包括静态评价法与动态评价法。

(1) 静态评价法

运用静态评价法计算项目和方案的效益和费用时,不考虑资金的时间价值,不进行复利计算。静态评价法经常应用于可行性研究初始阶段的评价以及方案的初始阶段。常用的方法有静态投资回收期法、投资收益率法、差额投资回收期法。静态投资回收期(P_t)法是运用静态投资回收期作为指标,通过计算资本返期或投资偿还期 P_t,在财务上反映投资回收能力,用于考察投资盈利水平,作为项目评价的辅助性指标。判别准则: $P_t \leqslant P_c$,项目可行; $P_t > P_c$,项目不可行。静态评价法具有概念清晰,反映问题直观,计算方法简单,同时反映项目的经济性和风险性的优点;其缺点也很明显,即没有反映资金时间价值,不能全面反映项目寿命期内的真实收益。

(2) 动态评价法

动态评价法是经济效益评价的主要方法,在计算项目和方案的效益和费用时,充分考虑到资金的时间价值,采用复利计算方法,把不同时间点的效益流入和费用流出折算为同一时间点的等值价值。下面介绍动态投资回收期(P_t')法:运用动态投资回收期作为指标,并计算 P_t',作为评价的标准。判别准则: $P_t' \leqslant n$,项目可行; $P_t' > n$,项目不可行。这里的 n 为项目寿命期。动态评价法主要用于详细可行性研究中对方案的最终决策。

2. 可靠性分析

1) 可靠性分析概述

可靠性分析是指为了达到产品可靠性要求而进行的有关设计、试验和生产等一系列工作,它是建立在概率统计理论基础上,以零件、产品或系统失效规律为基本研究内容的一门应用学科。可靠性分析的任务是定性或定量地分析、控制、评估和改善产品或系统生命周期各个阶段的可靠性,以保证产品在设计、制造和运行的整个过程中满足用户的需求,具体来说包括三个方面:

(1) 根据可靠性定义内容,对产品可靠性提出明确的量化要求;

(2) 寻找提高产品可靠性的途径;

(3) 在满足产品规定的可靠性的前提下,尽量降低产品的重量、体积和费用。

可靠性分析作为可靠性学科的一个分支,主要研究内容包括:

(1) 应用可靠性理论预测与评价产品;
(2) 零件的可靠性预测或可靠性评价;
(3) 应用于产品及零件设计中的可靠性设计;
(4) 综合各方面的因素,考虑设计最佳效果的可靠性分配和可靠性优化;
(5) 作为以上各个分支的可靠性试验及其数据处理等。

任何产品都是为了满足用户的使用要求而设计制造的,这些满足用户要求的使用特性称为产品的质量特性,即产品的性能。产品的另外一类重要的质量特性叫作可靠性,它反映了产品保持其性能的能力,通常我们说某种产品经久、耐用,就含有可靠的意思。从产品的可靠性角度,常将产品分为可修复与不可修复两类。对于可修复产品,常用维修度、可用度、平均修复时间等指标进行描述;而对于不可修复的产品,常用可靠度、失效率、平均寿命等可靠性特征量来进行描述。

在这里要提到一个重要的概念叫作失效分布函数。产品的失效分布函数是指其失效概率密度函数或累积失效概率函数,它与产品可靠性特征量有着密切的关系。如果已知产品的失效分布函数,便可求出可靠度、失效率和寿命等特征量。即使不知道具体的分布函数,但如果已知分布的类型,也可以通过对分布的参数估计求出某些可靠性特征量的估计值。

常见的失效分布函数有指数分布、正态分布、对数正态分布、威布尔分布等。这些失效分布函数在可靠性研究中会根据不同需求有所涉及。

2) 可靠性分析的主要方法

在可靠性分析中,较常用的方法除上述基于失效分布函数的计算方法外,还有故障树分析(failure tree analysis,FTA)、失效模式和影响分析(failure mode and effect analysis,FMEA)。

(1) 故障树分析(FTA)

FTA 是由上往下的演绎式失效分析法,利用布林逻辑组合低阶事件,分析系统中不希望出现的状态。FTA 主要用在安全工程以及可靠性工程领域,用来了解系统失效的原因,并且找到最好的方式降低风险,或是确认某一安全事故或特定系统失效的发生率。

许多行业及政府的技术标准中,都有提到 FTA 的方法论并形成了行业应用标准,包括核能产业的 NRC NUREG-0492 标准、美国国家航空航天局针对航天修改的 NUREG-0492 版本、汽车工程师协会针对民用航空器的 ARP4761 标准、军用的 MIL-HDBK-338 标准、IEC 标会的 IEC61025 标准、欧盟标准 EN61025 等。

FTA 普遍应用于航空航天、核动力、化工、制药、石化业及其他高风险产业,也用于其他领域的风险识别,例如社会服务系统失效分析。

系统复杂到一定程度,就可能因为一个或是多个子系统失效而导致整个系统失效。不过整体失效的可能性可以通过系统设计改进来降低。FTA 通过建立整个系统的可靠性逻辑关系图,来判别组间、子系统、系统失效的可能原因。FTA 原理如图 1-16 所示。

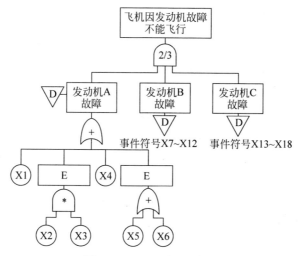

图 1-16　FTA 原理示意图

不想出现的结果会放在故障树的根处（最上方事件），例如金属冲压程序中不希望出现的结果是工人的肢体受到冲压。在对最上方事件进行分析后，可以确认该事件可能会在两种不同的情况下出现：正常操作时以及维修时。这两者在逻辑上的关系是"或"。在正常操作的情况下，也可能出现两种不同的情形：冲压行程中，伤害到操作员；或者是冲压行程中，伤害到其他人。这两者在逻辑上的关系也是"或"。可以在设计上改善此情形，例如修改程序，让操作员用双手同时按两个按钮才能启动冲压程序，这两者在逻辑上的关系是"且"。按钮本身也有其固有的失效率，这是一个可以分析的失效来源。若故障树上标示了每个失效事件发生的实际概率值，就可以用计算机程序计算出故障树的失效概率。

若某个特定事件出现在结果事件中，会影响多个子事件，则称其为共因（common cause）或共同模式（common mode）。若用树图分析，就是一个事件会在故障树中多次出现。共因会带来事件之间的相依关系，这种故障树的概率计算会比所有事件都独立的故障树概率计算复杂。

故障树一般会用传统的逻辑门符号表示，故障树中从初始事件（initiator）到事件之间的路径称为分割集合（cut set）。从初始事件到事件之间的最短可能路径称为最小分割集合（minimal cut set）。

有些行业会同时用故障树及事件树（参考概率风险评估）开展分析。事件树从不希望出现的初始事件（例如停电、元件失效等）开始，根据可能的系统事件推导一系列最终结果。每多考虑一个新事件，就要在树上增加一个节点，再列出各分枝的概率。"最上方事件"的概率就会由各初始事件的概率计算而得。

FTA 可以分为五个步骤：

① 定义要探讨的不希望发生的事件
- 对不希望发生的事件下定义可能非常困难,不过也有些事件很容易分析及进行观察。充分了解系统设计的工程师或是有工程背景的系统分析师最适合定义及列举不希望发生的事件。
- 不希望发生的事件可以用来进行 FTA,一个 FTA 只能对应一个不希望发生的事件。

② 获得系统的相关信息
- 若选择了不希望发生的事件,所有影响不希望发生的事件的因素及其发生概率都要研究并且分析。
- 要得知确切的概率需要很高的成本及大量的时间,多半是不可能的。计算机软件可以用来研究相关概率,进行成本较低的系统分析。
- 系统分析师可以了解整个系统。系统设计者知道有关系统的所有知识,这些知识相当重要,可以避免遗漏任何一个会促成不希望发生事件发生的原因。
- 最后要将所有事件及概率列出,以便绘制故障树。

③ 绘制故障树
- 在选择了不希望发生的事件,并且分析系统,知道所有会促成此事件发生的原因(可能也包括发生概率)后,就可以绘制故障树了。

④ 评估故障树
- 在针对不希望发生的事件绘制故障树后,需评估及分析所有可能的改善方式,不断替换、改善,降低风险。

⑤ 控制所识别的风险
- 此步骤会随系统不同而不同,但重点是在识别所有风险后,使用所有可行的方法来降低不希望发生的事件的发生率。

标准的 FTA 程序包括美国电力研究所的 CAFTA 软件,美国有许多核电厂使用它。美国政府评估核反应堆、航天飞机及国际空间站的安全性及可靠性则是使用爱达荷国家实验室的 SAPHIRE 软件。在美国以外的地区,Risk Spectrum 是常用的故障树及事件树分析工具,世界上几乎有半数核电厂为了概率安全评估的需求而注册此软件使用。

(2) 失效模式和影响分析(FMEA)

FMEA 最早是由美国国家航空航天局(NASA)建立的一套分析模式,是一种实用的解决问题的方法,可适用于许多工程领域。除航空航天领域外,世界上许多汽车制造商、电子产品制造服务商都已经采用这种模式进行设计和生产过程管理和监控。目前,FMEA 有三种类型,分别是系统 FMEA、设计 FMEA(DFMEA)和过程/工艺 FMEA(PFMEA)。

FMEA 运用的流程和要点如下:

① 确定问题
- 需要设计的新系统、产品和工艺。
- 对现有设计和工艺的改进。
- 在新的应用中或新的环境下,对以前的设计和工艺的保留使用。
- 形成 FMEA 团队。理想的 FMEA 团队应包括设计、生产、组装、质量控制、可靠性、服务、采购、测试以及供货方等所有有关方面的代表。

② 记录内容
- 保证 FMEA 始终是一个根据实际情况变化的实时现场记录,FMEA 文件必须包括创建和更新的日期(版本管理)。

③ 确定并绘制流程图
- 工艺流程图应按照事件的顺序和技术流程的要求而绘制,实施 FMEA 需要工艺流程图,一般情况下工艺流程图不要轻易变动。

④ 预测效果
- 对于工艺流程中的每一项工艺,应确定可能发生的失效模式。
- 对于每一种失效模式,应列出一种或多种可能的失效影响。

⑤ 列出原因
- 对于每一种失效模式,应列出一种或多种可能的失效原因。

⑥ 等级排序
- 严重程度,用于评估可能的失效模式对于产品的影响,10 为最严重,1 为没有影响。
- 事件发生的频率,要记录特定的失效原因和机理多长时间发生一次以及发生的概率。如果为 10,则表示几乎肯定要发生,工艺能力为 0.33 或者 ppm 大于 10000。

3. 系统评价

工业工程的评价技术应用广泛,比如多方案选择的模糊评价技术、人数评价、生产率分析与评价等。这里简述生产率分析与评价。

生产率(productivity)衡量的是产出(资源量或价值)与投入(资源量或价值)的相对大小关系,用来描述资源效率和生产过程有效性水平。

生产率的计算公式如下:

$$P = O/I \times 100\% \tag{1-16}$$

式中,P 为生产率;O 为产出;I 为投入。

生产率作为生产系统产出与投入比较的结果,依据所考察的对象、范围和要素的不同,具有各种不同的表现形式,因而有不同类型的生产率及其相应的测评方法,如图 1-17 所示。

按生产率测评方式分类可将生产率及其测评指标分为静态生产率和动态生产率,二者均可进一步细分为单要素生产率(部分生产率)、多要素生产率和全要素生

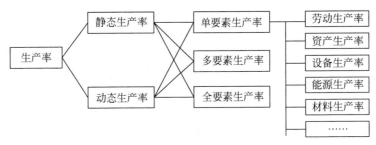

图 1-17 生产率测评的种类

产率。单要素生产率又可以根据生产要素的实际构成进一步划分,如测量人员效率的劳动生产率、评价物料利用率的材料生产率、衡量设备实际利用水平的设备生产率等。

1) 静态生产率

静态生产率(static productivity ratios)是指某一给定时期的产出量与投入量之比,也就是一个测评期内的绝对生产率。比值法和系统评价法等是静态生产率测评的基本方法。

$$静态生产率 = \frac{测定期内产出量}{测定期内要素投入量} \tag{1-17}$$

2) 动态生产率

动态生产率(dynamic productivity ratios)反映的是不同时期静态生产率之间的关系,用动态生产率指数(dynamic productivity indexes)表示。动态生产率指数即一个时期(测评期)的静态生产率除以以前某个时期(基准期)的静态生产率所得到的商,它反映了不同时期生产率的变化。

$$动态生产率指数 = \frac{测评期产出量 / 测评期投入量}{基准期产出量 / 基准期投入量} \tag{1-18}$$

比值法、基于统计学和计量经济学原理的各种方法是动态生产率指数测评的基本方法和常用技术。

总之,工业工程的内容相当丰富,相关的书籍也很多,此处不再赘述。

第 2 章
精益制造的产生与发展

在名古屋大学我听到的一件事给我重要启发,基本思想是福特的流水作业加上泰勒的科学管理法。可以说,将福特、泰勒的做法很好结合起来就是丰田生产方式。

——丰田汽车公司前副社长、丰田生产方式创始人 大野耐一

丰田生产方式就是美国的工业工程在日本企业管理中的具体应用。

——丰田汽车公司前生产调查部部长 中山清孝

2.1 特定的社会历史背景

日本人接触工业工程是很早的,1909 年日本学者上野阳一就远赴美国费城拜泰勒为师,学成后回国在企业应用,取得了良好的效果。

丰田汽车公司诞生于 20 世纪 30 年代,最初的丰田汽车公司生产的是粗糙的运输工具,其产量、性能和生产效率远不及美国福特汽车公司。丰田汽车公司直至第二次世界大战结束后的一段时间里,一直是规模相对较小、生产能力较弱的家族式企业。

丰田汽车公司创立过程中,经历了第二次世界大战,由于战败,日本经济受到重创。当时,丰田汽车公司创始人丰田喜一郎(Kiichiro Toyoda)非常担心美军的进驻可能使他的汽车公司关闭。但事实刚好相反,美方认为需要卡车以帮助战后重建,因此,美国甚至帮助丰田汽车公司重新开始生产卡车。当日本经济在美国扶植下开始重振时,丰田的汽车订单源源不断。但是,严重的通货膨胀使日元大幅贬值,向顾客收账变得十分困难,丰田汽车公司的现金流极其窘迫,甚至在 1948 年一度出现负债为总资本额 8 倍的悲惨局面。

为了避免破产,丰田汽车公司采取了严格的成本削减策略,经理人和普通员工都自愿减薪,以避免裁员。但这些尚不足以解决危机,公司最终还是要求 1600 名员工"自愿"退休,导致了员工的罢工和示威。

丰田汽车公司创立之初,一直在寻求建立日本特定环境下的有效生产方式。丰田喜一郎在公司成立之初曾率团造访当时最有名的美国福特汽车公司,学习其大规模生产方式(mass production system),如研究装配线和输送装置、改进精准

机械工具等,以改进自身的生产状况。与此同时,丰田已经认识到日本市场的狭小和需求的复杂性。丰田汽车公司后来的继承者丰田英二(Eiji Toyoda)和他的经理人们,在 1950 年到美国汽车工厂进行了为期 12 周的系统考察。他们惊讶地发现,福特式大规模生产方式在过去的 20 年间并没有发生多少变化,而且事实上,这个生产方式本身存在很多缺点:以高成本运行或工作的设备和员工,不间断地生产和工作,从一个流程中产生大量的产出,停滞在缓冲区,然后运送至下一个更大规模的设备流程,再产生新的库存。大规模生产方式就是以这种形式来获得较低的单位平均成本和效率。这种工作场所缺乏管理和控制,到处可见大型起重和搬运设备运送大批原材料,工厂看起来更像大型仓库。

经过分析,丰田管理者认为,丰田汽车公司根本不可能采用这种大规模生产方式,主要原因有:第一,丰田汽车公司面对的主要是日本国内市场,需求是多样而复杂的,生产过程需要频繁变更;第二,丰田汽车公司必须在同一工厂生产多种产品,而不能像福特公司那样在一个工厂长期只生产一种 T 型车;第三,丰田汽车公司没有足够的资金扩建厂房、仓库和购买更精密的加工设备;第四,日本工会的强大压力,使得丰田汽车公司不能随便解雇工人;第五,大规模生产方式事实上是不经济和低效率的。

所以,丰田必须寻求新的途径和方法,建立更具灵活性,并确实提高生产效率和降低成本的生产方式。

2.2 创新思考与干练作风融合

丰田生产方式的成功源于丰田人的不断学习思考和扎实的实践,同样源于丰田人持续不断的改善以及由此而获得的体系化创新积累。

2.2.1 内生价值创新动力

丰田佐吉(Sakichi Toyoda)提出的持续改进理念源于一本书的影响:塞缪尔·斯迈尔斯(Samuel Smiles)撰写的《自助》(*Self Help*),1859 年在英国出版。该书宣扬勤勉、节约、自我改善等美德,并列举了一些伟大发明家的故事,如改良蒸汽机的瓦特。自働化和持续改进等方法与理念正是丰田佐吉基于这本书的观点而提出的。

丰田喜一郎与大野耐一(Taiichi Ohno)等访问美国时,曾观摩过位于密歇根州的福特工厂,并仔细研读了亨利·福特的著作《今日与明日》(*Today and Tomorrow*)。在这本书中,福特就倡导维持整个流程无间断地制造和输送原材料、流程标准化及杜绝浪费,但可惜的是没有在他自己的工厂里实现。他们也走访过美国的超级市场,从顾客购买后货架及时补货中受到启发。以看板系统为基础的准时化生产系统以及后来的许多改善活动,都是从上述过程中获得的灵感。

丰田生产方式的产生除了受福特等影响外,"二战"后,美国的工业工程技术与方法以及戴明、朱兰等质量专家在日本的传道,也使丰田学到了更完善的系统解决问题的方法、理念和改善技术。大野耐一和他的团队从工厂的实地研究中建立起新的制造系统与管理制度,发展出一个适用于制造业的新模式,它以全新的方式看待与诠释生产流程,优于大规模生产方式。到20世纪60年代,丰田生产方式已经成为所有类型企业可以学习和应用的先进理念。

2.2.2 家族式的持续创新与整合

研究丰田模式,不能不了解丰田家族。丰田家族的辉煌始于丰田佐吉,丰田喜一郎的父亲,一个了不起的发明家。

当时的日本以织布为主要产业。丰田佐吉出生于名古屋郊外的一个偏僻农村,他从小跟随父亲学习木工,后来将这项技艺应用到设计制造织布机上。1894年,他开始制造更便宜、性能更佳的手动织布机。当他发明第一台动力织布机时,还没有电力供给,因此,他把目光放在当时发电的蒸汽引擎上。丰田佐吉买了一部蒸汽引擎,用以发动他的织布机,经过反复试验,从错误中学会了如何使动力织布机运转,这种从试验中获得成功的方法成为丰田生产模式的基础之一——现地现物。1926年,丰田佐吉创立了丰田自动织布机工厂(Toyoda Automatic Loom Works),也就是后来丰田汽车公司的母公司。丰田佐吉孜孜不倦地研究、发明,制造出了精巧的自动织布机。在他的众多发明中,有一项是当纺线断掉时,会使织布机自动停止运转的特殊装置。这项发明就是丰田生产方式两大支柱之一的自働(主)化(Jidoka)。丰田佐吉一生都是优秀的工程师,被誉为"发明大王",对丰田汽车公司的最大贡献是持续改进(Kaizen)的工作理念与方法,持续改进最终成为丰田模式的主要理念。

丰田佐吉洞察到了世界的变迁,预见到动力织布机终将退出历史舞台,而汽车制造将成为新的主导产业,因此他派儿子丰田喜一郎负责创建汽车公司。丰田佐吉的目的并非在于营利,因为当时他已经在全球织布机领域树立了不朽的丰碑,他真正的意图是希望儿子有机会为世界做出贡献。

丰田喜一郎在日本最高学府东京帝国大学学习机械工程专业,专攻引擎技术。他效仿父亲的学习和创造方法,是一个百分之百名副其实的工程师(其子丰田章一郎所言)。他曾写道:"如果我们的工程师是那种没把手洗干净就坐下来吃饭的人,那么,我对重建日本工业将不抱什么希望。"丰田喜一郎以他父亲的理念与方法为基础,创立了丰田汽车公司,并且加入了自己的创新,其中最突出的就是准时化(just in time,JIT)生产的概念,后来成为丰田生产方式的另一大支柱。

丰田喜一郎在"二战"后经济萧条而引起的裁员危机中,毅然为公司的失败承担责任,并辞去公司总裁职位。他个人的巨大牺牲使员工的不满得以平息,丰田每个人都知道他的所作所为及理由。迄今,丰田的理念是"超越个人利益,为公司的长远利益着想,并为问题负起责任"。

丰田英二——丰田喜一郎的堂弟和继任者,同样毕业于东京帝国大学机械工程专业。在丰田喜一郎的授命下,丰田英二组建一支团队,为丰田的产品提供服务,更重要的是进行机械工具研究。与丰田佐吉、丰田喜一郎一样,他始终坚信成事的唯一之道是自己亲自动手、勤奋努力,当挑战来临时,解决方法就是尝试——并从中学习和成长。丰田英二后来担任丰田汽车公司总裁,继而出任董事会主席。丰田生产方式就是在丰田英二的领导下全面构建起来的。

2.3　精益制造的提出

1985 年,美国麻省理工学院的技术、政策与工业发展中心成立了由詹姆斯·P. 沃麦克、丹尼尔·T. 琼斯等组成的小组,开始了一项名为"国际汽车计划"(IMVP)的研究项目,对日本丰田汽车公司的生产方式进行了详尽的研究,并与当时盛行的大量生产方式进行了比较分析,发现丰田生产方式是如此高效率。沃麦克等费了很大精力琢磨用什么词汇命名丰田的做法更为合适,经过多次推敲,最终决定将其命名为"精益生产"(lean production, LP)。之所以确定为 lean production,主要是觉得 lean 的含义与丰田生产方式更为接近。lean,原意为"瘦的",即不存在多余的或浪费的,因而是精干的、核心的。"精"乃完美、周密,意为高品质;"益"乃好处,指利益的增加,也有精益求精之意。

1990 年,詹姆斯·P. 沃麦克、丹尼尔·T. 琼斯等在他们的著作《改造世界的机器——精益生产的故事》(*The Machine That Change the World*: *The Story of Lean Production*)中,第一次以精益生产的概念精辟地表达了精益生产方式的内容。该书被翻译成多种语言,使精益生产方式成为制造业领域广为传播的先进制造管理模式。1996 年,詹姆斯·P. 沃麦克、丹尼尔·T. 琼斯又在《精益思想》(*Lean Thinking*)中,提出了包含定义顾客价值、确定价值流程、建立无间断操作流程、拉动式生产系统、追求尽善尽美在内的 5 个渐进过程的精益思想,前瞻性地分析了精益管理的未来趋势。2004 年,美国密歇根大学教授杰弗里·莱克(Jeffery K. Liker)在著述《丰田汽车案例》(*The Toyota Way*)中,精辟概括了丰田生产方式/精益生产方式的 14 项管理原则,更深刻、全面地阐述了这一管理模式的精髓,称其为加速流程、杜绝浪费、改善品质的典范。

概括而言,"精益"的概念是美国人提出的,为世界各国采用。丰田生产方式(TPS)是工业工程在日本丰田汽车公司本土化应用所形成的一套价值创造体系,是精益生产的典范。

第3章

精益制造与管理体系的核心内容

精益制造是精益生产的狭义表达。首先,精益制造是一种经营理念,是考虑如何突破此前固有经营概念的一种深度思考方式;其次,精益制造是一套高效率营利的工作方法,是基于对产品制造和运营过程的科学改善而创建的价值识别与价值增值方式。确切地讲,精益制造是最大化降低价值损失的综合方法。

3.1 精益制造与管理的内在价值逻辑

任何先进的价值创造方式一定有其科学方法论,在这一方法论中,不仅体现了价值创造的直接的工程过程和技术实现方式,更为重要的是这些过程和方式背后的一套精致的、深邃的思想和特殊的经营理念,以及这套思想所确立的开展价值活动的独特行为方式。

精益制造是在长期现场改善中逐步形成的一种实践方式,从 Kaizen 到 Jidoka,再到 JIT,毫无疑问已经形成了 TPS 的方法论基础。我们从 TPS 本身已经可以深刻感受到其丰富的内涵和在行业内独领风骚的魅力,丰田精益生产(Total TPS)和丰田新全球架构(Toyota new global architecture,TNGA)带给我们的感受则是相当不一样的。Total TPS 是丰田汽车公司将 TPS 的理念全面运用于经营活动所做的定位,如果说 TPS 面向的是生产和运营,Total TPS 毫无疑问成为了丰田的精益经营体制。TNGA 则再次从理念出发,围绕不断变化的客户需求和日益激烈的行业乃至跨行业的竞争格局,确立了内部价值链与外部供应链深度融合的、以全球客户和供应商为一体的、实时动态协同响应的全新价值经营模式。由此可见,精益制造的理念和运作体系在不断变化和升华,方法论特征日益突出,对价值真谛的追求更加苛刻而广泛。

3.1.1 精益制造与管理的长期理念

丰田生产方式在产生、发展至今 60 多年的时间中,始终秉承"为顾客和社会创造和提高价值"这一经营理念。这一理念的集中表现在于建立学习型企业,以适应环境的变化,使丰田汽车公司成为极具竞争力的组织。这是丰田文化的主要内容,也是丰田生产方式的基础,若无此,丰田无法实现持续改善,也不会造就今天的精益生产方式。

丰田汽车公司始终坚持这样的观点:"企业应该有一个优先于任何短期决策的目的的理念,使整个企业的运作与发展能配合着朝向比赚钱更重要的共同目标。企业所做的一切事情都是为了有益于顾客、社会和创造价值。"丰田将获得利润作为基本目标,而非目的。以利润为目标,是为了不断消除浪费而降低成本,进而从顾客期望的价值(价格)下获得收益。公司赚钱并非关注当前利益的增加或股票价格的上涨,而是为了能够对未来投资,以使公司继续生存和运营。同时,也是为了帮助社会、帮助社区,通过为顾客和社会创造价值而促进公司的成长。作为企业,应客观审视自己的历史地位,通过不懈努力使企业以健康的状态迈入下一个阶段,这是企业得以持续的真实理由。为了这样的目的,企业必须是负责任的,要通过建立适合目标实现的管理模式和技术体系,依靠企业自身,尤其是员工的力量,对自己的行为负责,对保持和创造价值的能力负责。

支撑长期经营理念存在的必然是使得企业可以持续发展的基础性做法,我们从这些做法中进一步提炼精益制造的内涵和思想,可以基本得出如下结论:

长期发展的经营理念确立了企业发展的目标和方向,推动了企业为长期发展和经营而围绕精益求精构建以价值为导向的系统。

总体而言,精益增值体系确立了精益求精的理念系统,这是企业发展的根本所在。除长期经营理念外,还进一步确立了围绕面向价值要素、价值过程和价值改善的具体理念,具体内容如图3-1所示。

(1) 以人为本,确立了以人为中心的发展模式,依赖于人的创造性创造企业的发展成果和奇迹。

(2) 准时化,强调只在必要的时间生产必要数量的必要产品,即以做正确的事为导向,进而强调正确做事。

(3) 过程增值,强调用正确的方式、方法做事,一做就对。

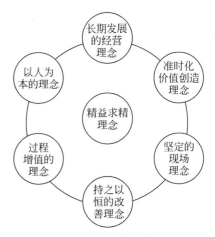

图 3-1 系统化的精益管理理念

(4) 现场主义,强调现场是创造价值的场所,以现地现物现实的态度和方式工作,是最佳增值作业方式。

(5) 持之以恒,强调精益理念的坚定、持久、深入骨髓,融于言行,铸于文化。

3.1.2 精益制造的价值逻辑

结合前面关于经营原理的探讨,有三种盈利计算方式是人们普遍使用的,但对于任何企业而言,都很难在规模、价格、成本、利润之间获得平衡,其外部性量、价寻优和内部性量、本平衡（成本亦非完全内部可控）关系，使得企业必须朝着四者的最优结构关系方向努力。但是因为这些影响因素和相互关系是动态的，就迫使企业寻求主要因素和目标作为主攻方向。

精益制造的独特之处，主要在于"精益"本身的内涵。"精"是精致、精细、精准，强调的是过程；"益"是效益、好处、增值，是结果。精益的直接含义是用精准的过程获得更大效益，是过程驱动；而反过来的表达则更加体现了丰田汽车精益制造方式的内涵——为了获得更好的效益（方针管理），需要建立更加精准有效的过程方法，是目标驱动的工作体系改善。

深入研究精益制造的过程逻辑时，我们进一步发现，丰田汽车公司的做法显著区别于其他企业。其他企业获得效益增长的方式是不断降低成本和增加销售收入，要么是规模扩张模式，要么是成本控制模式，而丰田的根本做法却是不断消除浪费，两者之间有理念和本质的区别。

3.1.2.1 非成本主义理念

20 世纪 80 年代以来，丰田汽车公司的盈利能力已经成为汽车行业的标杆，也是其他行业所企求的。为什么丰田有如此好的盈利策略和手段呢，这是迄今产业界仍在挖掘的问题。

成本是个普遍而特殊的概念，经济学、管理学和会计学给出了不同的定义。政治经济学认为成本是商品生产中耗费的活的劳动和物化劳动的货币表现，经济学成本观强调成本的经济实质。管理学认为成本是企业生产、技术、经营活动的综合性指标，是所有资源在上述活动中的消耗、转换、损失，管理学中的成本观强调的是成本效益，即一定成本投入下获得多大的产出。会计学认为成本是为了实现一定目的而付出的（或可能要付出的）、用货币测定的价值牺牲，或将成本看作对象化的费用。显然，经济学、管理学、会计学对成本的理解或对成本的定义是不同的，这对人们理解成本、费用、浪费以及成本主义和非成本主义带来不同的影响。

在任何产品生产和服务运营中，成本一般都被视为生产或运营所产生的实际消耗，无论从实物量还是价值量计算，都体现了这种含义。只要是消耗即纳入成本，消耗的多少决定了成本的高低。既然成本有高低之分，那么成本不一定是生产或运营的客观的或合理的投入、消耗或资源的牺牲。因此，按照成本主义的"利润＝售价－成本"的逻辑，利润是由售价和成本的差值决定的，售价和成本是利润的共同决定因素，通过提高售价，可以将更高的成本转移到消费者身上。

丰田汽车公司的逻辑是，在全球竞争的情况下，任何一个行业都无法保持高价格的垄断，任何技术和商品最终都将走向消费化。丰田相信，价格是由消费者决定的，不是由公司决定的。消费者会自己选择价格，这种现象终将导致价格的下降趋势，而这种趋势也符合一家优秀公司的利益。优秀公司就是要以更低的价格提供给消费者最优质的产品,而不是长期让消费者付高价。大野耐一明确表示:"只有成本是由公司或者员工决定的。"从这个意义上讲,企业的重要责任是不断降低成本,这种思想更符合管理学的成本观。那么新的问题是,降低成本后如何能够确保产品和服务的品质与价值?

有人以颠覆性思考提出了大成本主义,其表达方式是"利润＝成本－浪费"。在"大成本思维"模式下,成本是"无辜"的,真正导致利润下降的是浪费,降低成本、消除浪费才是至高无上的原则。从中我们可以获得几点重要启示:第一,利润的空间不仅取决于价格和成本,更取决于成本和浪费;第二,成本中往往都包含着浪费,因此用成本表达实际生产或运营的合理性是不合理的;第三,浪费是企业活动的普遍现象,只有消除浪费才能获得竞争性利润空间。

丰田生产方式所建立的所有实际做法,都明确指向了"消除浪费"这一根本任务。因此,我们认为精益制造并非是成本主义理念,而是彻底消除浪费的非成本主义理念。这里,我们所强调的非成本主义不是不强调成本,而是强调成本构成的合理性、真实性,本质上是确立什么样的投入或者牺牲应该成为产品和服务成本。精益制造不过分强调成本的高低,而是特别强调成本中是否存在浪费,只要有浪费存在,就要想办法消除它,只不过消除浪费的效果体现在成本降低上,所以成本主义并非精益制造的本质追求。

3.1.2.2 精益盈利逻辑模型

关于产品定价,一般企业的传统做法是先统计计算物料、人工、财务、管理费用等成本,然后参考行业的平均利润,再结合自身产品项目的市场位置明确产品目标利润,目标利润与成本相加就是企业的产品价格,一般的定价模型为:

$$销售价格 = 目标利润 + 成本$$

经营者的思维方式体现在模型上就是加法的逻辑关系,在企业现实的运营管理中也主要是运用加法逻辑:唯有加法才是向上的,唯有加法才是开拓业务的行动表现,唯有加法才能让人感受到进步和价值。虽然理想很丰满,但现实有点骨感,这类企业的获利能力不尽如人意。随着市场化竞争加剧,同行业产品价格越来越低,市场份额也越来越少,导致企业利润降低,甚至走向亏损。这是因为,企业的实际收益模型是"实际利润＝实际收入－实际成本",其中,企业可以决定的主要是成本。

丰田汽车的盈利模式及其数学模型显然区别于其他企业,它的盈利模型表面上表达为"利润＝收入－成本",实质上是"目标利润＝目标收入－目标成本"。一旦利润、价格、成本都加上"目标"这样的修饰词后,企业经营的内涵就发生了天翻地覆的变化,呈现出超乎寻常的商业竞争理念和行业掌控机制。

纵观丰田汽车公司多年经营业绩情况,丰田汽车公司每年都明确制定利润目标、成本目标和销售收入目标,且每年的目标完成情况都十分令人满意,目标偏差很小。那么,丰田汽车公司哪里来得如此高超的经营掌控能力呢？答案是丰田汽车公司所建立的丰田生产方式(TPS)具有魔法般的盈利闭环控制逻辑和能力。

在前述的盈利模型中,收入、成本、利润的相互博弈关系似乎是具有一般意义的,但一旦定义了不同的表达方式,就呈现出企业对目标成果追求的不同,即收入导向、成本导向或利润导向。虽然企业在本质上都是逐利的,但显然三者的逐利方式有明显差异,即分别是扩大销售规模、控制成本费用和提高利润率。一旦将该盈利模型升华为精益盈利模型,其含义就大不相同,原因在于：

（1）目标利润=目标收入-目标成本,意味着需要同步控制三个变量及变量之间的关系,这显然是很难的,但也唯有做到这一点,高盈利目标才能实现。

（2）企业经营的本质不仅是赚钱,更重要的是要保证资源、资本的流动性,尤其是资金的流动性,要在企业资本流动中建立盈利优势和盈利模式。

（3）资金流动能力,表面上看是收入与成本数量的比较关系,但应该将收入与成本放到越来越小的经营周期内,这种比较才更有益,而不是放到一个宽泛的财务报告期,如一个季度、一个财年等。很显然,如果在尽可能短的周期内能实现收入对成本的补偿,企业的资本流动性就会非常好,企业可以用尽可能少的流动资金保障企业的再生产或扩大再生产,并从中获得更高的利润。

（4）企业对当期收入和成本都做到可控,才能制定未来更高的、具有可实现性的利润目标。因此,一个重要课题就转化为如何在收入与成本之间找到适当平衡,并促进这种平衡关系稳定化并日益得到优化。从常理分析,更高的收入需要适销对路的产品定位和更好的产品质量作为保障,而维持这一保障往往被认为需要更高的成本。更高的产品成本,往往又意味着盈利能力的下降,似乎难以达成利润目标。

（5）企业越来越重视内部成本控制,但原材料、元器件、外协件、外购件等的成本控制始终是个难题,因此,从成本控制的角度来看,保障较高的利润确实十分困难。

精益制造是如何突破上述障碍,获得行业高盈利能力的呢？我们共同分析丰田汽车公司的经营逻辑,如图3-2所示。

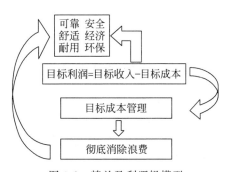

图3-2 精益盈利逻辑模型

该逻辑模型透彻解析了精益盈利的内在机制：

（1）收入增长依赖于产品性能和质量,提高收入规模必须不断在产品开发和产品性能方面下功夫,研制出适销对路且满足客户多样性需求的产品。

（2）产品性能质量提升的关键不在于成本增加或减少,而在于研发、设计、制造、采购、销售等一系列价值环节的活动本身是否精准,即用何种方式、方法实现具体的研制活动。

(3) 任何活动都将产生成本,创造价值的活动方式和方法决定了成本的高低,所以,企业管理工作重心在于苛求活动本身的有效性。

(4) 在各种各样不同的生产经营方式中,在特定资源条件下,唯有建立最佳的活动方式和方法,才能够在可比较环境下既保证活动质量,又降低过程成本。

(5) 将活动中任何不良(不增值)的内容定义为浪费,并坚决消除它。哪怕需要比较长的时间,甚至比较复杂的过程,也一定要想办法消除它。唯有消除浪费,才能使工作方式和方法变得更好。

(6) 精准的工作方式和方法能够真正确保产品品质并降低成本,高品质、低成本的产品既获得了内在的性价比,又能够获得外部客户的认可,从而使客户愿意付费。

(7) 要获得更好的活动方式和方法,根本上需要培养员工识别并消除浪费的意识和能力,且要持之以恒地消除浪费。这样,不仅建立了一套越来越好的工作方法,而且形成一种追求卓越品质的文化,这种文化能够进一步影响身在其中的员工。

综上所述,精益制造的核心在于识别和消除企业经营中的浪费,消除浪费的手段聚焦于具体工作方法和工具的改进,通过方法和工具的运用获得活动价值的提升,由此获得利润获取、收入保障、成本降低的内在机制的高度统一。

虽然从结构关系和内在逻辑上能够很好理解精益盈利方式的本质,但企业经营存在组织分工、制度约束和生产经营流程活动分化等一系列现实情况,很多企业很难克服这些问题的约束因而难以统一到精益经营理念和行动上来。正是因为如此,丰田汽车公司的 TPS 虽然具有形式上的可复制性(易懂、易学),却具有本质上的难以复制性(难做)。这就是全球范围各行各业都在学习 TPS,但是很难塑造出第二个丰田汽车公司的理由。

3.1.2.3 价值流持续改进

美国哈佛商学院著名教授克莱顿·克里斯坦森说:"真正决定企业未来发展方向的是价值网,而非管理者;管理者只不过扮演了一个象征性的角色而已。"价值网包括客户价值网、资本价值网、相关方价值网、技术价值网等,价值网的核心构成元素是价值流。

1. 基于流的管理

一家汽车零部件制造企业的核心流程包含市场开发、项目开发、项目管理、研究开发、产品设计与开发、过程设计与开发、产品过程确认、变更管理、订单处理、生产、交付、回款、售后服务、顾客满意等;管理流程包括经营计划、管理职责、管理评审、内部审核、纠正预防措施、持续改进等;对核心流程的支持流程包括:人力资源、生产设备与备件、检查和试验、文件与记录、基础设施管理、工装模具管理、不合格品控制、作业环境管理、监视和测量设备管理、供方开发与管理等。核心流程、管理流程与支持流程之间形成关系网,每个流程又有自身的业务流程,通过明确各个流程的输入、输出、人力物力资源、管理方法及测量考核指标,来确保流程的有效实施及监控。

站在制造现场角度来看,原材料进厂、存储、加工、组装产品、产品测试、包装、入库、发货、运输、顾客接收等整个流程包括了人流、物流、信息流、资金流及业务流的管理,通过优化流程的精益管理与改善可以达到省人化、减少浪费的效果,从而提高企业竞争力。

2．物流与信息流映射机制

丰田生产方式的两大核心是"准时化"和"自働化",那么通过改善优化来缩短提前期(lead time,LT)就是必经之路。把握物流和信息流现状,将现状与目标对比就会找到差距,这是改善的前提,也是非常重要的一步。在开展缩短提前期活动时,需要掌握业务现场在哪里,有多少实物和信息停滞不前,同时考虑为什么会停滞不前,再把实物流程和信息流程画到流程图上,这样我们就知道哪里发生了多少停顿。

使用物流和信息流流程图的最终目的是实现产品单价降低,提高企业竞争力,如图3-3所示。

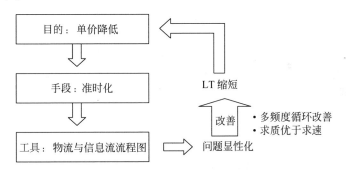

图3-3　物流与信息流流程图的作用

在物流与信息流流程图的使用中需要考虑下述三项内容:①在实际现场的物流和信息流是怎样的?②在哪里,有多少停顿?③为什么会产生这种停顿?

如果没有在现实现物中好好把握这些实际情况,并进行改善提升的话,一切都是徒劳的。要把现状落实到流程图上,如图3-4所示,以此作为改善的工具。物流、信息流的流动状况怎么样?在哪里停顿了?通过物流与信息流流程图很快就能找到这些问题的答案。通过描画物流与信息流流程图就可以明确具体的改善方向和措施。

图3-4物流与信息流流程图基本说明见表3-1。

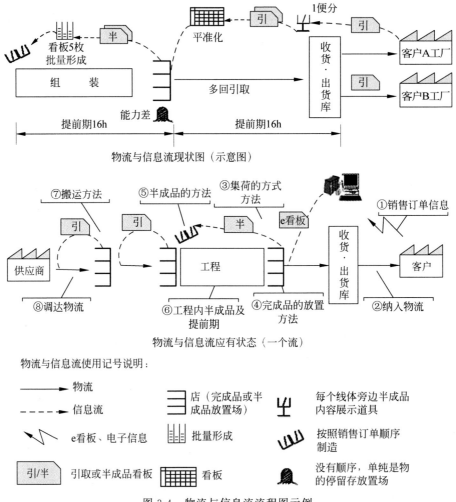

图 3-4 物流与信息流流程图示例

表 3-1 物流与信息流流程图说明

① 销售订单信息	信息一元化(看板、零件、指示品)
② 纳入物流	从集货完成到装货没有停顿
	收货·出货场地(奇数·偶数车道)
③ 物料归集的方式方法	按工程节拍进行物料归集、收货
	以一个看板为单位
④ 完成品的放置方法	线边库
	先入先出
	线边库100%为合格品
⑤ 半成品的放置方法	按销售顺序生产产品

续表

⑥ 工程内半成品及提前期	工程稳定化(提高可动率)	
	通用性整合(提高工作效率)	
	不需要间断的工程	
	缩短间断时间	
	一个流生产	
⑦ 搬运方法	分期分批领取	
⑧ 调达物流	只要必要量的物品	
	分期分批领取	

3．价值流分析技术

价值流分析就是把企业管控流程中的活动区分为有增值的活动和非增值的活动，通过价值流分析技术来推动企业流程改善，达成企业目标价值。价值流分析有如下作用：

(1) 分析系统整体存在的问题，具有看到宏观生产流程的能力。

(2) 帮助发现浪费源。

(3) 展示了信息流与物流之间的联系。

(4) 广泛沟通的工具。

(5) 确定优先次序。

(6) 结合精益的概念与技术避免"只挑容易的"来改进。

(7) 形成实施计划的基础。

(8) 建立起确定改善目标的数据基础。

价值流分析技术实施步骤如下：

(1) 确定分析产品和流程对象。

(2) 设定价值流应有状态(目标状态)，如图 3-5 所示。

(3) 了解、把握价值流现状。

(4) 现状与目标状态之间的差距就是问题所在，根据问题进行分析，制定改善计划并实施。

4．"流空间"整合

美国社会学家曼纽尔·卡斯特提出，随着技术发展，人类活动不完全受限于距离，时空观念逐渐从传统意义上的场所空间向"流空间"转变，须更加重视城市节点的价值。在全球化和新一代信息技术支持下，世界经济的"地点空间"正在被"流空间"所代替。核心城市是各种流的交汇地，各种流的背后就是数据，而数据已被广泛定义为新的关键生产要素之一，相应地，数据影响制造的范围和因素也逐步扩大和增多。周围形成了大量数据，那么怎样收集有关数据呢？

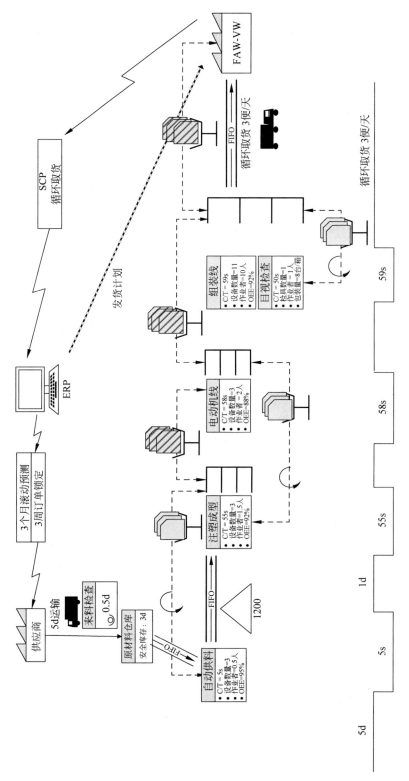

图 3-5 汽车空调生产目标价值流图示例

怎样判断有关数据流的价值？怎样利用各种流分析,来评价当前企业状态优劣？怎样通过流空间的数据流的综合趋势和协同分析,来提供面向未来的业务决策参考意见？这是精益管理的延伸,也是未来的创新点。

丰田汽车公司围绕价值实现构造了由人流、物流、信息流、时间流、资金流、业务流等构成的流程管理体系。其中,业务流由其他几个流构成或在其他几个流的融合下实现,而多种业务流同样依赖于人流、物流、信息流、资金流在时间维度下进行整合、改善和创新,从而实现业务融合,如图3-6所示。

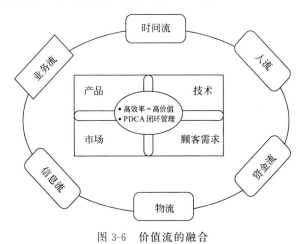

图3-6 价值流的融合

多种流的管理是基于流的空间运作,反映了人流、物流、资金流、信息流在时间流下如何集成为业务流,即业务流本身是人流、物流、信息流、资金流(成本流)在特定时空关系下配置的结果,在时间维度下体现的就是品质和效率关系(单位时间的投入产出与效用)。此外,只有实体流程本身做得更好,信息流所代表的计划、组织、控制等的信息才更准确;用更准确的信息作用于实体流程,才会对业务流发挥更好的作用。所以,需要信息流与物流、人流、资金流之间的相互作用、相互改进,才能获得高水平的业务流程效果。流管理的目的,是驾驭多流集成和促进各个流的约束性自我改进,实现价值流各要素及其集成空间的交互作用机制,如图3-7所示。

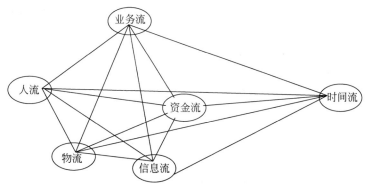

图3-7 价值流空间构造

3.1.3 精益制造与管理的本质——消除浪费

提质、低碳、降本、增效,这四个概念的内在关联性极强,并非并行问题。提高质量需要不断识别客户需求特性以定义产品和服务特性,尤其应把握关键质量特性和特殊特性,据此建立确保质量的工作方法和支撑手段。降低碳排放需要不断通过产品技术(清洁开发、绿色设计)和生产技术(涉及工艺、装备、材料)的不断革新共同实现。在现有条件下,需要将降碳作为产品工艺、设备和材料改进的目标之一,本质上是将"碳"作为新的或增强的产品过程质量特性,进而要求对现有条件下的工艺、作业方法实施改进。

降低成本是一个"现象级"命题,因为成本是产品设计、制造、服务等过程的伴生产物,受几乎所有价值链因素影响,很难具有独立的"标准"属性,因此降本的根本在于生产要素本身的性态水平及要素间的配置策略和方法(工艺过程和作业方法)。增加效益源自于两方面影响因素的变化,一是功能和性能增强(质量特性得到满足),二是成本降低带来的利润增长,这两个因素都是价值工程的体现,即 $V=F/C$,F 单独增大或 C 单独减小,或者 F 增大的幅度大于 C 增大的幅度,V 都会增大。按前面的分析,一定生产组织条件下,决定这一变化的主要还是生产方法。

由此可知,能否制造出好的产品,并在此过程中获得低成本、高效益的结果,取决于生产组织的一套组合方法。在精益制造中,将消除浪费作为提质增效的根本途径,其原因在于消除浪费可以建立更好的工作方法,以突出增值活动在全部活动中的比例。

3.1.3.1 浪费的性质和方式

在工业工程理论中,将工艺和作业活动在性质上分为五类内容:操作/加工、搬运、检验、暂存、贮存。其中,只有操作是增值或可能增值的要素,其他四种都是非增值要素。这意味着操作本身仍有优劣之分,只有建立更好的实物(如产品)过程所需的操作才更有意义,而其他因素应尽可能减少甚至消除。

工业工程上述价值思想在丰田生产方式中得到完美应用和体现,其根本做法就是不断识别和消除浪费。

丰田生产方式事实上更主要的是从价值流程的角度超越了泰勒制的基本思想范畴,突出表现为对人的关注和对生产系统要素及配置活动的持续改善。丰田生产方式创始人大野耐一在实地研究杜绝浪费时,花费了很多时间探索如何规划创造价值的活动、去除不能创造价值的活动,精益制造的许多工具和原则都源于此。丰田汽车公司辨识了企业流程或制造流程中的七大类未能创造价值的浪费:

(1) 过量生产或过早生产:生产出尚未订购的产品,造成过多库存和资源的过多使用,从而导致库存与运输成本的浪费,并对需要的生产过程产生影响,以致延期交货或失去顾客。

（2）在现场等待的时间：员工在一旁监看自动化设备，或等待下一处理过程，以及整批处理延迟、机器停工、产能瓶颈等因素，都会造成员工无事可做的浪费。

（3）不必要的运输：长距离搬运在制品，缺乏效率的运输，进出仓库或在流程之间搬运原材料、零部件或最终产品。

（4）不正确或过度的处理：采取不必要的步骤处理零部件；因工具或产品设计不良，导致不必要的动作或产生缺陷而造成低效率的作业；当提供超出必要水平的较高品质的产品时，也会造成浪费。

（5）过量的库存：过多的原材料、在制品或成品，导致出现较长的前置期、陈旧过时品、损毁、运输与存储成本增加和生产的延迟。

（6）不必要的移动或搬运（动作）：员工在操作过程中，任何不必要的或多余的动作，都是浪费。

（7）瑕疵：即缺陷，生产任何有缺陷的产品都将导致返工、修理、报废、生产、检验等，势必增加人力、财力、物力和时间的浪费，并导致延期交货。

此外，按照精益管理思想，"未被使用的人的创造力"也是一种浪费，即智力和体力的浪费。

大野耐一认为，生产过剩是最根本的浪费，因为它导致了大部分其他浪费。彻底消除浪费是确保流程连续性、稳定性的前提，因而，精益制造的核心就是消除浪费，其技术体系也都是围绕这一本质问题而建立和完善的。

3.1.3.2 识别和消除浪费

在生产现场，存在三种典型不良，分别是浪费、过载和不均衡，这些都是影响正常生产效果的因素。

1. 浪费

浪费（MUDA）意为不增值（non-value added）。浪费是指不产生价值的工作，其公式可表达为"浪费＝现状下的工作－能变成钱的工作（能够产生附加价值的工作）"。

消除浪费的目的在于以精益求精的思想，用尽善尽美的方式，永无止境地追求"七个零浪费"的目标：

P："零"转产工时浪费（products，多品种混流生产）；

I："零"库存（inventory，消减库存）；

C："零"浪费（cost，全面成本控制）；

Q："零"不良（quality，高品质）；

M："零"故障（maintenance，提高运转率）；

D："零"停滞（delivery，快速反应、短交期）；

S："零"灾害（safety，安全第一）。

2. 过载

过载(MURI)意为超负荷(over burden),是指在生产现场的人员身心承受过度负担,从而产生压抑、疲劳;另外,设备的超负荷运转也是过载行为。

精益制造中十分重视工效学/人因工程,在资源配置和生产计划安排时,要考虑适当的工作量和身心负担,要通过持续改进不断降低工人的负重工作程度和缩小不良肢体运动范围,创造轻松、简捷、准确的工作方法,保证工作质量和工作效率。

丰田汽车公司提出并不遗余力在工厂推动的卡拉库里(Karakuri),我们称之为"低成本自働化"(low cost intelligent automation,LCIA),是消除过载活动和过载行为的重要体现。

3. 不均衡

不均衡(MURA)的英文是 unevenness,是指制品及部件的生产计划和生产量不确定,总是发生增减变动。不均衡现象的存在,使人员和设备等关键生产资源的使用处于较大波动中,很容易产生过载和浪费的问题,进而造成生产质量下降和浪费等突出现象。

精益制造中,丰田汽车公司运用平准化生产(Heijunka production)消除生产中的数量不均衡和总量不均衡问题。平准化生产,我们习惯上也称为均衡化生产(leveling production)。

3.1.3.3 精益企业育成机制

学习和应用精益制造方式比较容易产生形式化现象,问题的关键在于企业比较容易形成单项的推进压力,但比较难以形成 PDCA 的循环自反馈机制,如现场5S 的推进比较难以从人的行为改变、物料的配置质量、设备的效率化等方面获得正向反馈,只是形成一些现场静态标准(如定置、看板等),并未形成精益化机能,这种做法是难以持久的。

如何才能比较顺利而规范地创建精益型企业呢?我们给出如下建议:

(1) 从制造本身出发,用持续消除浪费的方式构建最基础的价值增长机制。

(2) 将精益做法延伸至研发和服务,形成更大的增值范围,并在多业务系统间形成自我改进的闭环。

(3) 从单一精益能力走向体系化能力建设。

1. 制造过程的精益增值逻辑

持续消除浪费的做法显著提高了制造过程的价值,很好体现了价值工程 $V=F/C$ 的原理。图 3-8 比较形象地展示了产品制造中获得成本优势的递进过程。

从产品视角分析,精益制造不仅能够在制造中识别和消除该过程的浪费,还可以识别出产品设计、产品工艺设计等环节中存在的不良情况,且能够反向推动产品设计的精益化改进。

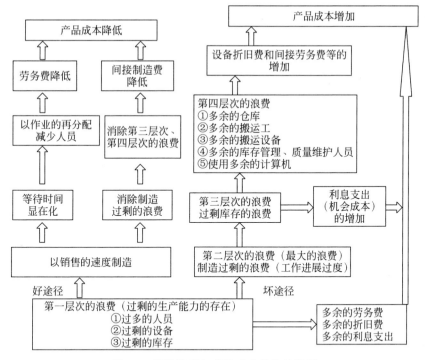

图 3-8 消除浪费与获取成本优势的过程

从经营视角分析,单纯依赖制造优势仍然难以维系企业的持久竞争力,还必须从产品研发中获得产品性能优势和源头成本优势,因此精益研发(精益设计)是精益企业创建的重要途径,也是在企业内部与精益制造形成价值优化闭环的重要环节。

图 3-9 建立了精益制造与精益研发的双机能精益改进模型。这一模型更加完整地揭示了精益企业获取竞争力的内在动力机制。丰田汽车公司等企业的 TPS 毫无疑问是在产品运营的所有环节充分融入了消除浪费的做法,这是学习精益制造方式的企业应该深入学习和切实应用的。

根据模型可以看出,要想成功导入精益制造和精益研发并成为精益型企业,需要创建三个基本前提条件:思想、团队和人的行为。

首先要有训练有素的思想,要聚焦核心业务,对其赋予意义,不管遇到多大、多难的困难都敢于直面现实,无论现实条件多残酷,即使遭遇十面埋伏也都有坚持到底的决心和意志。

其次要有训练有素的人,企业必须找到一个关键人(key man)来负责管理企业。关键人须具有强烈的专业意志、雄心壮志,永远将公司利益放在第一位,将公司的成功看得高于个人的名利,能够为公司的成功培养接班人,具有永不放弃的决心、无所畏惧的信心,心甘情愿为公司走向卓越做任何事情,能够承担责任、勇往直前。同时,关键人还需要找到合适的人才,"合适的人才是企业的最大资产"。

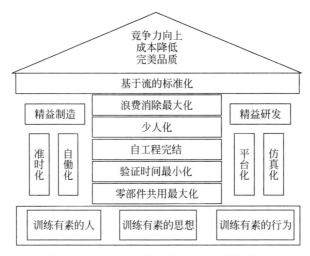

图 3-9　精益制造与精益研发双机能增值模型

最后要有训练有素的行为,选定了合适的人和具备了训练有素的思想基本就决定了人的行为,通过自律、自我管理及基本约束机制来建立信任氛围,实现业务协同的高效化。

精益研发的实现路径,第一步是实施平台化战略,集约各个级别产品的所有零部件,将零部件通用化程度做到最大,同时将关键工艺设备及生产线做到最大柔性,而且分阶段不断优化;第二步是通过实施数字建模和仿真减少开发样件的数量、制作时间,以及开发试验验证时间和成本。通过这两个步骤,企业大大缩短了新产品开发时间,响应了顾客对新产品的要求,同时也大大减少了开发任务条目、新设备投资等,实现开发人员和关键设备效率最大化。

精益制造在导入 JIT 和自働化的过程中,通过自工程完结实现不接收不良、不制造不良、不传递不良,通过"少人化"改善活动确保制造过程效率,然后通过浪费消除最大化的持续改善,有助于实现竞争成本优先的企业战略。

最后将精益制造及管理过程改善活动步骤进行标准化,来锁定、巩固改善成果,同时调整改善目标,为下一步改善活动指出方向,实现持续螺旋优化,最后达到实现完美品质、较低成本和提高企业竞争力的目标。

2. 构建精益活性

企业利润增长源自于企业内部价值创造力与市场需求力之间的契合,这种关系是动态的、变化的。在任何时候,企业都需要建立以消除浪费为基础的内生性竞争能力,以此获得同等市场竞争条件下的成本和利润优势。此外,企业需要将所获得的成本和利润优势转化成为再次获得市场信赖的前提,在产品研发中进行投入和新的价值转化。这种做法是在精益制造与精益研发之间形成价值增值循环路径,进而形成企业经营的良性循环。华为等全球卓越企业的做法都是如此。

图 3-10 构建了精益制造与精益研发的价值增值循环模型,也由此构建了两条利润曲线和两者之间的相互支撑关系。利润第一曲线是企业成立先期通过满足顾客需求,扩大市场规模,再通过精益制造和管理极大降低成本,来推动企业利润的快速增长。但是随着市场竞争加剧,市场占有率持续走低,再加上制造改善活动进入瓶颈期,利润增长会停止且呈现下滑趋势。所以企业应该在到达利润曲线最高位前夕开始新技术的产品研发活动,根据时代的发展变化趋势及新兴顾客群体的隐性或潜在需求来定义新的产品和服务,通过运用新技术的产品精益研发活动,加速推动开发,建立利润增长第二曲线,从而实现企业利润的连续增长。

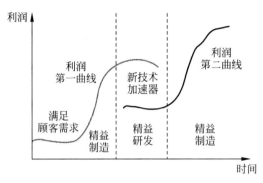

图 3-10 利润增长曲线

在精益制造模式中,无论研发、生产还是服务,都显著地遵循着 PDCA 持续改进原则,通过改善的积累实现相关过程、领域、能力的创新。通过理念和过程方面的持续创新,不断升华企业精益成长能力,朝着全球供应链整体协同响应客户需求的新高度进发。

3. 走向体系化

制造企业向精益型企业转型,不能仅仅是形式上模仿,真正要做的是植入精益基因。

精益基因有两种重要成分(双螺旋),分别是育人基因和造物基因。育人和造物都基于同一"遗传物质",那就是精益理念。精益理念一方面规划了组织的使命、愿景和目标,另一方面确立了实现使命、愿景和目标的行为方式与技术手段。

造物基因主要是精益的技术体系,尤其是以工业工程方法为主的管理技术体系,它是支配生产要素、生产过程、生产流程的重要方法,确立了价值定义、价值转化的基本过程和保障措施。育人基因主要是精益文化,以及确保精益技术和精益改善得以存在的员工培训和组织学习体制。文化具有传承性,承载理念的本质要求。文化具有稳固性,得到技术系统的维护和保障。图 3-11 呈现了企业通过精益化转型创建精益型企业的基本逻辑构造。

完整的基因是在双螺旋相互作用机制下不断进化的,要求精益理念、精益文化、精益技术体系和精益改善机制同时发挥作用,在企业的学习和不断实践中相互

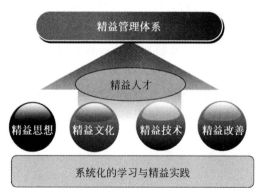

图 3-11　精益型企业的核心能力构造

浸润,互为补充,共同发展。精益型企业就是在精益技术体系和精益管理体系的相互作用下创建起来的。

3.1.4　精益制造的文化基石

丰田生产方式最初确实侧重于制造现场和对作业能力的改造,但其发展过程充分证明,制造管理的实质是关注人,是建立一套完善的、基于人的自我完善和自我发展的文化基础。

从表面上看,丰田生产方式是包括自働化和准时化在内的完善的技术系统。而实际上,丰田汽车公司把员工视为最重要的资源,认为企业的生命源于员工,因而更加倚重和关注员工。公司鼓励、支持,并且要求员工投入、参与,员工们通过工作、学习、沟通、实践,不断解决问题,并与公司一同成长。丰田生产方式并非只是一套提高效率和改进系统的工具和方法,更是一种文化。在这种文化中,员工有紧迫感、使命感,乐于发现问题并解决问题,愿意为攻克某一难题进行团队合作。

精益制造的精益性可以概括为三个重要内容:

(1) 一种精益求精的务实经营理念。本书已在 3.1.1 节重点分析了精益理念,此处不再赘述。

(2) 一套完整的、科学的管理技术支撑。精益制造以工业工程理论和方法为核心,构造了面向产品制造的一整套工作规则、技术、方法、工具和标准,最终以标准作业的方式融于所有具体工作中,以对员工教育、培养的方式将工业工程方法有效转化为人的技能,形成了达成精益标准的行为能力。

(3) 一种持续改善的基础文化。提案、改善的循环机制,活化了人的认知、技能和积极性,促进了团队建设和多技能人员合作,推动了全员参与式的问题识别与进,不断进行知识积累、提升工作标准,促进了人与人之间的相互尊重和组织对员工的尊重。

结合上述分析,可以进一步归纳精益文化的内涵:

第一,管理决策以长期理念为基础,着眼于公司的未来发展,用未来发展愿景驱动现在的企业决策和行为方式的改善。

第二,建立正确的流程,将产品运营和企业经营实践引向高效率、高品质的精益之路。以看板为基础的拉动式准时生产过程,以及使这一过程得以实现的均衡生产、快速换模、质量控制、工作标准化、设施布局、可视化管理、少人化等一系列基础活动,都是围绕建立连续而均衡的价值流程进行的。建立、维护和创新流程的过程,更是上述关键基础要素不断改进和完善的过程。

第三,发展员工与事业伙伴,共同为组织和社会创造价值。培养信奉公司理念的杰出人才与团队,将他们培养成为公司的领导者,是精益思想得以实现和延伸的关键,是公司文化持续强化的保障。重视事业伙伴和供应商网络,把他们视为公司事业的延伸和公司使命的一部分,采取具体措施激励并帮助他们不断改进和成长,使公司目标和事业伙伴目标都能达成。

第四,持续解决根本问题,不断驱动企业学习和发展。管理者经常亲临现场,带领员工关注任何可能产生缺陷的环节,通过不断反省,找到改进的要点,再不断地学习和实践,及时地解决问题。一个决策制定前,要充分听取所有相关者的意见,在一致的基础上,做出最终的选择,并快速执行决策。制定稳定的人事政策,如缓慢的升迁和谨慎的接班人制度,建立完备的人才评价系统和务实的工作作风,确信所选择的领导者具有足够的基础和影响力,能够在前人的基础上带领员工建立新的、重要的里程碑。优秀组织文化形成的过程,是组织持续学习和创新的过程。同样,优秀的组织文化,是促进组织自我发展和完善的核心基础。

对很多企业而言,"精益",并非一定是要在特定的制造流程中效仿丰田生产方式,而是应该建立起适合企业自身发展的理念、原则和价值增值的工作方式。这些原则和理念并不复杂,因此对很多企业而言,至关重要的是为实现这些理念和原则而努力坚持、勤勉工作,这就是精益文化的本质所在。

3.2 精益系统设计

3.2.1 精益系统设计概述

精益系统设计是在精益生产原理基础上提出的,面向产品价值形成机制和过程的功能与结构需要,而开展的生产与服务系统的规划和设计,是企业生产和技术改造的前期活动。因为企业生产过程产生的问题,往往是前期设计不科学、不合理、不精益造成的,所以前期的精益设计会使后来运行中的问题大大减少,极其重要。精益系统设计的提出,是对精益制造理论的补充与完善。

1. 精益系统设计的提出

精益系统设计是精益制造与管理的第一道工序。任何生产与服务系统的建设前期的系统规划与设计,决定了该系统在运行阶段的能力和效益水平。20世纪初,美国人杰姆斯·艾坡提出工厂设计的方法,20世纪80年代,美国物流协会理事长理查德·缪瑟提出系统平面布置设计和系统物料搬运,后来又有人提出设施设计的系统方法,这些都是美国在工业工程领域的成就。21世纪,由于日本丰田生产方式在制造业的成功,全球风靡精益生产,为适应制造企业竞争的需要,又有人提出了精益系统设计的理念和技术体系。

早期对"工厂设计"的定义为"为生产系统或服务系统进行分析、构思、设计,并付诸实施。设计通常表现为物资设施的一个平面布置或一种安排,用以优化人员流、物流、信息流以及有效、经济、安全地实现企业的目标的措施间的相互关系"。这一定义十分透彻地指出了工厂设计的实质及表现形式,其目的是"提高生产率和降低产品成本"。

设施规划与设计在工厂设计的基础上进行了系统发展与创新,不仅适用于制造企业,还适用于医院、学校、商场、政府等服务业主体。其内容包括选址决策、工厂平面布置、物流系统、公用设施等。具体来说,包括下述18个方面的内容:运输、收货、物料贮存、生产、装配、包装、物料搬运、服务系统、辅助生产部门、成品库、发货、办公室、外部设施、建筑物、土地、选址、安全措施和废料处理。以上这些都需要企业各部门的支持与全力参与。企业在设施设计阶段即需要组织由战略、财务、生产、研发、营销、采购、物流、售后服务等部门组成的跨业务和跨职能团队,会同供应商、客户、政府部门利益相关主体展开全面的市场分析、评估与预测,综合考虑系统投入运行之后各项因素的影响,形成科学可行的设计方案,最大限度减少运行后的不确定性,消除浪费,以实现整体最优。

如果没有高水平的前期系统设计,在企业运行过程中实施精益管理也可以有很大的改善,但先天不足导致其无法从根本上解决问题。在企业改建、扩建和新建时需要很多的资金投入,但是可能还是原有系统的简单复制,而造成更大浪费。

随着精益生产理论的不断发展,精益制造与管理已经发展成为覆盖产品整个生命周期,贯穿产品研发、工厂设计、产品制造、分销服务和退市回收的全价值链的思想和理论,致力于确立作业标准化、流程标准化、全面质量管理和消除浪费等一系列技术和工具的方法系统。然而,目前很多企业的精益管理还处于生产系统投入运行之后的提质增效相关领域,对价值系统的改进尚未脱离"亡羊补牢"式的事后补救方式。随着精益方法、经验的日益丰富和成熟,以及新兴自动化、数字化、信息化技术的发展,既对精益管理提出新的课题,又为全面精益管理提供了强大支撑,将精益思想扩展到设计领域已经成为必然趋势。天津大学齐二石教授提出了"全生命周期精益设计"的概念,将其称为DLP(design for lean production),将精益的思想应用到设计阶段,从设计阶段就杜绝企业将来运作中可能出现的问题。通过精益思想和方法工具的系统应用,实现面向全生命周期的系统规划与设计,从源头控制问题的产生,在设计的每一个环节、步骤、流程中都尽可能选择最佳方案,从而实现全生命周期产品价值最高,成本最低。这种方式可以从根本上消除企业中的浪费,避免企业在运作过程中出现了问题再进行改善的"亡羊补牢"式的做法。

2. 精益系统设计的内涵

精益系统设计(lean system design,LSD)是全生命周期精益设计的主要内容之一,它是将精益思想和方法向工厂与设施设计阶段的延伸,将精益理念、工厂设计、优化理论、系统工程等领域的知识进行融合,借助信息技术、优化算法,实现工厂的科学设计,从设计阶段就尽可能消除运作过程中可能发生的浪费根源,避免带有明显缺陷的工厂设计方案被付诸实施。精益系统设计的概念框架如图 3-12 所示。图中的精益理念包括所有以消除浪费、持续改善为目的的精益手法,如在确定企业规模时,要使企业规模在满足企业当前需要的同时,适应环境的变化及企业战略规划的需要;在布置生产线时,要体现物流流动的"一个流"及同期化、员工的多能工化等特征,充分考虑 U 型生产线及成组技术;人员配备方面要由传统的"定员制"向"少人化"方向发展;同时实现体现精益思想的物流系统,将物流服务过程中的浪费和延迟降至最低程度;等等。

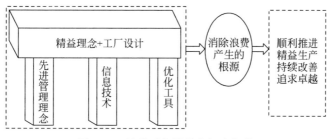

图 3-12 精益系统设计的概念架构

图 3-13 从业务流程视角给出了 DLP 的基本框架,纠正了传统上将精益与 JIT 等同的误解,认为精益设计是一个全生命周期的设计、改善和管理系统,将精益思想的理论与技术应用扩展到从需求分析到设计、投资决策、生产、销售再回归到需求的整个闭环过程。通过精益设计,实现精益思想对从需求分析到设计、投资决策、生产、销售再回归到需求的整个闭环过程的指导,从工厂设计阶段开始就彻底消除浪费,是一种通过事前预防和改进理念,可从根本上避免"亡羊补牢"式事后改进的做法。实施精益设计是实现精益生产的基础,它为企业顺利推行精益生产创造了条件。同时,在工厂设计阶段就开始进行消除浪费的工作,可以大大提升改善成功的概率。即精益思想应用的时间越早,实施改善活动的柔性就越大,改善活动成功的概率就越大,系统所能得到的改善效果就越显著。

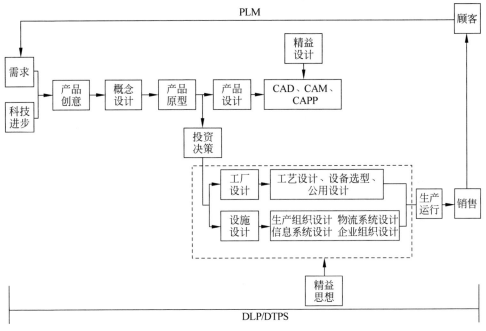

图 3-13　面向制造企业的全生命周期精益设计

3.2.2　精益系统设计的内容

1. 精益设计的核心思想

精益设计是在制造系统初步规划与设计阶段，就从顾客需求出发，引入精益思想，从制造系统初步构想和设计时就消除浪费的活动过程。因此，精益设计是工厂设计理论与精益思想相结合的交叉性理论体系，如图 3-14 所示。

精益设计的出发点和核心是顾客价值。根据顾客价值，对零部件和产品生产流程进行重构与优化，明确各设施间的物流关系，优化设计物流网络及布局方案，减少非增值活动所带来的负面影响，降低成本，使生产物流在有效空间内得以改善，提高效率。

因此，精益设计的核心思想可概括成以下三个方面：

(1) 以消除浪费为出发点。精益的核心思想为消除浪费、持续改善。精益设计仍然秉承精益的核心思想，以消除浪费为出发点，从产品工艺设计、设施布局到物流规划等每一个环节均做到精益求精，有效控制成本，以更低的成本实现更好的效用。

(2) 以达到整体最优为目的。日本企业从整体出发，关注互动与协同增效 (interaction and synergies)，将精益植入到企业文化中，在企业运作的每个环节均以精益作为行动准则，体现精益应用的系统性、整体性。精益设计，不仅消除浪费、

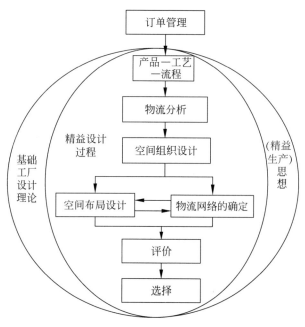

图 3-14 精益系统设计理论架构

降低成本,更重要的是通过合理设计工厂、设施规划、物流动线,使整个制造系统达到整体最优。

(3) 以动态思想为引导。精益设计所提出的方案,在初步设计阶段就将实际的不确定性和未来的变化作为重要的考虑因素,通过合理选择设施、设备,科学布局与设计来提高柔性,是一种方便持续改善和动态调整的具有动态思想的设计活动。

2. 精益设计的主要内容

DLP 是一种将精益理念扩展到上至工厂设计阶段下到营销设计乃至回收设计阶段企业全生命周期各阶段的集成设计思想,它将精益思想与工厂设计相结合,并融合价值工程、人因工程、并行工程等先进的管理理念,强调在产品设计、工厂布局、物流系统、工艺流程、信息系统、生产销售等各环节的设计阶段导入精益理念,在先进技术的支持下,实现从源头上消除企业的浪费,避免仅从某一局部去改善已经出现问题的生产环节。DLP 从内容上主要涉及三个领域,即产品精益设计方法与技术、工厂精益设计方法与技术、销售服务系统精益设计方法与技术,具体如下。

1) 产品精益设计方法与技术

从 20 世纪 50 年代开始,基于传统设计开发经验,结合新兴的统计分析技术、管理技术、IT 技术和方法论,人们积极寻找先进的设计理论与方法,TRIZ 理论、ADT 理论、田口设计法、六西格玛设计等一系列新的理论与方法应运而生。公理设计理论的奠基人 Suh 教授曾指出:"经验或对比设计技术与方法极大地限制了实际设计水平的提高,对复杂产品的高效、系统设计显得无能为力,基于新的设计技术与方法理论,建立系统、完整的现代设计方法学和设计平台,是应对设计挑战的关键。"在设计阶段出现问题,对最终产品质量的影响几乎是致命的,产品设计质量不仅影响最终产品,还会影响制造工艺和生产环节。

2) 工厂精益设计方法与技术

企业在做出投资决策之后,为实现全生命周期精益设计,对生产组织、物流系统、企业组织以及信息系统都进行精益设计,能够极大地缩小设计能力与实际能力之间的差距。

对生产系统要考虑:选址设计、物流及平面系统设计、流动化及连续改善、拉动生产系统、均衡生产、标准作业、目视管理、精益人才团队的设计等原则。还要考虑信息系统的开发设计,包括从问题提出、开发团队组成、总体规划、系统分析、系统设计、系统实施到系统运行维护和评价的全部过程。

另外,企业组织精益设计就是要把组织的事合理分解成部门的事、岗位的事;把合适的人选放到适当的岗位上;让各部分、各岗位的人结成最合理的工作关系,按照最有效的规则从事工作和活动;按照PDCA思想以规范的流程进行推进,强调组织设计的动态性和快速响应性,以适应内外部环境的变化。

3) 销售服务系统精益设计方法与技术

精益销售系统的职责是要在销售领域"杜绝无价值活动",包括:顾客选择不当、产品定位不当、销售沟通不当、产品定价不当等。因此精益销售的思想就是要针对这些无价值活动的产生根源采取相应的调整、设计:在恰当的时候,在恰当的渠道,向恰当的顾客,以其恰当的付出,提供恰当的顾客利益,以提高销售水平。

3.2.3 工厂精益设计

1. 工厂精益设计流程

工厂精益设计应包括原有工厂车间的设计改善及新建工厂精益设计两个方面,这里重点介绍精益设计在新建工厂中的应用,对于原有工厂的设计改善仅是在第一阶段将重点放在对工厂现下运行状况的数据整理与获取方面,后面的步骤基本一致。

工厂精益设计的主要工作包括组建工厂设计联合小组、知识库的形成及知识库指导下的精益工厂设计方案的确定,如图3-15所示。

1) 组建联合设计小组

为了更好地实现精益设计,需要组建精益设计联合小组,成员应包括掌握精益理念的知识人员、工厂设计人员、企业领导者,同时还有必要加入企业的供应商并考虑消费者的意愿。他们之间相互交流、沟通并形成工厂精益设计知识库,指导工厂精益设计的实现。

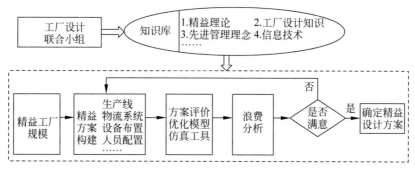

图 3-15 工厂精益设计流程

2) 确定精益工厂规模

确定科学的工厂规模是进行工厂精益设计的重要前提之一,它是合理地预测工厂所需空间、安排车间布局以及确定设备数量、布置方案、预留空间的重要依据。工厂规模主要取决于市场规模和市场上已有的供给量。如果市场容量很大,超过了工厂的"经济规模",原则上讲,工厂可以按"经济规模"进行设计。否则,应根据当时的市场需求,"滚动发展"到"经济规模"。同时工厂规模需要适应企业战略规划,满足"一次规划,分步实施,滚动发展"的要求。

3) 精益工厂构建方案

这一阶段要综合运用精益生产、系统工程、人因工程、企业管理等学科知识,借助并行技术、信息技术等手段,确定理论上符合精益理念要求的设计方案,主要包括如下内容:①生产线布置。包括物流流动的"一个流"及拉动化,员工的多能工化,设备布置的符合物流流动化。U 型生产线布置是精益生产的一个实现方法。②物流系统设计。要减少物流活动不增值的环节,设计的目标是在满足生产要求的情况下尽量减少物流成本,努力将物流过程中的浪费和延迟降至最低。③设备布置。要充分考虑各生产环节之间的关系,在实现产能要求的基础上,尽量做到各设备单元产能均衡,体现"一个流"的思想。设备的选择不以最先进而以最合适为标准,应把体积小、投资少、具有柔性等指标放在首位。④人员配备。传统的生产系统实行"定员制"生产,但这种方式在多品种、小批量的生产方式下,加大了企业成本压力、降低了企业的反应速度。"少人化"技术,能实现随生产量变化,弹性地安排作业人员。实现"少人化"的条件是要有训练有素、掌握多种技艺的作业人员,即"多能工化"。此外,设计工作还应包括公共设施规划、信息系统设计等,应根据工厂的具体需求及企业的实际有选择地进行。

4) 精益设计方案的评价

仿真技术是近几年兴起的一门技术,它可以较为准确地反映生产系统对环境变化的反应,并向决策者提供可视化的界面。通过仿真分析提供的各方案的物流成本、中间在制品量、设备利用率等指标数据,结合人因、生产柔性等指标,运用当前各种优化评价算法,可对设计方案做出科学决策。当然,还有模糊评价等评价方法。

5）浪费分析

消除浪费、持续改善是精益生产的精髓,通过对各方案的比较,可以对工厂各设计方案的运行状况有一个清晰的认识,综合运用价值流程图、约束理论、鱼骨图等工具,能发现系统运行过程中各非增值环节,如产能匹配、在制品库存等问题,对设计系统进行相应调整、优化,通过反馈机制实现原方案的改善。

6）确定精益设计方案

在设计系统的浪费问题得到解决后,企业的决策者就可以依据相应的判别准则选择工厂精益设计方案。企业的需求不同,所选的指标及指标的权重应有所区别。选择精益设计方案不是目的,关键是执行并在执行过程中实施标准化工程,不断消除工厂中的浪费。

2. 工厂精益设计方法

1）常见工厂设计方法

常见的工厂设计方法主要是以从至表和相关图为设计依据或输入变量进行考虑,其中定性方法主要有缪瑟提出的系统布置设计(SLP)方法、Reed 的工厂布置方法;定量化方法主要有作业单位两两交换法、CRAFT 法、图论法、混合整数规划(mixed integer programming, MIP)等。目前也有学者将智能化算法,如模拟退火、遗传算法应用到工厂设计当中。这些方法都从某种程度上对决策者进行科学的工厂设计、快速选择设计方案起到了积极的作用,但这些方法也都有一定的不足。定性方法对主观经验依赖性大;定量方法对数据有严格的要求,应用过程中需对系统做出各种必要的假设。在系统规模较小,生产过程较简单的情况下,数学方法较适合,但在对复杂系统进行设计、评价时,若部门较多、部门形状非矩阵形等,各部分之间关系复杂、数据庞杂,数学方法难以取得理想的效果,同时在相关图的确定及量化等方面有待进一步完善。

实践中,设计院在进行工厂方案设计时,多采用专家意见法,设计过程中的主要依据是设计人员的经验及工厂提出的要求。这种方法主观性强,标准不易统一,且静态的设计模式难以反映各部分之间的相互关系,同时设计方案的实际运行状况难以显示,也不具备适应环境变化战略调整的能力。

2）精益设计的仿真方法

仿真技术可使工厂设计具有柔性化和可视化的特征,同时可以解决部门多、工艺复杂的设计问题,能更好地在设计阶段发现问题、消除浪费。仿真方法在工厂精益设计中的应用优势较大。常见的仿真软件如 eM-plant、VisFactory、eM-Workplace 及通用软件 Flexsim 等都可以与精益理念结合,实现工厂精益设计。

仿真方法的主要优点如下:

(1) 直观、可视。仿真软件通过一个三维的、直观的、可交互的仿真模型,使决策者清晰地了解各工厂设计方案的运行情况,为科学决策提供信息服务的依据。

（2）能处理复杂设计方案。通过参数的调整、实体的改变，仿真模型可以较理想地处理各种部门较多、工艺复杂的设计方案，避免传统量化方法在处理复杂、多维问题方面的不足。

（3）良好的柔性。可以实现对诸如产品调整、订单变更、机器故障等各种动态的、难以预测的状态进行仿真。通过对各种例外情况的分析，实现工厂设计方案的科学决策。

（4）较强的数理统计功能。仿真软件可以在工厂设计方案仿真过程中，提供各关键指标的统计数据、图表，为设计者进一步分析原有企业或设计模型存在的问题提供了便利。

（5）合理的时间、费用消耗。通过实体参数的调整及仿真速度的控制，仿真模型可以在较短的时间内模拟工厂一个季度、一年甚至更长时间的运行情况，可以分析企业短期及中期的经营状况。在工厂设计者节约大量时间的同时，仿真建模分析的成本也比其他方法要低。

3. 仿真在精益设计中的应用程序

应用仿真进行精益工厂设计主要包括 5 个步骤，如图 3-16 所示，项目前期需要成立联合工作小组，进行有效的信息交流，保证数据收集的完整性、准确性。

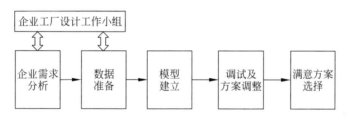

图 3-16　仿真在工厂精益设计中的应用程序

（1）确定企业需求。不同行业、不同发展阶段的企业对工厂设计有着不同的需求。有的企业可能迫切需要找出原设计方案的瓶颈及在生产环境改变时企业可能遇到的生产问题；有的企业可能迫切需要解决产能问题；有的企业可能急需改善在制品积压的问题。工厂精益设计是个系统问题，涉及的因素、环节多，只有通过与工厂内部设计工作小组进行紧密的交流，才能明确企业的需求，有的放矢地进行精益设计工作。

（2）数据收集。按照企业进行精益设计的需要，收集各种相关数据，确定模型中参数、变量的分布情况，确定各个对象之间的关联性。数据整理过程中要保证数据的完整性、可靠性和及时性，这一过程同样需要保持与工厂设计小组的密切交流，必要时实地进行工作研究或参照同类型、同规模企业的数据。

（3）模型的建立。模型建立应体现精益理念，同时要紧紧围绕企业的需求。只要可以满足企业需求，模型应尽量简化，这样可减少工作量，同时也能减少因不必要的干扰而引起的误差。

(4) 模型调试及确定。根据整理的数据及各个对象之间的关联,通过连线将各个对象按照一定的流程逻辑关系联系在一起。仿真模型的运行及调试是一个动态的复杂过程,只有通过反复的试验运行,才能取得合理的结果。

(5) 方案的确定。在常态及适当扰动的情形下,运行仿真模型并进行分析,结合企业的当前需求及长期战略规划,采用恰当的指标进行工厂设计方案的选择。

3.2.4 精益布局设计的内涵与特点

1. 精益布局设计的内涵

布局设计是精益设计的重要内容之一。主要包括工厂平面布置、物料搬运系统设计、仓储布置、能源管理和办公室布置等。精益布局设计就是在工厂布局设计中引入精益思想,以现状布局为基础,通过消除"人、机、料、法、环"(4M1E)各个环节上的浪费,实现五者最佳结合的布局。精益布局设计的核心是连续流,通过发展连续流,减少孤岛作业工序和区域。

通过精益布局设计可以实现如下目标:
(1) 提高工序间平衡能力。
(2) 消除搬运浪费。
(3) 提高场地利用率。
(4) 增加站立或走动操作,提高工作效率,减少职业伤害。
(5) 降低劳动强度。
(6) 提高作业质量和效率。
(7) 适应多品种少批量生产。
(8) 可以跟随产量的变化增减人员。
(9) 改善作业环境等。

2. 精益布局设计的功能性特点

以工厂设计不合理引起的主要浪费,如布局不合理产生的生产浪费、物流规划不合理导致的行走浪费、频繁重构产生的停滞浪费和重置浪费、空间导向性差导致的寻找浪费等为切入点,归纳出精益布局所具有的"短物流、零库存、零等待、零寻找、高柔性"5个功能性特点,如图3-17所示。

(1) "短物流"。物料流是制造系统中的必要环节,物料搬运成本在总制造成本中占20%~50%,好的空间布局设计至少可降低10%~30%的成本。制造系统的主要特点是不同生产设备的离散分布,物料流动属于必要而不能完全消除的不增值活动,需要尽量减少。精益布局的首要目标是,实现最小的物料流动,即"短物流"。

(2) "零库存"。库存积压资金,占用场地,从而占用库存管理人员和设备,增加许多隐形成本。在精益思想下,库存浪费是可通过合理的设计消除的。库存有原材料库存、在制品库存、产成品库存等多种形式,无论哪类库存均可通过合理设

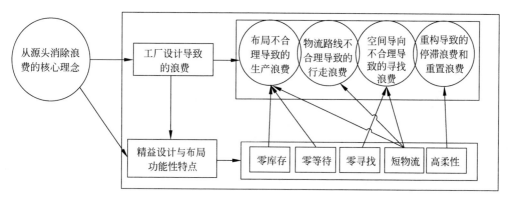

图 3-17 制造系统精益设计与布局功能性特点

计、科学管理来减少。因此,"零库存"是精益布局设计应具备的重要功能性特点之一。

(3)"零等待"。"有订单才生产"的需求拉动型精益生产模式,要求实现单件流,一件一件生产,一件一件传递,做到中间无停顿、无等待的顺畅生产,减少传统生产线中的等待、排队浪费。因此,"零等待"是精益布局的另一个重要功能性特点。

(4)"零寻找"。"寻找""思考""选择"都会消耗人员的精力和时间,造成浪费。精益布局通过建立紧凑的空间布局以及顺畅流动设计,实现制造系统内的空间节点之间的有效衔接,消除不增值活动,提升工作效率,创造轻松的工作环境。因此,"零寻找"也是精益布局的功能性特点之一。

(5)"高柔性"。精益布局设计的核心思想仍然为消除浪费、持续改善。因此所构建的制造系统应具备较高的灵活性,如设备选择小型、微型,并设置脚轮,可快速移动和装卸等,空间布局上选择多能工操作的 U 型或单元布局,提高布局柔性和持续改善性能。因此,"高柔性"也是精益布局设计要实现的重要功能性特点。

3.2.5 精益布局设计方法

1. 精益布局设计准则

1) 以顾客需求来拉动

精益企业生产任务是以顾客订单为"触发点"进行拉动式生产的。因此,精益布局设计首先以顾客需求即时满足的拉动式生产为导向,在详细分析现阶段产品需求特征的基础上设计设施布局问题,同时考虑需求多变的市场特点,初步设计中植入跟随市场需求变化快速调整的柔性特征,使制造系统布局不仅短期有效,在较长一段时间内也较为合理,以期获得长期效益。

2) 实现单件流

单件流,是指通过合理的设计生产线布局、人员安排,使整条生产线上的各道工序耗时趋于一致的一种有效降低浪费的生产管理方法,即每次生产与转移一个或一批零部件。精益布局设计中,通过以产品为导向的流水线布局和生产负荷均衡化设计,来保障"单件流"生产,实现产品生产的物料顺畅流动,避免各道工序间往返交错和忙闲不一带来的等待浪费。

3) 物料搬运距离最短

总物料搬运距离长短是厂内设施布局设计合理与否的最直观表现。因此,短的物料搬运距离是厂内设施布局精益设计的首要目标。通过物流关系紧密的设施就近布局的原则进行设计,实现物料搬运距离最短。

4) 持续改善型布局

制造系统中的设备移动和搬运成本较大,每次的重新布局需要终止生产来进行,从而导致停滞生产和重构等诸多浪费。因此,在初步设计中应重点考虑持续改善问题。持续改善型布局设计的重点在于适应不同市场需求特性和方便调整特性,以达到不同需求下都能实现较优的布局状态。在动态布局理念下的持续改善型布局,要重点考虑设备重置费最小化问题,即在未来多个生产时间段内,产品需求变化较大时能够方便、快速地调整现有布局。在设备选择上,尽量选择小型设备,每一种设备下面安装一些滑轮,方便其移动;在现场设计上,采取开放式设计,减少隔断等封闭手段,提升空间变化柔性,提高持续改善性能。

2. 精益布局设计的基本方法

1) 基本流程

精益布局设计基本方法是在美国工厂布置专家缪瑟的系统布置设计(SLP)方法基础上,根据精益布局设计从源头消除浪费的核心思想,进行适当修正而形成的改进方法,与 20 世纪 90 年代由威廉·温拿等提出的战略型布局设计(strategic facilities planning,SFP)的步骤基本一致。主要包括如下内容:

(1) 精益价值流分析。根据精益原则,对整个制造系统的制造过程及工艺流程进行价值流分析与优化,对企业业务流程和各类产品工艺过程进行重组。

(2) 产品归类分析。对制造系统内的产品进行 P-Q 图分析。首先,对各种产品、材料或者有关生产项目分组归类;再统计或计算每一组或每一类的产品数量。一般产量的计算单位是件数、重量或体积等。P-Q 图分析是划分作业单位的基础,如图 3-18 所示。

(3) 确定各产品类型及布局基本流动形式。根据各类产品的需求特征,确定其设施

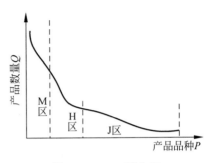

图 3-18 P-Q 图分析

布局基本流动形式。如图 3-18 中,M 区的产品需求量大、品种少,适用于大量生产类型,设备可以产品为导向单独设置一个流水线布局;而 J 区的产品数量少、品种多,适合按工艺原则布局或将相似工艺流程的产品归为一条生产线的 U 形布局;

H 区的产品品种中等、需求量中等,可根据其工艺流程进行混合布局或 U 形单元化布局等。

(4) 建立精益设计与布局数学模型并计算。①根据精益设计与布局原则,明确各目标以及权重,建立其多目标函数模型;②根据制造系统现有条件及精益生产的要求构建其约束模型;③合理选择计算方法,设定各类智能计算过程的原理与优选路径选择依据;④结果计算,在这一步,如果问题复杂性较低,也可采用 SLP 方法中的作业单位相互关系分析法进行分析,最终获得各作业单位之间的位置关系。

(5) 计算结果分析与规划方案的提出。通过智能算法可以得到最优解或近似最优解。所计算的结果,因一些客观因素的影响无法直接套用,可按照现场实际条件或一些定性因素,进行方案调整,最终提出规划方案。一般根据智能计算方法可计算出几个相对较优的方案,最终再进行试规划,并仿真选择最优方案。

(6) 布局方案实施仿真与评价选择。最终,对所有选择的精益布局设计方案进行仿真,评价各方案的可行性和优劣性,选择最优的方案。其中,评价指标体系的构建和评价方法的选择仍然很重要,在后面的章节中有专门讨论。

2) 基本要素分析

精益布局设计的基本要素是完成制造系统精益布局设计所必须掌握的数据和资料,主要包括产品类型、产品需求量、生产工艺流程、辅助部门、生产时间安排、生产所需设备、空间结构特征等。将这些数据资料作为车间布置设计的基本要素,通过对这些要素进行分析,获得不同设施之间的相互关系。

(1) 产品类型。产品类型是在制造系统内所生产的产品的种类,一般是由制造系统内生产纲领或生产计划来给定的。产品类型一定是根据顾客需求所确定的,甚至有时根据顾客需求特征,对系统内所需生产的零部件进行临时调整。

(2) 产品需求量。各类产品的需求量决定生产该产品所需设施的负荷、设施之间的物料搬运量、搬运成本等,一定程度上决定精益生产的生产节拍。

(3) 生产工艺流程。生产工艺流程决定物料在制造系统内的流动方向和路径。很多传统制造企业的生产工艺流程是在产品设计阶段就已确定的,将其视作已知条件,但很多传统制造业中的工艺流程本身就存在浪费,因此在精益布局设计中,将其通过价值流分析进行优化后再分析。

(4) 辅助部门。辅助部门是公用、辅助、服务部门,包括工位器具、维修保全、动力系统、收发物流、办公室、卫生间、卫生站、更衣室等,由有关设计人员提出。这些部门是生产的支持系统,在某种意义上加强了生产能力,是保证生产系统有序运转的重要保障,必须予以足够重视。

(5) 生产时间安排。精益企业中,将根据产品交货时间和产品需求量决定产品生产节拍,将产品在恰当的时间,以恰当的数量送达顾客,大幅度降低制造系统内部的等待、库存等不必要浪费。

（6）生产所需设备。设备选择上与传统工厂的"大而全"理念完全不同，在精益设计理念下提出了"小而专"性能的要求，同时，通过在设备下面安装各种方便移动的脚轮等措施来降低设施重置成本，提高重置速度，方便持续改善。

（7）空间结构特征。每个制造系统构建都是在一定空间内进行。空间大小、形状特征等在一定程度上影响其内部空间组织设计结果和运作效率。

收集资料和数据时需要综合思考以下几个问题：

（1）制造系统生产什么样的产品？需要什么样的设备？（what?）

（2）这些产品的生产工艺过程或价值流过程如何？（how?）

（3）制造系统内包含哪些活动单元？如何配置？（which?）

（4）各生产设施之间物流关系与非物流关系如何？（how?）

（5）每个设施所需空间多大？形状如何？（how?）

（6）生产设施应该如何布局？（where?）

（7）需要在什么时间、用多长时间将这些产品生产出来？（when?）

在此基础上归纳出精益布局设计的基本要素，保证收集的数据能够满足精益布局的要求。

3）生产工艺过程精益化

生产工艺过程是精益布局设计的重要依据。生产工艺过程不合理，布局设计必将不合理。因此，基于价值流动视角对整个生产工艺过程进行优化，是精益布局设计的基础。目前，对产品生产工艺过程分析的有效工具为价值流图分析技术。

（1）应用价值流图进行工艺过程分析的基本过程

价值流图分析技术基于顾客价值理论，将生产过程分为能确切创造价值的活动、不创造价值但现有技术和生产条件下不可避免的活动、不创造价值且可立即去掉的活动等3种活动。其中，创造的价值代表顾客所需要而且愿意支付的产品部分，因此价值流分析是通过消除第三类活动，尽量减少第二类活动来对生产工艺流程进行不断改善。多年的实践经验表明，生产工艺过程精益化中，价值流图的绘制和调整是核心内容和设计基础。

（2）价值流图分析技术应用举例

某制造企业TC装配生产线专门负责客户的CD345车型和CD340车型的装配工作。该装配生产线目前有4个工位，前3个工位进行装配，最后一个工位进行终检和包装，各工位之间采用直线布局，每个工位前放置其所需零部件，投料员每隔2h巡线投料一次，两个工位间均有垃圾箱间隔，用来投放工作过程中所产生的废弃物，成品投放于右侧成品料架车上。根据企业实际运作情况，所测得的数据绘制出其价值流现状图，如图3-19所示。

对所绘制出的价值流现状图进行分析可发现以下问题：存在多余工序，布局不紧凑，搬运和等待时间浪费，成品料架和零部件料架均需要改善。提出相应改进策略如下。

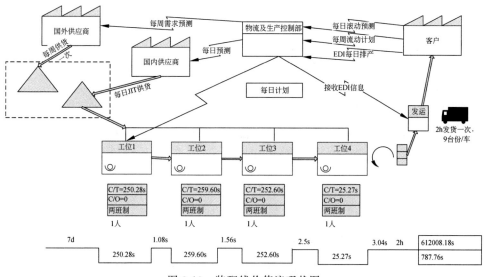

图 3-19 装配线价值流现状图

① 取消工位 4，将工位 3 的自检改为中检，并取消包装；
② 将物料架改为流利式料架，方便拿取；
③ 将垃圾箱放置于工位前，零部件料架下侧，缩短工位间距离。

对 TC 装配生产线的现状进行分析并提出改进策略后，对现有生产线进行了微调，并绘制出其未来的价值流图，如图 3-20 所示。

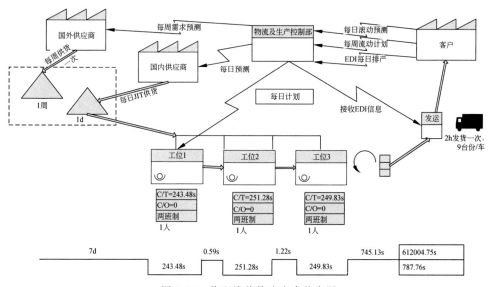

图 3-20 装配线价值流未来状态图

4）空间组织关系分析

在生产工艺过程精益化之后，下一步就是开展面向精益布局的空间组织关系分析，以明确离散制造系统内各设施之间的相互关系，它是精益布局设计的基础。常用的技术和工具包括 P-Q 图分析、产品-设备关联矩阵和空间关系图等。

（1）P-Q 图分析

在 P-Q 图中，P 代表产品品种，Q 代表产品数量，通过绘制 P-Q 图可以了解到制造系统内哪些产品需求量较大，哪些产品需求量较小，从而确定重要产品和次要产品等，以便采取不同的管理策略。对一些需求量大而需求频繁的产品设置专用生产线，其他产品设置为共线或混流生产线，如图 3-21 所示。

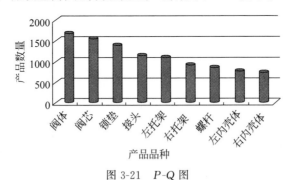

图 3-21　P-Q 图

（2）产品-设备关联矩阵

产品-设备关联矩阵也称产品矩阵图，是分析小批量、多品种需求特性产品的有效工具之一。当制造系统内所需生产的产品种类多时，产品分组、设备单元划分常采用产品-设备关联矩阵，如表 3-2 和表 3-3 所示。表 3-2 中的数字代表不同产品生产时在设备上所需操作的时间，通过分析表中数据可明显了解各产品与制造系统内设备之间的关系和各设备负荷；而从表 3-3 中基本可以了解到各产品工艺流程与各设备之间的关联秩序，这是精益布局设计之前所必须了解和掌握的内容。

表 3-2　产品-设备关联矩阵（示例一）

设备	产品					
	阀体	阀芯	锁垫	接头	左内壳体	右托架
立式车床					1	
钳工台	1	1	2	2	2	2
龙门铣床					2	
卧式镗铣床					2	
摇臂钻床			1	2	1	2
立式钻床	1	2				
普通车床	3	3				
外圆磨床		1				

续表

设备	产品					
	阀体	阀芯	锁垫	接头	左内壳体	右托架
卧式镗床						2
立式铣床			2	4		1
检验台	1	1	1	1	1	1

表 3-3 产品-设备关联矩阵（示例二）

设备	产品					
	阀体	阀芯	锁垫	接头	左内壳体	右托架
立式车床					2	
钳工台	4	5	2	2、4	1、3、6	1、5
龙门铣床					4	
卧式镗铣床					5、7	
摇臂钻床			3	3	8	2
立式钻床	2	4				
普通车床	1、3	1、3				
外圆磨床		2				
卧式镗床						3
立式铣床			1	1		4
检验台	5	6	4		9	6

（3）空间关系图

空间关系图，也称物流连线图或物流图，是一种在原有工艺流程图的基础上，通过不同线条的连接把所有生产产品的工艺流程与实际物料搬运路线用图形表达出来的方式。空间关系图可直观表达各工序之间的物料流动量及距离，因其表达直观、应用简单等优势，成为制造系统内最有效的空间布局关系分析工具。空间关系图中一般将作业单位用一些简单的几何图形如圆、三角形、矩形等表示，将各作业单位之间的物流关系根据其物流量强度等级，用宽线或窄线表示，在线旁标注物流量、物流起止点、流向等内容，如图 3-22 所示。

空间关系图一般适用于描绘某个作业或物料的物理流动过程，识别非增值活动过程等各类精益性分析与改善活动。在对初步规划方案的优劣性进行粗略分析时也会采用更简单的面条图，如图 3-23 所示。

精益布局设计中，遵循"量距积最短"的原则，将空间关系图中的物流关系较密切的两个设施布置在较近位置，实现总的物料搬运距离最短。如果物流关系较密切的两个设施放置的位置较远，则认为该布局方案不是最优，应重点调整这两个设施的位置，对现有布局进行改善。

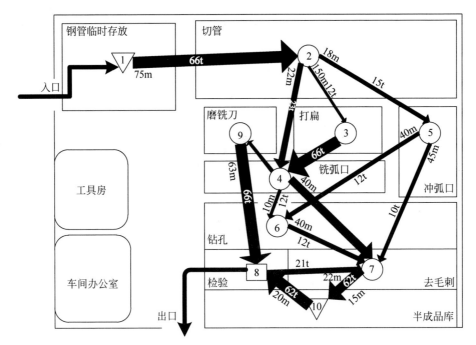

图 3-22 空间关系图示例

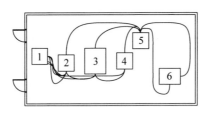

图 3-23 面条图

3. 面向动态调整需求的持续改善型布局设计

离散制造系统中的设备移动、搬运成本较大,每次的重新布局需要终止生产来进行,从而导致停滞生产和重构等诸多浪费。因此,在初步设计中重点考虑的一个问题是持续改善性。持续改善型布局设计的重点在于方便进行调整或适应不同市场需求,尽量在不同需求下都能实现较优的布局状态。下面讨论在不断变化的需求环境下的设施布局方法:动态布局设计和鲁棒性布局设计。

1) 动态布局设计

动态布局问题(dynamic layout problem,DLP)是指车间设备根据每个时间段产品的生产需要进行动态调整来增加柔性。在制造系统内,任何设施位置的调整和重置都是昂贵和具有破坏性的,尤其当需要停止生产来进行调整时。但随着需求的不断变化,总会使制造系统现有布局产生巨大的物料搬运成本,影响生产效率。此时,必须对现有布局进行重置。动态布局中,很多学者主要以设备重置费最小化为目标函数进行设计,即在未来多个生产时间段产品需求不同时,通过合理的动态布局,使物料搬运成本和重新布局费用最小。设备重置费用是指当生产设备从现有位置移动到下一个目标位置时所产生的费用,一般表示为:

$$C_{cz} = \sum_{t=1}^{T}\sum_{i=1}^{M}\sum_{j=1}^{M} f_{ijt} c_{ijt} d_{ijt} + \sum_{t=2}^{T}\sum_{n=1}^{M}(R_n d_{nt}^a \chi_{nt} + R_n d_{nt}^b \beta_{nt} + R_n d_{nt}^c \eta_{nt}) \quad (3\text{-}1)$$

其中,C_{cz} 为设备重置总费用,c_{ijt} 为 t 阶段设备 i 与设备 j 之间单位距离物料搬运成本,d_{ijt} 为 t 阶段设备 i 与设备 j 之间物料搬运距离,R_n 为设备 n 单位距离重置费用,d_{nt}^a 为设备 n 从 $t-1$ 阶段到 t 阶段重置过程中的从现有位置移动到目标位置的距离,d_{nt}^b 为设备 n 从 $t-1$ 阶段到 t 阶段重置过程中的从现有位置移动到暂存区的距离,d_{nt}^c 为设备 n 从 $t-1$ 阶段到 t 阶段重置过程中的从暂存区到目标位置的距离,χ_{nt}、β_{nt}、η_{nt} 为 0,1 函数,当设备 n 从 $t-1$ 阶段到 t 阶段重置过程中直接从现有位置移动到目标位置时 χ_{nt} 取值为 1,从现有位置移动到暂存区时 β_{nt} 取值为 1,从暂存区移动到目标位置时 η_{nt} 取值为 1,否则取值为 0。

动态布局方法一般适用于制造系统内所生产的产品生命周期较短,所需生产设备规格小、方便移动的情况。

2) 鲁棒性布局设计

动态布局需要中断生产进行设备重置,可能造成无法按时交货,降低顾客满意度等无形损失。因此,很多企业希望现有布局能适应不同的市场需求,减少或避免经常性重置的动态布局。因此,Rosenblatt 首次提出鲁棒性布局的概念,指出布局的鲁棒性是车间应对生产变化时仍能保持良好性能的能力。鲁棒性布局在某个生产阶段不是最优的布局形式,但在生产的整个周期内可能是较优的方案。它可以在随机而动态的需求环境下,提高制造系统布局性能的稳定性和适应性。Kouvelis 和 Yu 提出了鲁棒性优化方法和三种鲁棒优化指标:绝对鲁棒指标、偏差鲁棒指标和相对偏差鲁棒指标。根据 Rosenblatt 的理论,鲁棒性布局的衡量指标为物料搬运成本、面积费用最小化和鲁棒性控制系数(robust control coefficients,RCC),RCC_t 必须满足不大于给定的鲁棒性约束值 λ,即:

$$\text{RCC}_t \leqslant \lambda \quad (3\text{-}2)$$

式中,$\text{RCC}_t = \dfrac{C_t - C_t^{opt}}{C_t^{opt}}$ 为 t 阶段鲁棒性控制系数,C_t 为制造系统内部所求布局下在 t 阶段的物料搬运成本,C_t^{opt} 为 t 阶段制造系统内部最优物料搬运费用。一般鲁棒性约束值 λ 越小,所求布局方式下 t 阶段的物料搬运成本 C_t 越接近于最优物料搬运费用 C_t^{opt},即 $C_t - C_t^{opt}$ 越小。一般 λ 的取值控制在 0.15 以内,如果 $\lambda = 0.15$ 仍得不到可行解,认为此制造系统内各设施之间的物料搬运量在不同阶段内的变化过大,不适合采用鲁棒性布局。

鲁棒性布局较适合于制造系统内生产产品种类变换较稳定,所需设备为中型或大型的情况。

4. 柔性化物流动线设计

1）物流动线设计概述

精益设计与布局,除设施间位置的确定以外,物流动线的设计也是一项重要工作。物流动线设计受到设备数量、车间可利用面积、出入口位置、生产工序相似度、物料传输系统等多因素的影响。同时,也受产品生产组织模式、产品特点、人员组织形式等加工过程和产品特点相关因素的影响。目前,在制造系统中应用较普遍的物流动线形式有：I型、L型、U型、环型、S型和W型等。U型流水线由于在消除浪费上潜力巨大,已经成为精益生产动线设计的主要方法之一。

除U型布局外,单元化布局也是制造系统布局柔性化的另一个重要手段。恰当的单元化布局可以更好地权衡柔性和效率,改变传统生产中的"不成熟产业"现象,使浪费最小。单元化布局,由于消除了很多无效活动,如等待时间、瓶颈、传送和在制品等,有助于达到精益制造的目标,是实现精益生产的重要硬件支撑。

2）U型布局精益设计关键问题及模型

在U型布局设计问题中包含了两大内容,即U型设施布局设计与工作站任务分配。从精益的消除浪费的核心理念角度分析可知,在U型布局精益设计中的关键问题为：

（1）以物料搬运成本和面积占用最小化目标来体现其经济性。因布局问题导致的最大浪费是物料搬运距离过长导致的行走浪费,通过将物料搬运成本最小化作为布局优化目标来减少行走浪费。占用面积大小对物料搬运距离也有一定的影响,减小占用面积可减小物料搬运距离,同时可以减少制造系统投建成本,更好地实现其经济性。

（2）通过工作站之间的负荷均衡化来减少生产中的等待浪费。每个工作站内的多个设备由一个或少数几个工人来操作,通过各工作站间的负荷均衡化可以保证不同工作站的工作强度相差不大,零部件在不同工作站之间流动更加顺畅,减少不必要的等待浪费。

（3）以生产节拍来拉动生产,减少在制品库存和过剩生产导致的各类浪费。生产节拍是通过顾客需求信息转换获得的。

（4）以鲁棒性布局来减少因需求变化带来的物料搬运路线改变导致的行走浪费和频繁重置造成的停滞浪费。随着产品生命周期的缩短,市场需求变化较迅速,从而容易造成现有设施布局下的物料搬运距离改变,成本增加,但每次的重新布局,都需要暂停整个生产线的生产活动,这会导致一定的停滞浪费。那么在不断变化的市场需求环境下频繁地进行动态调整,停滞浪费会不断积累。因此,为了避免过多的停滞浪费,可通过鲁棒性布局提高生产线布局的适应性能,实现"以不变应万变",达到整体最优、总成本最低的目标。

（5）以"工作站数量最少"的布局原则,来提高操作人员和设备利用率。在精益设计理念下,U 型布局的工作站分配中,所要考虑的另一个重要问题是生产线的效率尽量最高,达到物尽其用,在受到生产节拍约束的条件下,工作站数量的减少可提高操作人员的利用率,减少人员浪费。

精益设计理念下 U 型布局的一般性数学规划模型为:

$$\min Z = \alpha \cdot \lg Z_{1n} + \beta \cdot \lg Z_{2n} + \gamma \cdot \lg Z_{3n} + \delta \cdot \lg Z_{4n} \quad (3\text{-}3)$$

$$\begin{cases} \min Z_{1n} = \sum_{i=1}^{M}\sum_{j=1}^{M}\sum_{p=1}^{P}\sum_{k=2}^{K} C_{ij} d_{ij} D_p X_{pki} X_{p(k-1)j} \\ \min Z_{2n} = (x_b - x_a) \times (y_b - y_a) \\ \min Z_{3n} = \sum_{s=1}^{S}(TT_s - T_{tak})^2 \\ \min Z_{4n} = S \end{cases} \quad (3\text{-}4)$$

$$\text{s.t.} \begin{cases} x_b - x_a \leqslant LL \\ y_b - y_a \leqslant WW \\ TT_s \leqslant T_{tak}, \quad s=1,2,\cdots,S \\ \sum_{i=1}^{M} X_{pki} = 1, \quad p=1,2,\cdots,P; k=1,2,\cdots,K \\ \sum_{k=1}^{K} X_{pki} = 1, \quad p=1,2,\cdots,P; i=1,2,\cdots,M \\ \sum_{s=1}^{S} Y_{si} = 1, \quad i=1,2,\cdots,M \\ X_{pki}, Y_{si} \text{ 为 } 0 \text{ 或 } 1 \end{cases} \quad (3\text{-}5)$$

式中,

$$T_i = \sum_{p=1}^{P}\sum_{k=1}^{K}\sum_{i=1}^{M} X_{pki} t_{pk} + \sum_{p=1}^{P}\sum_{k=2}^{K}\sum_{i=1}^{M}\sum_{j=1}^{M} X_{pki} X_{p(k-1)j} \frac{d_{ij}}{v} \quad (3\text{-}6)$$

$$TT_s = \sum_{i=1}^{M} Y_{si} T_i, \quad s=1,2,\cdots,S \quad (3\text{-}7)$$

$$T_{tak} = T / \sum_{p=1}^{P} D_p \quad (3\text{-}8)$$

式(3-3)为线性加权综合的总优化目标,考虑到各子目标函数的量纲不同,根据文献中的对数统一法对目标量纲进行统一,α、β、γ、δ 分别为各子目标权重,离散制造系统内布局问题中物料搬运成本和等待时间是最先考虑的两个问题,因此一般 $\alpha \geqslant \gamma > \beta \geqslant \delta$,满足条件 $\alpha + \beta + \gamma + \delta = 1$。式(3-4)中的各子公式分别表示物料搬运成本最小、占用面积最小、工作站间负荷均衡性最大和工作站数目最小等 4 个优化目标,其中假设单件流生产,在搬运成本计算公式中搬运次数等于产品需求量 D_p。式(3-5)、式(3-6)、式(3-7)分别为设施 i 上生产所有产品所需时间、工作站 s 负荷时间和节拍时间的计算公式。式(3-8)中约束公式从上至下分别表示给定空间约束、生产节拍约束、工作站内分配到的设施负荷总和小于节拍时间和变量取值范围约束。

3) 单元化布局及模型分析

在制造系统内,很多零部件加工过程具有一定相似性,将这些相似零部件组成一个零件簇,与生产这个零件簇相关性较大的设备放置于同一个单元内,使制造单元内物料搬运成本最小,即为单元化布局。单元化布局能够结合独立车间工作方式的灵活性和流水线方式的高效率,以近似刚性流水线的费用生产多品种、小批量的产品,是现代大规模定制型柔性制造系统的主要布局形式。为了避免工人工作的单调与无聊,将制造系统分解成多个生产单元,让工人循环工作于一单元中多个工作站或所有工作站。单元化布局示意图如图3-24所示。

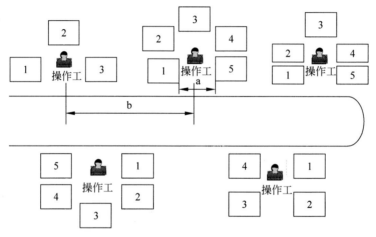

图 3-24　U 型单元化布局示意图

单元化布局包含三大内容：制造单元的构建、制造单元间布局和单元内布局等。

(1) 以单元间负荷均衡化的原则构建单元,减少生产中的等待浪费。单元制造系统内,一个产品加工过程中的等待时间取决于不同单元间的负荷均衡性,单元间负荷均衡可减少零部件从一个单元向另一个单元流动中的等待时间,缩短产品生产周期,达到精益目标。

(2) 以设备-零件关联性最大化原则构建单元,实现一个产品在一个单元内生产,也将其视为成组效率最大化(例外元素最少化)方法。所谓例外元素(exceptional element)是指单元构建时形成的零件-设备关联矩阵中对角块以外的元素,如图 3-25 所示。例外元素的存在会增加单元间物料搬运成本,从而增加产品生产成本,延长生产周期,在单元构建中必须予以考虑。

	p1	p2	p3	p4	p5	p6
m1	1	1				
m2	1	1				1
m3			1	1		
m4			1	1	1	
m5			1			
m6		1			1	1
m7					1	1

图 3-25　例外元素示意图

（3）单元内和单元间采用 U 型布局，减少物料搬运导致的行走浪费。相较于随机布局，U 型布局中每个单元的出入口在同一端，面向 U 型主通道，这样单元内设备围绕加工人员布置，物料不需搬运，直接从上一道工序进入下一道工序直到运出单元，因此，可以假设 U 型布局中仅有单元间物料搬运成本。

（4）以单元间物料搬运成本最小化、所占用面积最小化来体现其经济性。单元布局会产生单元内和单元间物料搬运成本。在精益理念下，倡导单元内和单元外均采取 U 型设备布局匹配加工人员布置，操作员工不需走动，只是转动站立方向即可，因此对单元内物料搬运距离忽略不计。

（5）以生产节拍拉动生产，减少在制品库存浪费和过剩生产导致的浪费。在单元制造系统内生产多品种小批量产品，每个单元规模较小，一般设置 2～6 个设备，并假设由一位工人生产。

（6）动态需求下的单元化布局，以鲁棒性约束来减少需求变化下物料搬运路线改变带来的行走浪费和频繁重置的停滞浪费。单元制造系统内鲁棒性布局约束仍沿用公式(3-2)。

因此，单元化布局精益设计的数学规划模型为：

$$\min Z = \alpha \cdot \lg Z_{1c} + \beta \cdot \lg Z_{2c} + \gamma \cdot \lg Z_{3c} \tag{3-9}$$

$$\begin{cases} \min Z_{3c} = \sum_{p=1}^{P} \sum_{k=1}^{K} \sum_{i=1}^{M} \sum_{j=1}^{M} \sum_{c=1}^{C} \sum_{c'=1}^{C} C_{cc'} d_{cc'} D_p X_{pki} X_{pkj} X_{ic} X_{jc'} \\ \min Z_{1c} = \sum_{c=1}^{C} \sum_{c'=1}^{C} \left(\sum_{i=1}^{M} T_i \cdot X_{ic} - \sum_{j=1}^{M} T_j \cdot X_{jc'} \right)^2 \\ \min Z_{3c} = GE = \dfrac{EE}{MP - \sum_{c=1}^{C} M_c N_c} \end{cases} \tag{3-10}$$

$$\text{s.t.} \begin{cases} \sum_{i=1}^{c_m} T_{ci} \leqslant T_{tak}, \quad c = 1, 2, \cdots, C \\ \left(y_{c\max} - \dfrac{1}{2} w_{c\max}\right) - \left(y_{c\min} + \dfrac{1}{2} w_{c\min}\right) \leqslant WW \\ \left(x_{c\max} - \dfrac{1}{2} l_{c\max}\right) - \left(x_{c\min} + \dfrac{1}{2} l_{c\min}\right) \leqslant LL \\ \sum_{c=1}^{C} X_{ic} = 1 \\ \sum_{k=1}^{K} X_{pki} = 1, \quad p = 1, 2, \cdots, P; \ i = 1, 2, \cdots, M \\ \sum_{i=1}^{M} X_{pki} = 1, \quad p = 1, 2, \cdots, P; \ i = 1, 2, \cdots, M \\ X_{ic}, X_{pki} \text{ 为 0 或 1} \end{cases} \tag{3-11}$$

式中，$C_{cc'}$ 为单元 c 和 c' 间的单位距离单位物料搬运成本；$d_{cc'}$ 为单元 c 和 c' 间的距离；X_{pki} 为 0,1 函数，当 p 产品第 k 道工序在设备 i 上生产时值为 1，否则为 0；X_{ic} 为 0,1 函数，当第 i 设备被分配到单元 c 时值为 1，否则为 0；EE 代表例对角块以外元素之和；M 为设备数量；P 为零部件数量；M_c 为单元 c 的设备数量；N_c 为单元 c 内的零件数量；T_i 为设备 i 的负荷；X_{ic} 为 0,1 函数，当设备 i 被分配给单元 c 时值为 1，否则为 0；C 为单元数量；c_m 为第 c 个制造单元所包含的设备数量；T_{ci} 为单元 c 中的第 i 个设备总生产时间。式(3-9)为线性加权综合的总优化目标，与 U 型布局类似，α、β、γ 分别为各子目标权重，一般 $\gamma \geqslant \alpha > \beta$，满足条件 $\alpha + \beta + \gamma = 1$。式(3-10)分别表示物料搬运成本最小、单元之间负荷均衡性最大和成组效率最高 3 个优化目标。式(3-10)从上到下为单元节拍约束、空间约束和变量取值范围约束。式(3-11)中，WW 为厂房宽度，LL 为厂房长度。

3.2.6 精益系统设计方案评价

精益布局设计方案直接影响系统成本和效率等重要性能，应根据系统复杂程度、关键绩效指标特性，选择不同方法进行科学评价与选择。目前的评价方法中，如果该系统方案选择物流量为主要衡量依据，可选物流简图分析评价法、流量距离坐标图评价法等简便的定量方法；而当系统布局中所考虑的因素较复杂、多样时，可选择综合评价方法。

1. 物流简图分析评价法

物流简图分析评价法，是将所提出的设施布局方案绘制到平面图上，并将各设施间的物料搬运方向、距离和量直观表示出来的一种方法。物流简图分析评价法的分析依据是物流量大或关系较紧密的设施应该相邻配置，物流量较小的设施应配置得相对较远。如图 3-26 所示，设施 1 和设施 2、设施 8 和设施 9 之间的物流量较大，但是空间距离设置较远，因此，可认为这个方案有不妥之处，需要对其进行改进或选择其他更优方案。物流简图分析评价法是一种相对简单、直观的方法，在设施数量较少、物流作为关键因素时较适用。

2. 流量距离坐标图评价法

流量距离坐标图评价法，是设施间距离和物流量分别作为横轴、纵轴，将所涉及的所有设施之间的空间关系标号，并按其物流量和距离分别标注在坐标图上的一种方法，见图 3-27。

在此坐标图中，仍然遵循物流量大的应距离小，物流量小的距离可以适当远一些的原则，在图中灰色区域的关系越多、白色区域的关系越少，该方案的优势越明显，如图 3-27 中的图(b)就相比图(a)更优。流量距离坐标图评价法，相比物流简图还要简单、直观，而且设施内空间关系特别多时，评价更加便捷。

3. 综合评价方法

当考虑的因素较多，相互间有影响时，需要采用一些模糊综合的数量分析方法

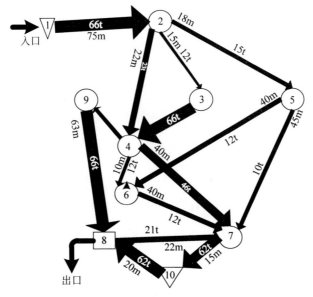

图 3-26 物流简图示意图

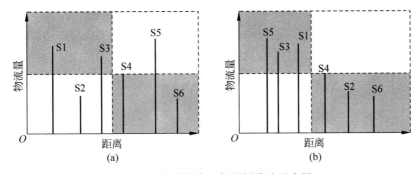

图 3-27 流量距离坐标图评价法示意图

进行整体方案的评价。

1) 精益设计方案评价的指标体系

确定评价指标体系有多种方法。根据前面的精益布局设计的功能性特点,本书提出一种基于平衡记分卡的指标体系确定方法。由于制造系统精益设计的共同愿景为从源头消除浪费,具体目标为恰当地满足顾客需求,消除生产过程中的浪费,方便持续改善。因此,基于平衡记分卡方法,从股东视角、顾客视角、生产/运作视角、持续改善视角和可持续发展视角 5 个方面构建精益布局设计方案的评价指标,如图 3-28 所示。

2) 评价指标权重的确定

评价指标权重的科学判定是制造系统精益布局设计方案评价中的一个重要组成部分。根据评价指标权重的确定方法,一般将其划分为主观判定法、客观判定法、主

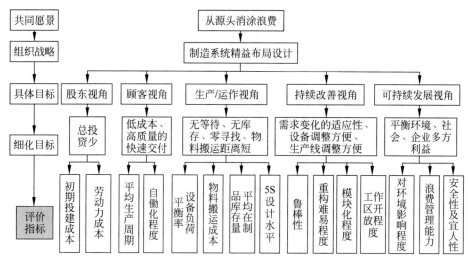

图 3-28 制造系统精益布局设计评价指标体系

客观综合判定方法等 3 种类型。其中，主观判定法主要有德尔菲法、逐对比较法、层次分析法、模糊综合评价法、多属性决策法等。主观判定法应用简便，在实践中应用较为广泛，但受到判定专家的主观经验影响较大，缺乏客观性和准确性。相比较而言，客观判定法数据来源于实际，判定结果具有较强的客观性，但没有考虑到决策者的主观意愿且计算繁琐。常用的客观判定法有熵权法、主成分分析法、关联函数法等。针对主观判定法和客观判定法的优缺点，学者们也提出了主客观综合判定方法，如组合权重判定法（AHP-熵权法）、多属性决策组合赋权法。本例中将 AHP-熵权法作为权重计算方法，获得各指标因素的权重关系，如表 3-4 所示。

表 3-4 各评价指标权重计算结果

序 号	评价指标	权 重	序 号	评价指标	权 重
1	初期投建成本	0.0529	9	鲁棒性	0.1185
2	劳动力成本	0.0321	10	重构难易程度	0.0524
3	平均生产周期	0.0699	11	模块化程度	0.0814
4	自働化程度	0.0424	12	工作区开放程度	0.0409
5	设备负荷平衡率	0.1206	13	对环境影响程度	0.0213 0.0268
6	物料搬运成本	0.1754	14	浪费管理能力	0.0451
7	平均在制品库存量	0.0888	15	安全性及宜人性	0.0273
8	5S 设计水平	0.0326			

3）各方案评价指标参数确定

将 3 个方案的布局分别绘制到图纸上，发给 10 位专家进行评价。根据专家评价情况确定各指标隶属度，并采用中位数方法对评语级进行量化处理，相应值分别为 $V=\{93,83,68,30\}$，分别代表优、良、中、差 4 个等级。最终所获得的数据如

表 3-5 所示。

表 3-5 各方案各评价指标参数

序号	评价指标	F1	F2	F3	序号	评价指标	F1	F2	F3
1	初期投建成本	75.23	89.44	80.92	9	鲁棒性	50.5	86.3	87.8
2	劳动力成本	12	3	3	10	重构难易程度	52.8	85.1	88.4
3	平均生产周期	24.35	13.35	14.69	11	模块化程度	50	73.7	76.4
4	自働化程度	87.6	90.2	91.4	12	工作区开放程度	88.7	92.6	92.6
5	设备负荷平衡率	96.63	16.54	48.21	13	对环境影响程度	85.6	72.3	72.3
6	物料搬运成本	37890	25790	25978	14	浪费管理能力	75.2	89.3	89.6
7	平均在制品库存量	10.98	2.55	1.59	15	安全性及宜人性	74.6	86.3	88.2
8	5S 设计水平	45.2	91.4	91.4					

4) 方案选择

根据 TOPSIS 方法计算出 3 个方案与正负理想解间的距离和贴近度,结果见表 3-6。根据以上计算结果最终确定出各方案的优劣排序:方案 2＞方案 3＞方案 1。方案 2 的贴近度最高,因此选择方案 2 来进行投资。

表 3-6 各方案与正负理想解间的距离和贴近度

	方案 1	方案 2	方案 3
d_i^+	3.2629	0.8285	1.1454
d_i^-	0.8076	3.3850	3.4181
贴近度 C_i	0.1984	0.8034	0.7490

3.2.7 某冷轧薄板厂新工厂精益设计实例

现以一家冷轧薄板厂为例进行仿真分析。该厂的主要产品的工艺过程包括酸洗、冷轧、脱脂、退火等,其基本布局的示意图如图 3-29 所示。

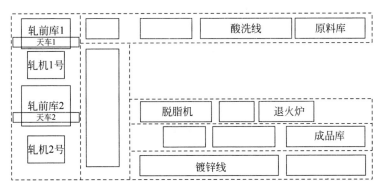

图 3-29 设施布置示意图

开展建模和仿真分析如下。

1. 数据收集

① 企业文档：工艺流程、设施布置图、工作方法、机组、运输工具和其他设备资料。

② 时间研究：类似企业现场调研和时间研究。

③ 现场调研：与企业部门经理、工程师、操作人员、维修人员进行交流，获得生产计划和市场预测、路线图、工作方法和修理步骤等信息。

④ 比较研究：与公司内、行业内和其他行业的类似生产系统进行比较研究。

全生命周期仿真要求从系统设计开始建立模型，所以无法直接获得生产、销售、设备利用率等数据，这对新生产系统仿真来说十分困难，解决方案是从类似系统、历史资料中和对有经验的工程师和操作员进行调查来获得数据。这些数据将在生产系统建成投产后进行更新。

2. 模型建立

采用 Flexsim 3.0 软件进行仿真分析。模型建立的主要过程如下：

(1) 设备建模。该企业的仿真模型包括 50 多个机组或设备，运用 3D 软件对其进行建模，部分机组设备仿真模型如图 3-30 所示。

图 3-30 部分机组设备的 3D 模型
(a)可逆轧机；(b) 脱脂机

(2) 设施布置建模。设备建模之后，进行设施布置。该企业生产系统的仿真模型包含了 204 个实体，以及数百个实体之间的关系，如图 3-31 所示。

(3) 模型属性和参数设置。在模型中输入各个机组、设备和运输工具的属性和参数数据，使得仿真流程和实际工艺流程一致。

(4) 模型验证。包括表面效度验证、假设检验和数据验证 3 个步骤。由于生产系统尚未建成，故通过对仿真结果和有相同产能的 3 条已有生产线的月产量进行比较和数据验证，如表 3-7 所示，结果表明仿真模型能较好地代表原生产系统。

表 3-7 模型验证

产 品	真实系统	仿真模型	精 确 度
冷轧卷	25 000t	24 010t	96%
酸洗卷	25 000t	26 116t	95.5%
镀锌卷	25 000t	25 278t	98.8%

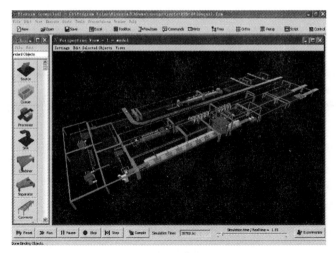

图 3-31 生产系统设施布置仿真模型

3. 价值流分析

由于冷轧行业的在制品占用资金大,长时间存放会影响产品质量,需要进行价值流分析,以改善流程,减少在制品。现以轧制车间为例进行分析,轧制车间的在制品增值过程如图 3-32 所示。

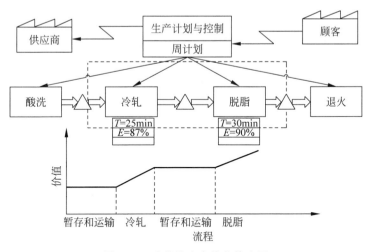

图 3-32 冷轧卷生产线价值流图

要减少非增值时间,一种方案是从流程上进行改进,即把推动式系统变成拉动式系统,另一种方案是减少运输和等待运输等非增值时间。以轧制车间的天车调度为例,原方案中天车 Z1 有 3 个任务:把酸洗卷从过跨车运至一号轧前库(任务1),从一号轧前库运往一号可逆轧机(任务 2),从一号轧前库运送至二号轧前库(任务 3)。天车 Z2 的任务是把酸洗卷由二号轧前库运至二号可逆轧机(任务 4)。在进行天车调度时,要综合考虑设备利用率和搬运时间等问题,因此提出两种改进方案。原方案及改进方案的仿真结果如表 3-8 所示,可见方案二显著增大了增值时间比例,并且没有影响冷轧设备的利用率,因此为推荐方案。

表 3-8 不同方案仿真结果比较

方　案		机组和天车利用率/%				增值时间比例/%	日增加价值/元
		Z1	Z2	M1	M2		
方案一	Z1：任务 1,任务 2,任务 3 Z2：任务 4	52.2	14.5	68.7	74.2	19	0
方案二	Z1：任务 1,任务 2 Z2：任务 3,任务 4	25.5	22.4	71	78	24	17 500
原方案	Z1：任务 1 Z2：任务 2,任务 3,任务 4	17	36.3	73	73	22	10 500

总之,精益设计方法很多,还在发展进化中,这里不一一列举。精益设计是精益制造与管理的第一个环节,在生产系统改造中都是非常重要的。随着制造业的发展,信息化、数字化、智能化的推进,精益设计会显得更为重要,其方法和技术也会进一步创新和发展。

3.3　精益制造与管理的技术体系

精益制造与管理技术体系是指实现精益制造的过程技术、方法和工具的集合和集成构造。这里,我们以经典的精益屋(丰田屋)体系架构为基础,分领域、分层级、分步骤,比较详细地解读精益制造体系的构造及其运行机制。

3.3.1　精益制造体系构造

虽然丰田汽车公司在迄今长达数十年的时间里顺利地实施丰田生产方式,但自身却没有把这一做法很好地理论化,即便丰田管理层很清楚自己在做什么和如何做。1979 年,大野耐一在《丰田生产方式》中较早介绍了 TPS 的思想、特征和基本构造。1987 年,日本筑波大学教授门田安弘出版了《丰田生产体系》,其中文版(繁体)在中国台湾出版,台积电创始人张忠谋为该书作序推荐。该书十分系统地阐述了 TPS 的构造,尤其是技术系统构造及其实现逻辑和具体方法。1990 年,James P. Womack、Daniel Jones 出版了《改变世界的机器》(*The Machine That Changed the World*：*The Story of Lean Production*),对丰田生产方式和大量生产方式做了比较分析,提出了工业中的工业转型概念,并进一步将丰田生产方式定名为精益生产(lean production)。1996 年,James Womack 的《精益思想》(*Lean Thinking*)出版,进一步提出了精益生产方式中的精益思想内容。2001 年,门田安弘出版《丰田生产方式的新发展》(也译为《新丰田生产方式》),在老版本内容基础上,增加了丰田如何开展计算机集成制造系统(CIMS)建设等新内容。之后,关于丰田生产方式或精益生产的相关著述越来越多。从内容比较分析,大部分出版物比较多地阐述了丰田生产方式的管理哲学和基本做法,如美国密歇根大学的Jeffery Liker所著的《丰田汽车案例——精益制造的14项管理原则》,而对TPS或精益制造方式中的技术系统阐述较为详细的则是门田安弘的《精益生产方式》。

由于丰田生产方式是一个动态发展的体系,以往的著述难以准确而抽象地概述最新TPS的具体构成。曾任丰田汽车公司总裁的张富士夫经过缜密思考和设计,提出了一个简单的表达方式——"丰田生产方式架构屋"(TPS house diagram),简称"精益屋"。这一结构日趋成为现代制造业中最广为人知的标志之一。

虽然后续研究中对"精益屋"的表述不尽相同,但其核心体系都是围绕"一大目标""两大支柱""一大基础"而展开的,如图3-33所示。目标是"精益屋"的屋顶,代表最高行动纲领;两大支柱即准时化(JIT)与自働化(Jidoka),是"精益屋"得以建立和存在的支撑;基础即"精益屋"得以发展的"地基",是遵照丰田管理模式指导的、由一套完整的技术体系构成的、不断循环进行的改进过程。四大要素在"精益屋"结构中缺一不可,而且密切关联、彼此强化。

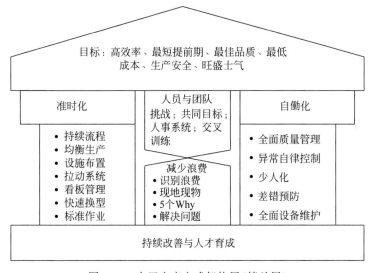

图3-33 丰田生产方式架构屋(精益屋)

可见,"精益屋"以一套先进理论作为引领,由一套技术要素及其活动构成了完整的价值运作体系,使目标层、支柱层、基础层之间形成了稳固的相互作用关系,并彼此强化,不断完善了精益管理的整体功能和构造。

"精益屋"的目标经常被表述为降低成本、提高利润或准时交货等。实际上,丰田方式遵循的是更多务实企业所关注的QCDSME[品质(quality)、成本(cost)、交货(delivery)、安全(safety)、士气(morale)、环境(environment)]。

"精益屋"的中心是"人",是人员及其活动将两大支柱联系在一起,并在稳定的

"地基"上实现组织的目标。

如果将精益屋架构做必要的展开,就可以较好呈现出精益生产的技术体系构造,图 3-34 较好地诠释了准时化与自働化两大支柱的基本构成、内在逻辑关系和技术方法的相互作用机制,科学表达了精益思想引领的价值增值路径。接下来,将分别解析精益生产体系构造及其内容之间的相互关系。

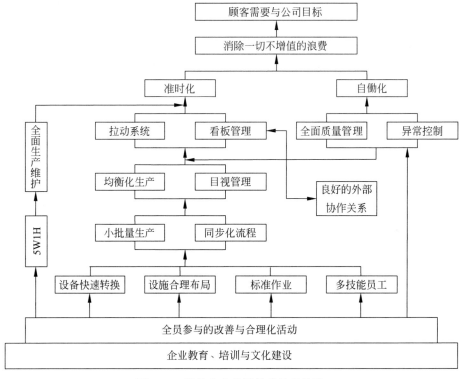

图 3-34 精益生产关键技术体系构造

3.3.2 目标管理

1. 追求零浪费

丰田汽车公司精心设计了卓越的经营发展战略目标,并且还将其目标变为深入人心贯彻到底的经营理念。丰田汽车公司的创始者一开始就确立了丰田人的使命:"通过汽车去献身社会,造福人类。让每个员工时刻不能忘记开发新技术,生产符合时代需要的汽车。"丰田汽车公司把"实现全公司整体性的利润"作为总体目标,这与现代企业向人民提供满足日益增长的需求的商品和服务,追求利润目标最大化是一致的。它符合当今经济增长需要的不断调整制度,创新产品,调整观念的思想。如前所述,精益制造模式获取利润尤其独特而深刻的做法,是通过识别并全面消除浪费的方式同步获取销售收入的增长和制造成本的下降,从而获得最大的利润空间。丰田的精益制造体系为此将彻底消除浪费作为隐性过程手段,将获取利润这一显性目标转化为消除具体浪费而实现"零浪费"的具体目标。

精益制造中,主要通过八个方面(S、Q、M、P、D、I、C、C)的基本做法来获取实现零浪费的能力,具体内容如下:

(1) "零"灾害(safety,即安全第一)。产品生产过程中,人员安全、物流安全、设备安全、信息安全、能源安全、环境安全是确保生产顺利进行的第一前提。零灾害意味着打造无工作风险、无人为事故、无不确定性的工作环境和工作过程,丰田打造的精益现场管理就是为此而做的探索和实践,如5S、目视化、定置化等都是全球制造现场的典范。

(2) "零"不良(quality,即高品质)。不良意味着缺陷、返工、高成本、长周期和客户不满意。值得注意的是,品质不良不是检验或检查出来的,而是设计或制造出来的,解决品质不良问题应将功夫放在提高设计和制造能力上,从源头上消除不良。比如差错预防、过程质量控制等是识别和消除不良的有效措施。

(3) "零"故障(maintenance,即提高运转率)。产品制造需要大量使用甚至依赖于设备、工装、工具等,消除机械设备和工装等的故障和停机,是不断提高生产效率的必由之路,通过建立故障预防和合理化维修手段来实现零故障,从而使设备的可动率达到100%。全面设备维护是精益制造中消除设备故障并保持设备良好运行状态的十分有效的方法。

(4) "零"转产工时(products,即多品种混流生产)。不断缩短加工工序生产衔接和品种切换时间,追求将转产时间降低为"零"或接近为"零",以获得不同产品之间最快的转换衔接,比如将数小时的冲压模具换型时间缩短到3分钟以内的分钟整备法就是极具启发性和现实性的效率管理举措。

(5) "零"停滞(delivery,即快速反应、短交期)。指被加工件或中间产品在工序和工艺间连续加工和流转,减少甚至完全消除其中间停滞时间,实现零停滞,从而最大限度地压缩前置时间(lead time),获得最短交货期。

(6) "零"库存(inventory,即消减库存)。将采购与生产准时化对接,将加工与装配相连接,实现物料、零件、部品顺序化、均衡化连续流转,消除在制品中间库存,将客户订单和市场需求预测转化为同步生产,实现按需交付,将产品库存降为零。准时化、拉动式生产是面向消除中间存货和加速流动而建立的系统方法。

(7) "零"费用损失(cost,即全面成本控制)。成本存在于上述六项之中,全面消除浪费,要在工艺布局、作业流程、工序标准、生产计划、设备维护、人员安排、物料搬运等方面采取措施,形成系统化的方法和固化措施,实现零浪费。

(8) "零"碳排放(carbon,即绿色制造)。生产节能环保产品,构建碳排放最低的制造系统,通过节能、降碳促进生态平衡。在精益制造既往的具体目标中,虽然并未确切描述零碳目标,但事实上丰田汽车公司是全球最早推行节能环保汽车和实施低碳生产的企业之一。

设计绿色环保产品是低碳经营的起点,第一次石油危机(1973年)后,丰田的小排量汽车快速进入欧美市场;1997年,丰田就发布了旗下的首款混动车型普锐斯(Prius),之后全系产品实现混动;2014年,丰田第一款氢燃料电池车Mirai正式上市。

彻底消除浪费的理念和做法在丰田汽车公司根深蒂固,减少甚至消除能耗、噪声、震动,减小场地面积,缩短生产线长度,多通过低能耗装置产生杠杆作用的卡拉库里(低成本自働化),建造绿色工厂等,都是丰田汽车公司的常态做法。TNGA理念下的新工厂的能耗水平较之竞争对手低10%以上。2021年,广汽丰田凭借在绿色生产和节能减排等方面的卓越表现,获评中国工业和信息化部发布的国家级"绿色工厂"称号。

2. 建立消除浪费的流程

通过面向八个"零"采取具体措施,不仅达成了精益制造的根本目标,还不断构建和完善了精益制造的技术体系。

从以上表述可以看出精益制造聚焦于极为具体和朴实的价值形成过程的基点,抓住了增值和盈利的本质环节。

精益的组织目标最终是通过组织的生产运作系统实现的,实现这一目标的核心前提是对价值流程的判断和建造,因而,可以运用价值的系统观来分析。

(1) 何谓价值(识别价值):价值即顾客在购买产品和服务时,对产品和服务的要求或认可程度——"我花了这么多钱,想要的是那样品质的产品和服务"。这就是"价值"的标准。

(2) 如何实现价值:组织首先要判断自身为顾客提供所要求的产品和服务的能力,辨识自身满足特定需求的能力和可能的获利水平。由此,组织应理性地认识到,提供此项产品和服务,核心是建立创造客户价值的工作流程。

(3) 现有价值流程水平如何:判断组织目前创造价值的流程是否能够满足顾客的需要并实现组织的目标——多品种、小批量、低价格、高品质……

(4) 什么样的价值流程能够满足要求:对原有流程的改进或重新设计往往不可避免,但什么样的流程才是理想的?识别流程中可增值与不增值的活动与环节,并努力消除不增值活动与环节,是首要的问题。

(5) 如何使价值流程更有效:高效的流程应当具有尽可能高的流速、尽可能大的流量、尽可能连续和平稳的流程过程、尽可能低的流程成本。

(6) 建立高效流程需要什么(基础):确保流程建立的主体、知识、技能、工具、文化、环境、规范以及确保流程得以延续和提高的一系列基础活动。

精益制造体系按照价值流程的系统观,构建了满足顾客要求并能确保自身价值目标实现的精益流程系统,包括管理模式和技术体系。

3. 支撑流程运作的工作体系

精益制造是通过一套系统化、知识化、层次化的技术系统构建起来的生产组织过程。它是以工业工程技术为核心，运用现代管理和人本管理思想的集大成者，是价值实现与创造的过程体系。

丰田汽车公司充分考虑大规模流水生产存在的弊端和客户多样化需求的特性，针对消除生产价值流程一切不增值环节（包括人、设备、工具、材料、方法等在内的，时间的、空间的、物理的等所有可能的浪费），从而提高系统柔性的要求，重构以拉动式系统（pull system）为特征，以看板管理为手段，以全面质量管理和异常自律控制为保障，以全员参与为基础的"准时化"（JIT）制造系统。

在生产运作形式上，丰田生产方式采用与传统的推动式系统相反的拉动式系统，以装配计划为依据牵引各制造工序适时地制造零部件。该生产方式追求"一个流"（one piece flow），也称单件流的生产运行状态，任何工序都不生产后道工序所不需要的品种、数量的多余产品或零部件，而保障这一过程实现的手段是看板管理。看板作为生产和需求关系的信息传递手段，存在于生产的各个环节中，准确传递需求信息，确保最终需求与各制造工序间的平衡。由于现实需求的多样性以及不同制造工序制造过程的差异性，很难确保各工序按照上下游的要求适时制造出所需的零部件，丰田汽车公司采取均衡化生产制度来确保此过程的实现。均衡化生产一方面要求各加工工序按照一致的节拍（标准制造周期）以同样的节奏生产不同的零部件；另一方面根据生产任务，要求在生产线上以小批量的方式（理想状态是以一个产品作为一个批量）进行混流生产。因此，均衡化生产要求生产流程应当同步化。同步化生产和小批量生产，尤其是单件流生产，对员工技能、生产设备的柔性、作业的标准化水平、设施布置的有效性有很高的要求，这些技术要素是实现同步化与小批量生产，降低制造成本的根本要求。以上相互关联、相互制约的生产技术要素构成丰田生产方式的一大支柱——准时化制造系统。

自働化作为另一大支柱，主要功能是通过全员参与的全面质量管理，运用制造系统对产品缺陷的自律异常控制，确保每道工序都生产合格产品。

精益生产得以实现，并非只靠准时化生产制度和自働化手段，最重要的是通过全公司成员对这种生产方式的一致认同，通过不断学习、不断改进、不断提高，建立起学习型组织。

3.3.3 改善与持续改善

丰田汽车公司的"改善"活动是有着悠久传统的。丰田汽车公司的奠基者丰田佐吉正是靠着他锲而不舍的"改善"意识，把笨重原始的木制手动织布机改造成了铁木混合结构的用蒸汽驱动的织布机。随后，他又进一步对织布机进行改善，研制出具有类似于人的"智能"，当经线断了或纬线用完时能自动停车以免出现大量不合格品的自动织布机，为日本产业现代化做出了巨大贡献。

1945 年，丰田生产方式的创始人大野耐一从丰田纺织株式会社转勤到丰田自动车株式会社时，看到在汽车工厂，一名车工只操作一台车床，一名铣工只操作一台铣床，一名钻工只操作一台钻床，而在织布厂，一名女工要操作 20～30 台织布机的情况，萌生了改善汽车厂生产方式的构想，发明了有名的"多工序操作法"和"联结式 U 型生产线"以及汽车装配线的"一个流"生产等独特、高效的生产方式。

在建于 1992 年，位于日本福冈县的丰田汽车九州株式会社宫田工厂里，传统的汽车装配线已经被改善到了人们想象不到的程度：汽车装配线按零部件功能被划分为 11 条自主隔线。生产线上引入了带有升降装置的可移动平台，作业人员可以乘坐在平台上进行作业，旁边的零部件箱也跟着移动，所以能够像处于相对静止状态那样工作。这种可动式平台还结合人体的高度和工作姿势设计了可以上下移动的台车，避免了作业人员半蹲着工作时身体的不适与劳累。所有这一切都是"持续改善"的结果。

走进丰田汽车公司的生产现场，到处都可以看到醒目的"改善看板"。看板的内容分成两部分，一部分是改善前的状况，另一部分是改善后的状况。改善的课题、改善的着眼点、改善的措施、改善之后的效果、改善产生的经济效益、改善承担者的姓名及其得到的奖金都写在看板上公布于众。"改善看板"更新的速度很快，一项改善的成果刚刚公布几天，新的改善成果又换了上去，可见丰田汽车公司员工参与改善的踊跃程度。

丰田汽车公司的"持续改善"不仅在本公司永不休止地进行，而且走出了国门，传播到了海外。在丰田汽车公司和美国通用汽车公司的合资企业新联合汽车制造公司(New United Motor Manufacturing, Inc., NUMMI)，"Kaizan"（改善）一词成了当地美国员工的日常用语。这里的员工被编成相当于日本企业 QC 小组的"作业队"，独立自主地对自己车间的制造、质量、成本、安全以及其他事项负完全责任，自主管理，进行各种各样的改善。NUMMI 是在陷入经营困境的通用汽车公司费里蒙特工厂的基础上，由丰田汽车公司与通用汽车公司各出资 50% 重建的。合资企业生产的"新星"轿车，成本大大低于福特和克莱斯勒生产的同类车型，轰动了美国的汽车界。

在美国的丰田肯塔基汽车制造公司，有一天一名美国员工向当时任该公司社长的张富士夫报喜说，他对古老的东方餐具——筷子进行了改善。这位发明者说着掏出了他的得意之作，一双安装在晾衣夹上的筷子，据说可以像镊子一样使用，便于夹菜。张富士夫微笑着说："这个嘛，也算是改善。"一件看似近乎调侃的小事，恰恰也说明了"改善"在异国文化氛围浓重的美国也逐渐地深入了员工心中。

丰田汽车公司从 1961 年开始引进了全面质量控制(TQC)，从此以后，"质量要在本工序制造""下道工序就是顾客""确保下道工序正常作业"的思想意识开始深深扎根于丰田汽车公司，扎根于生产现场。在这种思想指导下，以"确保质量"为目的，丰田在全公司范围之内开展了全员参加的质量管理活动，从而极其有效地保证了准时化生产的顺利实现。

除质量支撑之外,全面质量管理对"准时化"所要达到的"杜绝浪费,彻底降低成本"目标,也具有强有力的支撑作用。如果质量保证了,"第一次就做好",那么许多用于产品检查、次品返工、废品本身、废品处置、顾客索赔等的高昂费用支出就可以免除了。所以,质量保证了,不必要的检查检验、次品返工、废品处置等"隐性生产能力"转移到能够增加产品附加值的生产性活动之中,同样多的要素产生更多的效益,那么生产效率就会大大地提高。

由此可见,"精益屋"结构中的两大支柱间是共生共存的紧密关系,二者的相互作用使制造系统的功能日臻完善。事实上,生产过程中的零部件在制品储备量减少,使得前后加工工序之间的衔接更直接、更紧密。这就迫使每一位作业人员必须集中精力,增强业务技能,确保产品质量。其结果是,作业人员的责任心和使命感增强,使"人人注重质量"自然成为了一种必然和必需。产品质量的提高,使零部件在制品储备量进一步下降。这种以"减少库存、发现问题、改善现场、提高质量、降低成本"为循环的改善,是丰田汽车公司制造系统所特有的内在机制,是丰田汽车公司提高效益,增加利润,实现经营战略的重要基石。

1. 全员参加的现场改善活动

丰田生产方式的目标和各子目标是通过丰田生产体系的最为基本的支撑——全员参加的改善活动来实现的,正是这种改善活动才真正把丰田生产方式变得如此有效。

公司全体人员参加的现场改善活动,是丰田汽车公司强大生命力的源泉,也是丰田生产方式的坚固基石。丰田汽车公司的经验表明,提高质量、降低成本、保证按期交货、提高生产效率的根本手段就是永不停止的现场改善活动。同时,不断的现场改善也是制造系统不断完善的根本保证。

一般来说,人总是追求不断的自我完善,制造系统也应该在运行过程中得到不断的完善。人的不断自我完善是通过不断的学习而实现的,而制造系统的不断自我完善应该依靠制造系统本身内在的动态自我完善的机制来实现。丰田生产方式正是具备了这样一种独特的动态自我完善的机制。

1)精益体制的动态自我完善

精益制造的过人之处,就在于它本身具有一种内在的不断自我完善机制。这种动态自我完善机制表现为"强制性揭露问题、暴露隐患",而这种强制性的手段就是拉动式生产和看板管理。

丰田汽车公司的管理人员不满足于制造系统的一时正常和平稳。相反,他们总是试图打破已有的正常和平稳,而进入更高水平的运行状态。当制造系统平稳运行时,他们总是通过减少看板数量而强制性地减少工序之间的在制品储备量(或者压缩生产前置期、减少作业人数),从而迫使制造系统中存在着的问题和隐患在不平稳中显露出来,如设备保养不善、加工能力不均衡、作业人员技能差异、工序作业衔接不良等。通常,这些问题和隐患都被过量的在制品储备所掩盖。

当这些问题和隐患显露出来之后,现场管理人员和作业人员就针对问题提出改善的设想和措施,消除问题,使制造系统达到新水平下的稳定。当然,每一个新水平下稳定的达成,又是下一阶段改善的开始。

看板管理不仅仅是强制性揭露问题和暴露隐患的手段,而且对改善的过程具有良好的控制功能。利用看板的微调整作用,可以把每次改善的限度控制在一个小的范围(适当范围)之内,这样,使制造系统暴露出来的问题不至于太分散和太严重,以便于问题得到解决。所以,看板管理不仅仅是生产过程的控制手段,也是制造系统动态自我完善过程的控制手段,它控制着这种完善过程的幅度与进度。

丰田汽车公司的管理者认为,制造系统不断完善的另一个关键问题,不是消除隐患。

一般来说,制造系统在运行过程中,往往会出现一系列当初设计时所没能考虑到的问题,如设备能力不匹配、工序设计和设备布置不合理、在制品储备量不适宜、减小加工批量与增加设备装换调整时间之间的矛盾,以及质量事故、设备故障等随机事件的发生等。

丰田汽车公司的管理人员认为,这些问题的出现并不是坏事,丰田生产方式就是要强迫这些问题暴露出来,并特别注重对这些问题产生的原因进行彻底分析,然后从根本上消除隐患,以防再度发生。这对制造系统效率的提高和长久可靠的运行是极为有益的。

2) 质量管理小组

质量管理小组是由在同一生产现场内工作的人们以班组为单位组成的非正式小组,是一种自主地、持续不断地通过自我启发和相互启发,来研究解决质量问题和现场改善问题的小集体。

质量管理小组是丰田汽车公司全面质量管理的一个重要组成部分,也是现场改善的最活跃的因素。丰田汽车公司质量管理小组活动的目的在于:

(1) 发挥人的主观能动性,增强人的责任感,提高人的技能;

(2) 为生产现场的改善和企业素质的提高做出每一个人的贡献;

(3) 尊重人性,创造一个充满生机和活力的、充满希望的、令人心情愉快的工作环境。

丰田汽车公司的质量管理小组是公司内部的非正式组织,其特点是自主性、自发性、灵活性和持续性。这种非正式小集体能够自发产生并且长期存在的一个直接动因,就是在丰田生产方式的动态自我完善机制的作用下,或者说是在强制减少工序之间零部件在制品储备量的情况下,作业人员之间的在制品"隔墙"被消除了,他们各自的工作被更加直接和更加紧密地联系起来了。由于在制品储备减少了,如果某一位作业人员的工作出了问题,其后面的工序就有停工的危险。这样,大家彼此之间的相互依赖感增强了,共同关心的问题也增多了。在业余时间里,他们也会把诸如不合格品、浪费、库存、不均衡、低效率等许多共同关心的问题带到家中、餐馆中,以及其他伙伴们相聚的场所中去讨论。

在这种无拘无束、相互启发、自我启发的共同研讨之中,小组中的每个成员都有机会展示自己的才智,并把学到的东西用于现场改善之中。在这种共同研讨与共同改善的反复过程中,每一个人都能感受到负有责任和使命的喜悦、受人尊重的喜悦、成功的喜悦、技能提高和个人成长的喜悦,大家共同创造了一个令人心情舒畅、充满生机活力和充满希望的工作环境。

丰田汽车公司质量管理小组所研究、讨论和解决的问题,不仅仅局限于产品质量的改善,其他与生产现场有关的问题,如成本降低、作业改善、设备养护、作业安全、材料替代、公害治理等都在质量管理小组的研讨和改善活动的范围之内。

2. QC 小组活动

1) QC 小组活动目的

QC 是英文 quality control(质量管理)的简称。QC 小组是指在生产或工作岗位上从事各种劳动的员工,围绕企业的经营战略、方针目标和现场存在的问题,以改进质量、降低消耗、提高人的素质和提高经济效益为目的而组织起来,运用质量管理的理论和方法开展活动的小组。

开展 QC 小组间的课题竞赛,是为了对质量管理的理念和方法进行宣传教育。一个人没有练过武术,他在打架的时候出拳踢腿就全凭个人天赋,天生力量大或手脚快的,倒是能打出一些优势,但如果只是普通的身体素质,那输赢就只能看运气。练过武术就不同了,一招一式有套路,使出的力气有效果,打赢的概率就会大增。QC 小组的课题活动程序,就像是把质量管理这门"武术"浓缩成一套简易拳法,从课题选定、要因分析,到措施的计划和实施,乃至最后的效果检查和总结进步,每一个阶段、每一个步骤都有章可循,易学易做。一个过程执行下来,既解决实际问题,又实践了一次质量管理,使得即便不是专门做质量管理工作的员工,在今后的工作中对质量管理也会有一套可执行的方法。

在执行质量改进的过程中,常会提到"PDCA 循环"的概念。"PDCA 循环"又名"戴明环",由美国质量管理专家戴明提出,它是全面质量管理所应遵循的科学程序。P 是策划、计划,D 是执行,C 是检查,A 是处置、处理、总结。遵循 PDCA 循环的思路开展质量管理工作,可进入一个"改进—巩固—改进—巩固—改进"的良性循环。在 QC 小组活动程序中,要因分析(确定主要原因)是极其重要的一环。要因分析帮助人们从众多导致质量低下的原因中选出最为紧要的一项,进而对其进行改进;一轮改进完成之后,原来的主要原因将成为次要原因,原来的次要原因将成为新的主要原因,PDCA 指导我们再次进行要因的分析和改进以进一步提升质量。于是,QC 小组将问题简化成一个点并予以解决,PDCA 让我们回到原来的问题中找出新突破点,两相结合,一个本来很复杂的大问题就被逐步分解到可执行的层面，质量管理的工作也就能做到日臻完善。

QC 小组的课题竞赛是一个平台，除了给员工一个学习的机会，更给员工一个展现自我才华的机会。QC 小组开展的课题活动，本质上就是一个项目，QC 小组的成员就是这个项目里的项目管理人员。小组成员中有项目经理（小组长），负责项目的整体计划、资源调配、工作分工和绩效考核；有项目秘书（小组秘书），负责信息沟通、文档管理和综合协助；有专业经理（小组成员），负责各自分块任务的具体策划和实施。对于课题而言，要像管理项目一样保证进度、费用、质量、安全；对于课题组成员而言，要像真正的项目管理人员一样既做好分工任务，又做好团队协作。如此，员工们在 QC 小组的课题竞赛中学到的知识和技能，对今后的工作也会大有裨益。

2）QC 小组课题的分类

QC 小组的课题分为两大类，分别为问题解决型课题和创新型课题。问题解决型课题又包含现场型、攻关型、服务型和管理型四种子类型。如果现状有问题、有差距、有不良趋势，小组选择这些问题来进行改造，就是问题解决型课题。而所谓创新型课题指的是 QC 小组成员运用新的思维方式、创新的方法，开发新产品、新项目、新方法，实现预期目标的课题。

（1）现场型课题。现场型课题小组的主体成员为现场的生产、工作人员。课题的目的是稳定工序质量，改进产品质量，改进工作质量，降低消耗，改善生产/工作环境等。现场型课题的特点是课题较小，难度不大，活动周期短，较易出成果，经济效益不一定大。例如：降低吹扫置换氮气使用量，降低压缩机停车次数，降低日 BOG 排放量等。

（2）攻关型课题。攻关型课题小组以工程技术人员为主体，通常由领导干部、技术人员和操作人员三部分结合组成。课题的目的通常为解决技术关键问题。特点是课题难度较大，活动周期较长，需投入较多的资源，通常技术经济效果显著，或能带来重大的技术更新换代。例如：提高再液化系统运行效率，减少设备预冷 BOG 排放量，提高在线分析系统准确度等。

（3）服务型课题。服务型课题小组的主体成员是从事服务工作的人员。课题的目的为改善和提高服务工作质量，推动服务工作的标准化、程序化、科学化，提高服务质量和效益。其特点是课题较小，活动时间不长，见效快，经济效益不一定大，但社会效益明显。例如：增加和提高食堂饭菜的品种和质量，提高通勤班车的运行效率，提高后勤服务的满意率等。

（4）管理型课题。管理型课题小组的主体成员为管理人员。课题目的主要为提高业务工作质量，解决管理中存在的问题，提高管理水平。课题特点是选题的大小和难度因事而异，效果随选题不同而不同。

3. 改善套路——TBP

QC 小组开展课题活动有一个易学易做的套路，这个套路就叫作活动程序，后来被称为丰田工作法(Toyota business practices，TBP)。TBP 是丰田汽车公司内部用来进行问题分析和解决具体问题的重要方法，是指导员工开展精益制造的实践技巧。TBP 确立了类似 PDCA 的 8 步法：明确问题，分解问题，设定目标，把握真因，制定对策，实施对策，评价结果和过程，巩固成果。

其中，前 5 项是与 P 过程相对应的，后 3 项分别与 D、C、A 相对应。TBP 一般会按等级分出几种问题，如既发生型问题、设定型问题等。丰田汽车公司的每一位员工，在入职培训后，都会用 TBP 的思路去解决本岗位的实际问题，然后用 TBP 衍生的 A3 语言，向上级进行汇报。所以，TBP 也就成为了上级考核下级、指导下级的一项重要工具。

TBP 的每一个环节，单独执行起来都不会太难，只要深入领会每一个环节的核心要求，工作起来就会事半功

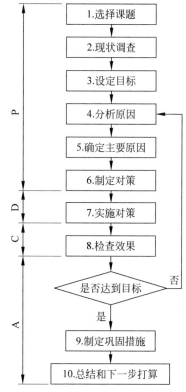

图 3-35　研究问题解决型课题的基本程序

倍。选择问题解决型的课题，开展课题活动时应遵循如图 3-35 所示的活动程序。

1) 选择课题

QC 小组组建后，就要开展活动。首先是选择课题，就是决定"大家一起来改善什么"。课题的选择既可以根据企业的发展战略，针对上级方针、部门目标来进行，也可以针对现场中发现的突出问题来进行挖掘。从课题来源来看，有指令性课题、指导性课题以及自选课题 3 种。

指令性课题是针对一项有具体要求的上级指令来进行选题，例如"每月单体设备调停次数不超过 5 次"，而现场的实际情况是每月调停次数在 5 次以上，那么课题就可以选定在"如何降低单体设备调停次数"上。指导性课题是指由公司管理部门总结归纳的有价值课题，将题目提供出来供大家参考选择，小组开展课题研究时直接选用。自选课题是指由小组成员根据小组内的观察和讨论，自行提出的课题。

选择课题时，常用到的工具有：头脑风暴法、亲和图等。

选题时应注意宜小不宜大。小的课题入题容易，小组力所能及，往往比较具有可操作性，短期内能实现的概率更大。后文将提及，做课题时需要进行原因分析和

对策分析,小的课题比较容易将分析和对策集中到可操作的点上,避免课题太过庞大失去控制,或者变得泛泛。另外课题成果在参加比赛时只有 15 分钟的展示时间,小的课题更容易讲得清楚,讲得精彩。

在制定课题题目时,应注意简洁明确、一目了然,直接针对所要解决的问题,避免抽象。例如"减少消防稳压泵启动次数"或"降低 BOG 压缩机停机次数"都是比较好的题目。

2) 现状调查

选择好课题题目后,需要对所选课题进行深入的现状调查。要求把握问题的现状,掌握问题的严重程度。泛泛地使用主观性语言来描述问题的严重程度,不具有说服力,例如"经常发生过滤器压差高的情况""计划外维修次数非常多"等都是不准确的。应该用数据来描述,并加以对比,例如"1—6 月以来,BOG 压缩机平均每月因过滤器压差高而切换的次数为 3.2 次,其他设备的发生次数为 1.1 次、1.5 次、0 次"。通过这样的数据展示和横向对比,我们可以得到这样一个信息,即过滤器压差高的现象发生在哪些设备中,哪一设备的问题显得更为突出。这样的分析能帮我们找到问题的关键点所在,确认小组应从何处入手改进,以及改进能够达到的程度。

对于现状调查的要求是,调查的时间区间要有代表性,且获得数据后要结合现场走访确认。调查的来源可以是以前的报表、台账、质量记录以及相关统计资料,也可以是专门开展的数据记录。有了数据资料,还需要进行现场走访确认,进行实地调查。现状调查的成果,要合理运用分析图表等工具进行总结归纳,以便找到问题的症结。常用的工具包括:调查表、折线图、分层法、排列图(帕累托图或叫柏拉图)等。

指令性课题和创新型课题不需要进行现状调查。

3) 设定目标

设定目标是在现状分析的基础上,明确了主要问题的存在,决定要将主要问题解决到什么程度,同时也为效果检查提供依据。例如,原来 BOG 压缩机每月停机次数为 3.3 次,根据合理的原则,设定目标为 BOG 压缩机每月停机次数小于 2.5 次。设定目标时应遵循以下原则:一致性、单一性、量化、先进性、可行性、民主性。常用的方法有:横向比较,与同行业先进水平比较;纵向比较,与本企业历史最好水平比较;分析、预测本小组对症结所能做出的最好解决程度;依照标准、规范设定;由顾客或用户提出要求;参照上级下达的目标或考核指标。

4) 分析原因

课题是为解决问题而存在的,那么对问题产生的原因就需要进行深入的分析。综合性课题应针对症结问题(关键问题)分析原因,而当课题要解决的是很具体的问题时,需针对课题所要解决的问题来分析原因。原因分析要展示问题的全貌,且抓住一个重点展开到可直接采取对策的具体因素为止。在这一步里,需要正确、恰当地选用统计方法。鱼骨图、树图、关联图都是常用的工具。

例如对"曲轴拐颈磨小"的原因展开分析,使用鱼骨图分别就"人、机、料、法、环"五个方面去进行分析,人的方面存在的因素有素质低、质量意识淡薄等;机的方面存在的因素有设备精度低、夹具设计不合理等。注意分析的问题不能笼统,工具使用一次只针对一个具体问题进行分析。分析的层次要分明,且应展开到可直接采取措施的程度为止,这个时候要因就应该出现在末端原因上。如上面关于人的方面的分析,"素质低"这个原因应继续向下拓展,分解为培训不足、实操经验不足、操作不遵守规范等,此为第二层原因,当然还可根据需要继续向下扩展。一般而言,分析应深入至2~3层为宜。

原因分析常见的问题有:原因分析回到课题本身上去;原因分析未能深入到可直接采取措施的程度;因果关系颠倒或无直接因果关系;两个因素杂糅在一起;省略了中间层次,导致原因分析跳跃;工具方法运用错误。

5) 确定主要原因

有了上面的原因分析,接下来需要进行要因分析,也就是确定主要原因。要因分析的目的在于,深层次地确认主要原因,为制定措施提供依据。要因分析的准则是,依据末端原因对所分析问题的影响程度大小进行选择。识别和确认要因的方法主要有:现场验证、现场测试、测量、调查分析。要因确认的步骤为:收集所有末端因素—剔除不可抗拒因素—末端因素逐条确认。进行要因确认的程序应该是:得到末端原因—明确确认内容—明确确认方法—明确判别标准—取得数据(客观事实)—与标准作比较—如符合标准则为要因,否则是次要因素。

实际执行时,应将原因分析中获得的结果制作成要因确认计划,分配到组员中分别进行确认,将获得的确认结果总结到一起,确定哪些是主要原因,哪些不是主要原因。要因分析过程中需要用到的主要工具有:要因确定计划、要因确认表。

6) 制定对策

针对主要原因,提出相应对策,旨在消除、降低要因的影响程度或隔离要因。这一阶段可使用头脑风暴法,小组成员集思广益,从各个角度提出改进想法。还可使用亲和图法,将大家提出的有用意见进行归纳总结。获得数条对策之后,需要对对策进行分析筛选。应结合以下方面进行综合考虑:有效性,能否抑制或消除要因;可行性,依靠小组的现有力量能否实施;经济性,花销多大,能否压缩;技术性,有无相关的专业技术力量;难易度,容易实现,还是具有一定的难度。选定措施时应避免采用临时性的应急措施,将要实施的措施也应尽可能依靠本小组自身的力量来完成。

决定好对策之后要制定对策表,根据5W1H的原则进行编制。

7) 实施对策

有了对策的提出和评估,小组已经掌握一份可供实施的对策表,下一步小组成员应分工按对策措施表逐一实施对策。每一条对策实施完成后要立即收集数据进行分析,检查对策的目标是否达成,如未达成或达成效果不佳,需要评价对策的有效性,必要时修订对策。对策的目标能够达成,也需要评价对策是否会有副作用,即是否会对安全、环境、成本等有不利影响。

在这一环节中,需要小组成员全员参与,体现小组的全员性、创造性和努力程度,而具体的实施过程也将反映小组的特点和个性。注意收集资料,以文字、图表、图片的形式记录下这些共同努力的过程。在竞赛展示中,要少用文字,多用图表,图文并茂地进行介绍。对策的实施造成的改进效果要以数据的形式表达,并应使用分析工具进行解释。

8) 检查效果

完成了对策的实施,小组成员需要在新的条件下收集数据信息,通过统计分析评价对策实施后是否达到了开始设定的目标,并反映改善的程度。在进行效果检查时,要检查:小组的目标是否实现,症结是否解决,经济效益如何,无形效益有哪些,意外的收获有哪些,是否产生了副作用。

进行效果检查可以运用的工具包括:调查表、分层法、控制图、直方图、过程能力指数、折线图、柱形图、饼状图、雷达图等。

9) 制定巩固措施

制定巩固措施的目的是防止同类问题再次发生。主要的手段是,将对策表中经过实施证明有效的措施初步纳入有关标准或规则中,至少要纳入班组操作手册或值班管理办法中。通过这一步骤,提高管理的标准化程度。

10) 总结和下一步打算

总结内容应在专业技术方面、管理技术方面以及小组综合素质方面进行探讨。

由于采取了得当的对策,解决了原有问题的症结问题,因此原来的次要问题已经上升为主要问题,可以将它作为下一步的课题。如果初选课题时提出的是综合性课题,包含多个方面,一个方面已经解决,那么可以在余下的方面中寻找新的课题。

4. 合理化建议制度

合理化建议制度在丰田汽车公司被称为"创造性思考制度"。和质量管理小组活动一样,丰田汽车公司的合理化建议制度极大地促进了现场改善活动。

丰田汽车公司认为,好产品来自于好的设想。因此,丰田汽车公司提出了"好主意,好产品"的口号,广泛采用合理化建议制度,激发全体员工的创造性思考,征求大家的"好主意",以改善公司的业务。

"好主意,好产品"意味着全体人员都来施展自己的才华,以全体人员的聪明才智,生产出质量更好、价格更廉、顾客更喜欢的产品。

从表面上看,合理化建议制度的目的是征求大家的意见和改善建议,增强大家的参与意识。其实,实际上丰田汽车公司的合理化建议制度的真正目的和所体现的精神就像"好主意,好产品"的口号一样,通过公司全体人员共同思考和共同参与的改善活动及其直接效果,提高产品质量,降低生产成本,提高每个人自身的能力,创造出舒适的生产作业环境,追求生产现场的生机和活力,增强全体人员对公司的忠诚度和归属感,最终为公司发展壮大做出贡献。

概括地说,合理化建议制度具有如下特点:

(1) 广泛性。丰田汽车公司的合理化建议制度有着广泛的群众基础。公司的每个成员和每个质量管理小组都积极热情地参加合理化建议的改善活动。现场管理人员和小组负责人对自己的部下所发现的问题和改善设想都给予认真和及时的考虑。

(2) 规律性。丰田汽车公司的各级合理化建议审查委员会定期(每月)审查来自基层的改善建议提案,并且迅速公布审查结果,迅速实施被采纳的改善方案。

(3) 相关性。在提案审查的过程中,使提案者与专业技术人员保持密切的联系。例如,如果改善提案涉及变更设计的问题,有关的设计师就会很快与提案者进行有关改善的共同研究。

(4) 激励性。丰田汽车公司积极倡导和鼓励合理化建议活动,对那些在合理化建议和改善活动中取得成绩和做出贡献的人员和小组给予物质和精神奖励,以激励全公司人员的改善热情,激发大家的聪明才智。

(5) 持续性。丰田汽车公司的合理化建议活动不是一朝一夕、一时一事的活动,而是持久的、连续不断的活动。事物在发展,现有的东西总要被新的东西所取代。今天看来合理的东西,也许过一段时间再看就是不合理的东西了,因此改善无止境,合理化建议活动无休止。没有"最好",只有"更好"!

5. 改善,再改善

改善不仅是精益制造的坚固基石,而且也是精益制造所不懈追求的目标。改善无止境。"改善,再改善"是丰田汽车公司生产经营的信条,而"改善,再改善"不但需要制造系统本身所具有的内在的动态自我完善机制的激发作用和企业内部组织机构与制度的保障促进作用,而且还需要正确而有效的方法。

曾经出任丰田汽车公司负责生产和质量管理的专务董事的根本正夫先生,总结了他30多年从事现场改善工作的经验,归纳了支持"改善,再改善"的六个要领:

1) 领导者也要率先从事改善

不要认为"改善的工作是部下的事,上司不必去做这些"。事实上,不论是领导者还是管理者,如果有心要搞好本部门工作,那么他首先自己要能够致力于改善才行。如果他自己没有办法首先身体力行,那么其部下也就无法跟着前进。

作为领导者,每天都要督促自己力行改善,同时也要常常要求下属人员"改善,再改善",从而激发和提高下属人员改善工作的意愿和情绪。

当然,领导者所进行的改善与生产现场一线作业人员所进行的改善的主题是不相同的。现场作业人员的改善是以作业程序和操作方法为主,而领导者则以组织、制度、管理体制等软件方面的改善工作为主。

尽管两者各自的具体改善对象和内容不相同,但是上级人员如能为人表率、以身作则,并不断督促部下要"改善,再改善"的话,那么下属人员就会增强改善意识,自觉贯彻上级的改善意图。总之,无论是领导者还是下属人员,都应该在工作的不断改善之中,实现个人自身的不断完善。

2) 领导者要关心下属人员的改善活动

有人误认为领导者的工作就是给部下分派任务,规定目标。事实上,作为领导者,要求部下改善工作、制订改善计划、规定改善目标,而自己只等统计数字,这种做法是极不妥当的。不论下属人员准备进行什么改善,做了哪些改善,改善中有哪些问题,改善的结果如何等,领导者都要对之给予关心,这是非常重要的。

例如,当下属人员为了进行某种改善活动,将自己的改善设想和方案向上司提出来时,如果上司对部下的改善设想及方案表示冷淡,或者说"这算不上什么改善",这就如同给部下的改善积极性泼了冷水,必然会使"改善,再改善"活动停滞不前。相反,如果上司对部下提出的改善方案热情关注,并表示"你发现了好方法,一定照你的想法试一下",部下就会更加主动、积极地设想出一连串的好主意和改善方案来。

3) 不要轻视微不足道的改善活动

在生产现场,总会存在一些看起来很不起眼的不合理现象或工作方法,然而,一些大事故往往出自于这些平时被人们忽视的环节上。

所以,领导者要重视那些看起来微不足道的改善活动,不要轻视"小改善"。要让大家没有任何顾忌地不断提出改善设想和改善方案,这才是上策。

4) 要容忍改善活动的失败

领导者要容忍下属人员改善活动的失败,要认真听取改善活动失败的经过和教训。

实际上,事事成功是不可能的,失败本身就意味着需要改善。每一个失败的事例都能为我们提供改善机会和防止再度发生的构想。想不出改善方案的人应该经常自问是不是真的没有失败、没有差错,这样就会产生改善的点子和设想。

领导者要懂得,人非圣贤,谁都会有失败的时候。失败并不重要,重要的是不要使同样的过失再度发生。一般来说,出现了失败,当事者常常难以向上司启齿。既然部下有勇气将其失败讲出来,领导者就应对此给予赞许,并鼓励他们继续改善下去。因此,创造一种敢于说真话,敢于报告失败的气氛和环境,对于"改善,再改善"来说是极为重要的。

5) 越忙,越是改善的好机会

用"急中生智"来解释"越忙,越是改善的好机会"这句话,也许是再恰当不过的了。

经验表明,在那些工作比较轻闲的车间里往往不会产生出更多的改善方案,并且也不会产生出水平较高的改善方案。相反,在那些工作较忙的车间里,改善方案却往往是层出不穷,而且还会出现高水平的改善方案。因为"忙不过来,人手不够",人们才会去开动脑筋,想出解决办法,激发出改善设想和改善方案。当然,也会有"太忙了,顾不上改善了"的牢骚。这只能说明,这些人的改善意识和改善欲望不够强烈。因此,他们也无法或者难以摆脱"忙不过来"的状况。而不断改善却会使人们的工作变得轻松愉快,更加有效。

6) 改善无止境

对待改善工作,就要像拧出一块毛巾中的水一样,而且拧干之后还要不断地拧,因为一块毛巾不会总是干的,遇到天阴下雨,毛巾就会变潮湿。改善工作也是如此。生产现场的情况并不是一成不变的,改善工作也不是一蹴而就和一劳永逸的事。上周的改善成果,在本周看来,也许又会有一些不完善的部分,也许又可以发现更好的改善方法。

人的能力在不断地提高,新知识和新技术在不断地涌现,人们不会也不应该满足或停留在已有的改善成果上。企业的环境在不断地变化,顾客的需求也在不断地丰富。因此,生产现场也不能只保持原有的状况。总而言之,改善是不会到顶的,是无限的:改善,再改善。

上述内容揭示了丰田生产方式背后的基本理论,即企业的不断发展只有通过公司内部全体人员对自己的作业活动不断地加以改善而实现。

3.3.4 准时化生产

准时化(JIT)也被称作及时生产,是以客户需求为导向定义的生产组织方式,其实现过程是所有生产要素在各类现场进行调度、配置的过程,因此也是一套先进的生产技术。

准时化是指在客户需要的时间,按照客户需要的数量,生产客户需要品种的产品。显然,准时化完美体现了以客户为中心的经营定位。大野耐一先生在晚年总结 TPS 特点时,尤为强调 JIT 的含义,指出:"JIT 不仅是在必要时间生产必要数量的必要产品,而且还要以最低的成本实现。"按照大野先生的表述,我们现在对 JIT 的理解应该是:以最低成本,在必要的时间,生产必要数量的必要产品。

准时化管理是一套极为严密的生产组织过程,目标是生产过程柔性效率化,确立了以拉动生产为主基调,以多品种均衡生产为特色,以零部件及物流同期化运作为基础,以质量保障为前提,以人的改善作用发挥为基础,以设备和工位器具的实时恰当匹配为过程支撑,以生产现场有节奏的"一个流"为目标状态的高效生产组织行为。在 JIT 中,计划、信息仍然是最重要的因素,客户订单驱动的多品种生产计划制订及生产作业排程引领的企业具体生产行为,物料采购、物料调达、零部件加工、部件及成品装配、设备维护、工位器具保障、能源供给保障、检查检验等总体协同到统一的"一个流"的生产组织要求上来。

图 3-36 在图 3-33 和图 3-34 的基础上,进一步解析了 JIT 的功能构造和价值

运行的基本逻辑过程,图中虚线框内的内容是JIT的功能构造、核心技术与实现策略。

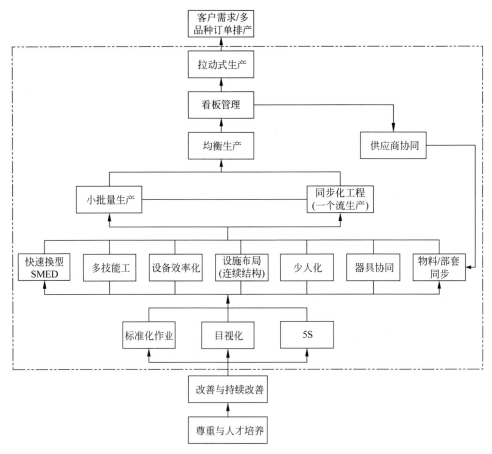

图 3-36　准时化生产机制

精益制造的精益性(leanness)有两方面重要体现:一方面是在精益思想指引下确立了一套识别和消除浪费的价值运营机制及相应的方法系统,另一方面是对变化的生产过程的动态响应能力,如多品种混流生产、基于产量变化的变节拍连续生产、面向品种切换的设备和工装工具的快速换型、基于节拍变化的动态人员配置等。

区别于早期其他生产组织方式,准时化生产组织方式形成了独具特色的关键做法,并自成体系。

突出特点一:建立了及时响应客户交付需求的拉动生产方式。即用交付端决定生产端,用装配终端决定装配过程,用部件装配需求决定零件、器件到达及加工顺序和数量,用末端加工工序决定零件加工过程和物料(原料、坯料)投入时间和顺序,从而形成完整、连续的生产工艺链。

突出特点二：建立了看板管理的信息机制。即运用被称为"看板"的卡片在主机厂与供应商之间、工厂的各大工艺之间、车间内的上下工序之间确立了拉动式的生产计划信息、物料领取信息、物料周转信息的管控方法，形成单件流生产和尽可能小的批量物料调达控制策略。看板管理是十分先进的信息管控机制，是基于生产需求的客观性采用适时、适量物料调用原则的动态安排，具有驱动采购系统、存货系统、制造系统不断消除物料浪费的功能。

突出特点三：建立了均衡生产方式。即在生产总量、生产种类和品种数量三个方面建立了相互平衡关系，用以满足客户对不同产品、不同规格、不同数量的实时需要，从而确立了制造系统的总体稳定性和对个性化需求的柔性响应能力。均衡生产方式的建立，驱动制造系统必须具有对各类生产要素和生产物流过程的均衡响应能力，激活人员、设备、设施、工装、器具、物料、信息、能源等基础要素的协同运作，并通过一系列改善活动使要素配置精准符合品种均衡、数量均衡、品质均衡的过程能力要求。

突出特点四：同步化工程。即生产物料（含部件）在需要的时间配送至加工或装配工序，保障该工序的生产作业顺利进行。为此，各物料将按照各自生产提前期和物流提前期组织生产和配送，从而使物料准备、前工序加工作业、部件生产、各分总成生产均符合后工序装配的同期使用需要，并且不产生额外的等待和存货。同步化生产，是部件和分总成均按照单件流的逻辑和方式组织并行生产，满足总装顺序装配作业需要的科学方法。

突出特点五：标准化作业。标准化作业是建立在标准的作业方法和标准作业时间基础上的现场管理方法，是将生产作业内容顺序化、作业方法规范化、作业时间等量化的先进做法，将同一生产工艺过程的不同生产工序按照同样的生产节奏组织起来，各个工序使用规范的方法、既定的作业顺序、匹配的工位器具开展生产作业，并在给定的节拍时间内完成工序作业。其中，各工序理论作业时间相等，实际作业时间小于或等于理论作业时间，所有工序都在节拍时间内完成作业内容，确保在制品有序流动。

突出特点六："一个流"生产。这意味着无论多少品种的产品，都被组织成顺序流动的生产状态，以一件接一件的方式在制造系统中渐次加工和流转，将多工艺间、多工序间、单工序内的在制品存货全部消除。我们从表面上看到的高度效率化现象，显然是高度组织化、规范化、品质化运作的结果，是高级生产方式的体现。

3.3.4.1 拉动式生产

拉动式生产（pull system）是相对于传统的推动式生产（push system）组织方式的创新做法。

推动式生产组织方式是根据生产计划指令的前道工序向后道工序"送料制"的生产方式。生产计划分别下达到所有生产单元，明确要求各单位和单元在哪里生产、何时生产、生产什么、生产多少等,形成了以任何生产单元为对象的指派性安排,如图3-37所示的基本构造,图中虚线代表生产指令信息,实线代表物流,三角符号代表存货。依据此法,物料和加工件以批量方式送达生产现场存货区域和加工区域,各个生产工序成批开展生产,经批量检验后成批送达下工序或中间存储区,如此逐步传递,直至完成最后一个生产工序后,将成品转运至成品库。由于上下工序之间不存在强烈依赖关系,操作者只按照生产指令工作,只在物料或在制品调达至工位时才具备本工序生产条件。因此,在推动式生产组织方式下,原料库、工序间在制品库、成品库等会出现大量存货,一方面造成工序间生产的不连续性,另一方面造成批量生产及转运的时间过长,从而致使产品生产周期较长。

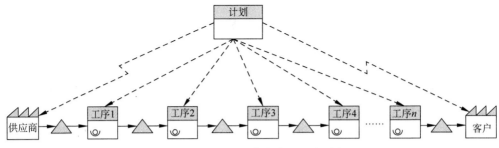

图3-37 推动式生产方式的基本形式

推动式生产需要较大的生产空间和面积,需要为工序间存货准备较大空间,物料在工序间流转需要专用的搬运设施和辅助工具,在生产过程中,往往因工序状态或物料质量和数量等出现问题导致生产连续性较差。批量组产、批量转运等方式导致流动资金占用量大,交付周期长,客户满意度较低。

拉动式生产是从客户需求出发,以向前道工序"取料制"的连续生产方式,每次取得下道工序最佳需求的在制品以满足下道生产需求。拉动式生产的特殊机制在于各环节的需求均是客户触发,即便是在生产单位内部,上下工序之间也是按照客户和供应商的关系定义的,下工序即为上工序的客户。计划部门只将外部客户订单需求以计划的形式下达给终端工序,该计划要求反映外部客户的客观需求。终端工序依据工艺、质量和计划产量要求,以看板方式有序向前工序发出需求,前工序根据后工序发出的看板要求组织生产,从而保证在数量和时间上满足后工序的要求,且不过量和过早生产任何产品,实现了所产即为所要的准时化拉动生产模式。当所有生产工序均按照后工序向前工序要货的方式组织生产,生产系统或生产线事实上就形成了为满足终端产品需求而生产的连续流程。拉动式生产的组织方式及形态如图3-38所示。

可见,拉动式生产在计划管理上改变了计划指令下达方式,消除了因推动式计划指令的多样性而造成的生产状态无序性问题,不会产生过量库存,并实现了仅按客户需要的数量和品种组织生产的连续生产状态。该方式下,基本消除了工序间存货,从而使得生产设备布局更加紧凑,物料搬运距离可以大幅缩短,因成批搬运

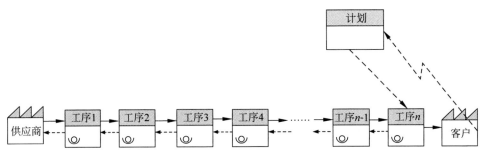

图 3-38　拉动式生产方式的基本形式

造成的物料磕碰等质量问题显著降低。同样,由于提高了生产连续性,生产周期显著缩短,从而缩短了产品交付提前期,增强了对外部客户需求的响应能力,提高了客户满意度。

"拉动"是准时化生产的动力机制,将离散生产状态转变为连续生产过程,将各工序独立运行方式转变为符合"上下工序之间密切关联且上工序服务于下工序"需求的运行方式,将工艺导向的生产布局转变为产品导向的生产布局,缩小了生产设备或工作地之间的距离,显著降低了平面和空间占用,提高了物料转运效率,缩短了生产提前期。拉动式生产有助于识别存货和缺货浪费、品质浪费、生产不平衡浪费、流程不连续浪费等重要浪费形式,是提质增效的重要改进措施。

3.3.4.2　看板管理

图 3-38 中的虚线代表拉动式生产的信息流管控机制,这种机制是用看板管理方式实现的。看板是表征何时何地需要或生产何种数量的何种产品(或物料)的卡片,也称为传票卡,是传递供需信息的专用工具。看板上的信息通常包括零件号码、产品名称、制造编号、容器形式、容器容量、看板编号、移送地点和零件外观等,表明所需或所用对象的基本特征和要求。看板管理在生产管理史上是非常独特的存在,是承载着精益管理思想的一种先进的管理工具。看板的运用,使拉动式生产逻辑在工序一体化、生产均衡化、生产同步化方面得以完整体现,从而支持了 JIT 的实现。

1. 看板功能

看板最初是丰田汽车公司于 20 世纪 50 年代从超级市场的运行机制中得到启示,作为一种生产、运送指令的传递工具而被创造出来的。经过约 70 年的发展和完善,看板已经在很多方面都发挥着重要的作用。在准时化生产方式中,看板的功能如下:

1) 传递生产以及物料搬运的工作指令

看板中记载着生产量、时间、方法、顺序以及运送量、运送时间、运送目的地、放置场所、搬运工具等信息。看板被用来从后工序逐次向前工序传递生产指令和控制信息,如图 3-39 所示,后工序将载有所需物料信息的看板放置在看板箱中,该看板被转送到前工序并挂在该工序的看板箱内,形成了后工序向前工序的要货指令。前工序从本工序看板箱中顺序取出看板,并按照看板指令要求生产相应规格和数量的制品,当制品完成后,将看板和制品放在一起由后工序核对后领走。如此,实现了后工序向前工序下达要料指令、前工序按指令生产,后工序领取物料进行生产的循环管控。当后工序需要继续向前工序要料时,从承载制品的容器中取出看板,再次投入看板箱,即发出再次要料指令,周而复始,直至完成生产任务。

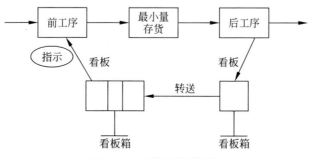

图 3-39 看板的作用机制

2) 防止过量生产和不当搬运

看板必须按照既定的运用规则来使用,没有看板不能生产,也不能搬运,看板规定什么就只能做什么。根据这一规则,看板数量减少,则生产量也相应减少。由于看板所表示的只是必要的量,因此通过看板的运用能够做到自动防止过量生产以及适时适量搬运。

3) 提供目视管理前提

一方面,看板代表的是生产什么、何地生产、生产多少等产品信息,通过看板信息及看板流转情况,可以判定生产现场运行状况;另一方面,看板必须在实物上存放,前工序按照看板取下的顺序进行生产,据此,作业现场的管理人员对生产的优先顺序能够一目了然,易于管理。通过看板就可知道后工序的作业进展情况、库存情况等。

此外,看板的应用拓展已经是现场管理的主要方式,"管理看板"(区别于看板管理)是现场展示和跟踪生产计划执行情况、质量、设备、人员、物料、能源、成本、安全信息的基本做法,通过管理看板内容的实时更新,不断呈现生产管理的最新状态,使生产全局及其关键指标一目了然。

4) 问题呈现及推动过程能力改善

在 JIT 生产方式中,通过不断减少看板数量来减少在制品的中间存储量,通过优化看板中的品种数量来调节批次生产数量。看板管理的"三不"原则:本工序不接收上工序的不良品、本工序不制造不良品、本工序不向下工序传递不良品。根据看板的运用规则,一旦出现不良品,看板将不能正常流转,后工序所需得不到满足,就会造成全线停工,由此可立即使问题暴露,从而必须立即采取改善措施来解决问题。这样通过改善活动不仅使问题得到了解决,也使生产线的"体质"不断增强,带来了生产率的提高。JIT生产方式的目标是要最终实现无储存制造系统,而看板则是一个有利于目标达成的好工具。

2. 看板类型

在 JIT 制造系统中,根据需要和用途的不同,使用的看板可以分类为:

(1) 在制品看板:在制品看板又可分为工序内看板、信号看板,用以记载后续工序必须生产和订购的零件、组件的种类和数量。工序内看板是指某工序进行加工时所用的看板,这种看板用于装配线以及即使生产多种产品也不需要实质性的作业更换时间(作业更换时间接近于零)的工序,例如机加工工序等。信号看板是在不得不进行成批生产的工序(例如树脂成形工序、模锻工序等)之间所使用的看板。信号看板挂在成批制作出的产品上,当该批产品的数量减少到基准数时摘下看板,送回到生产工序,然后生产工序按该看板的指示开始生产。另外,从零部件出库到生产工序,也可利用信号看板来进行指示配送。

(2) 领取看板:可分为工序间看板、对外订货看板,用以记载后续工序应该向之前工序领取的零件、组件种类和数量。工序间看板是指工厂内部后工序到前工序领取所需的零部件时所使用的看板。对外订货看板是针对外部的协作厂家所使用的看板,上面必须记载进货单位的名称和进货时间、每次进货的数量等信息。对外订货看板与工序间看板类似,只是前工序不是内部的工序而是供应商。通过对外订货看板,从最后一道工序慢慢往前拉动,直至供应商。因此,有时候企业会要求供应商也推行 JIT 生产方式。

(3) 临时看板:临时看板是面向临时任务或有特定需要时所使用的看板,如加班生产、追加订单等情况下所使用的看板。与其他种类的看板不同的是,临时看板的使用主要是为了完成非计划内的生产或设备维护等任务,因而灵活性比较大。

(4) 其他看板:随着看板管理机制越来越普遍运用于企业运营管理活动,除了在生产物流管理中使用看板管理,质量管理、设备管理、采购管理和销售管理等业务领域也陆续使用了看板管理方法。

3. 看板使用流程

在生产运营中,看板管理的具体方法往往因产品特性、生产条件和管理机制的不同而不同,但它们的原理是一样的。下面以图 3-40 所示的前工序 A 与后工序 B 之间的看板运用为例,阐述生产中看板管理的基本流程,主要有以下 6 个步骤:

(1) 工序 B 接到生产看板。

(2) 工序 B 凭取货看板和空的料箱Ⅰ到工序 A 处取货。

(3) 工序 B 将装满所需零件的料箱Ⅱ上的生产看板取下,和取货看板核对后,将生产看板放入工序 A 的生产看板收集箱内,取货看板则挂到料箱Ⅱ上。

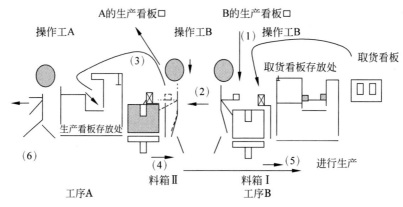

图 3-40　工序间看板使用示例

(4) 工序 B 将料箱Ⅱ取走,并将料箱Ⅰ放到料箱Ⅱ原来的位置。
(5) 工序 B 开始按生产看板上的要求进行生产。
(6) 工序 A 接到生产看板后,去其前道工序取货。

上述 6 个步骤不断循环,就实现了 B 工序加工、B 工序向 A 工序取货、A 工序加工、A 工序向其前工序取货的准时化拉动生产方式。如果取货看板定义的取货量为 1,则在 A、B 工序之间仅有 1 件在制品被搬运和加工,此时,生产过程就实现了"单件流"(one piece flow)的理想境界。

4. 看板使用规则

在运用看板管理时,看板使用有严格的规定,应遵循以下规则:
(1) 后工序只有在必要的时候,才向前工序领取必要数量的零部件。
(2) 前工序应该只按照看板要求的品种和数量生产零部件,以补充被后工序领取的物料。
(3) 后工序向前工序领料时,首先确认本工序领料看板收集箱内收集的看板数量是否累积到事先规定的数量(按定量领取模式),或者是否达到预定领料的时间(按定时领取模式),否则不能领料。
(4) 搬运人员在领取制品时,每摘下一块看板(生产看板),必须挂上另一块看板(取料看板),在看板交换过程中,领料人员必须核对两块看板上的信息是否一致。
(5) 生产看板的数量必须与取料看板数量相等。
(6) 前工序作业人员必须按照看板收集箱中看板的先后顺序进行生产。
(7) 不良品不允许被送往后工序,后工序不允许接收前工序流出的不良品,后工序一旦发现次品必须停止生产,将次品送回前工序。
(8) 看板的使用数目应该尽量减少,以不断降低工序间在制品存货数量。
(9) 使用看板适应小幅度需求变动,通过看板数量的增减,来调节因市场需求波动或制造系统紧急状况带来的产量变化。

(10) 看板必须简洁明了,便于识别和目视管理。

5. 单看板系统与双看板系统

在准时化制造系统中,有两种看板使用方式:单看板方式和双看板方式。

单看板方式是仅以生产看板为作业信息记载和进度控制工具的看板管理模式。当总装线上作业人员接到装配指令后,按作业时间要求到前工序领取必要的零部件进行装配。在取走零部件时,取料作业人员将附着在零件箱上的看板摘下,放到该工序的看板收集箱中。工序收集箱中的看板自动向该工序加工作业人员发送生产指令,表明零部件已经被领走,需立即生产予以补充。该工序作业人员按照看板上的信息加工相应数量的制品,装入指定的零部件箱中,同时将生产看板也置于该箱中,并将制品箱放置在看板指定的制品存放位置,补充被领取的制品。该工序也要向其前工序领取相应制品,也按同样方法向前工序作业人员发出生产指令,以此类推。

双看板管理模式中,使用领料看板行使领取、运输制品的功能,而生产看板仅传递生产指令,如图3-41所示。

图 3-41 双看板系统运行逻辑

实施看板管理是有条件的,如生产的均衡化、作业的标准化、设备布置的合理化等。如果这些先决条件不具备,看板管理就不能发挥应有的作用,从而难以实现准时化生产。

6. 供应链准时化拉动

在精益制造方式中,企业按照客户订单实施JIT生产,在企业内部价值链中实施看板拉动。在这种方式下,需要供应商同样做出生产物料的准时化响应,因此丰田等公司积极推动供应商辅导,在供应商内部和供应商与主机厂之间建立看板拉动机制,达成主机厂所需的供应链准时化运作能力。该做法如图3-42所示,建立了供应商、主机厂、客户同步化运营模式。

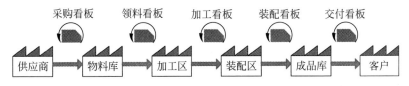

图 3-42 看板拉动的供需链准时化生产

3.3.4.3 均衡生产

在运用看板管理方式控制生产过程时,后工序在必要时刻从前工序领取必要数量的必要零部件。在此规则下,当后工序取料时,如在时间、数量和种类上经常毫无规律地变动,就会使得前工序无所适从,从而不得不准备足够的库存、设备和人力,以应付取料数量变动的峰值,显然这会造成人力、物力和设备能力的闲置和浪费。此外,在许多工序相互衔接的生产过程中,后工序取料数量的变动程度将随着工序向前推进的程度而相应地增强,呈现"牛鞭效应"。因此,生产的均衡化是最重要的前提条件。

1. 均衡生产概念系统

均衡生产,也叫平准化生产,日语为 Heijunka,英文译为 leveling production,是指在一定的周期内,平稳、均匀地生产客户所需或计划所要求的产品,使生产资源可以按照排产要求有序配置,并按照交付需求生产出所需产品。1945 年,大野耐一提出了平准化生产的管理理念。在生产中,平准化较好地解决了均衡化和同期化两个问题。其中,均衡是一个基于时间的概念,涉及产品数量、品种、工时、生产负荷以及零部件消耗等方面,具体是指物料按照用户要求的速度不间断地通过制造系统,迅速地从原材料变成成品,即在特定时间内,多个品种或规格的产品按照特定的组合,以特定的比例关系,按照既定的时序在生产线上完成生产。准时化生产的成功就在于努力地实现了生产的均衡化,有效地避免了工序间忙闲不均的同时,使装配线上的生产变动达到最小化。同期化是指同一产品的所有零部件都按照准时化生产的要求,在必要的时间同步组织生产,以确保产品生产所需物料在需要时间到达和被使用,是消除过程浪费的最佳手段之一。

均衡生产是拉动式生产的前提,在均衡生产中,首先是按照客户的需求来组织产品排产,在一定期间内既满足产品总量需求,也满足品种和数量需求,同时满足生产过程稳定性要求;其次是将这期间所要生产的产品进行品种组合、数量组合,且尽可能追求品种间最小批量的组合,使每个工作日生产的产品数量基本均等,生产出的品种满足交付的需要;最后,生产过程中,不因品种数量的变化而改变生产速度和节奏,确保生产要素配置既有响应的柔性又因产品不同而具有差异性。因此,均衡不仅是数量均衡,而且包括品种、工时、设备负荷、工装配合、物流响应的全部均衡。

均衡生产的突出特征是面向多品种小批量的组合生产,追求制造系统的高度柔性可变应对能力,并通过对柔性应变能力的追求来不断识别制造系统的缺陷,如质量缺陷、防错、工序时间不平衡、员工作业技能差异、设备运行不稳定、来料及时性及可用性不足等,通过不断改善和解决这些问题,逐步提高制造系统的稳定性和柔性,从而满足准时化生产的目的要求。

概括而言,均衡生产强调生产的总量均衡、品种均衡和数量均衡三方面的均衡能力要求。总量均衡是指整个生产周期内的生产任务在各个子周期内的生产量基本平衡,如年度生产任务在各月间是比较均等分配的;同样,月度生产任务在各个工作日之间的分配也是均衡的。品种均衡是指所要生产产品的种类在相应生产期间内较好地分布在各个子期间或工作日内,使得某个阶段的生产任务具有相同或相似特征,既保证了生产任务总量和品种要求的达成,又确保生产过程的平稳。数量均衡是指在既定的生产期间内,多种类产品在数量上形成稳定的结构和比例关系,且以尽可能小的品种数量关系进行组产,如日生产产品1000件,其中A产品500件、B产品300件、C产品200件,则日排产总量关系为A∶B∶C=500∶300∶200,但为了以最快速度满足不同客户对不同产品的需求,有效的排产计划是每批排定A∶B∶C=5∶3∶2,连续排产100个批次。图3-43和图3-44对比说明了非均衡生产与均衡生产的差异。

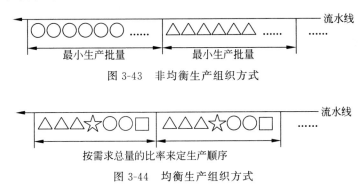

图 3-43　非均衡生产组织方式

图 3-44　均衡生产组织方式

2. 均衡生产的特点及作用

丰田的均衡生产对品种均衡和数量均衡都有很高要求,总装配线向各前工序领取零部件时,要均匀地领取各种零部件,实行产品组合生产。防止在某一段时间内集中领取同一种零部件,以避免前方工序的忙闲不均,以及由此引发的生产混乱。丰田汽车公司的总装线均以最小批量装配和输送制品,以期实现"单件"生产和搬运的理想状态。其结果是,总装线以最小批量从部装线和线边领取必要的零部件,部装线同样以最小批量向其前工序领取必要零部件,进而实现了总装生产拉动总成及部件装配生产、部装生产拉动部件装配及所需零件生产,最终拉动零件的加工和搬运,构建了全局拉动的准时化生产运作流程。此外,丰田汽车公司把均衡生产作为使生产适应市场需求变化的重要手段。这种多品种、小批量的产品组合生产方式具有很强的柔性,能迅速适应市场需求的变化。均衡生产还具有另一个重要的优点,就是各工序无须改变其生产批量而仅用看板逐渐地调整取料的频率或生产的频率,就能顺利地适应市场需求的变化。

3．均衡生产实例

1）问题描述

各个汽车生产企业制造的车型并不单一，而各种车型在焊装车间即体现了不同特点，所以很多汽车企业都采用多条主焊线生产不同车型，然后通过混流合并到调整线进行生产。在制定混流切换排产模型时，结合"销—产—采"的预测信息，涵盖整个销售需求，设定多套产能模型，在一定时期内进行比例切换。车间按预设模型开展标准作业，物流部门同样依据模型设计相关物流应对方案。

以 F 轿车的平准化生产方式来说明，如图 3-45 所示。首先根据年度计划制订月度均衡计划，月生产计划经过 BOM 系统转化成月物料要货计划，并传给本地及异地供应商，本地供应商直接进行顺序配货，而异地供应商要先将物料发送至本地仓库进行存储。同时月生产计划要向周、日车序作业计划进行平准化混流转化，形成的平准化车序计划再经 BOM 系统转化生成日平准化物料要货计划，指示本地供应商及本地仓库按车序进行配货，并按照时序生产指示配送到生产线侧，以实现平准化生产。

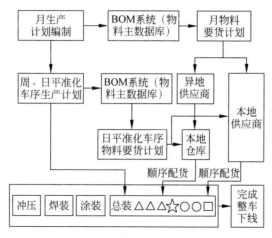

图 3-45　F 轿车均衡生产流程

在上述过程中，关键在于周、日均衡车序计划的生成，其原理、逻辑、模型的设计和解析是最为重要的内容。

2）产能均衡化混流切换模型

（1）参数

R：某一生产日；

Y：某一生产月。

（2）变量

i：车型，$i=1,2,\cdots,m$，共 m 个车型；

j：产能模型，$j=1,2,\cdots,n$，共 $n(n\leqslant m)$ 个产能模型，且至少有 2 套模型用于生产；

f：生产线，$f=1,2,\cdots,h$，共 h 条生产线；

d：每日生产时间(min)；

D：每月工作天数(d)；

p_i：i 车型生产速度(节拍)(s)；

η_m^i：i 车型占全部 m 个车型的数量比例(%)；

S_f^i：i 车型在第 f 条生产线上的状态；

q_R^i：i 车型第 R 日的产量；

q_R：全部车型第 R 日总产量；

Q_Y^i：i 车型第 Y 月总生产量；

Q_Y：全部车型第 Y 月总生产量；

N_Y^i：i 车型第 Y 月总需求量；

N_Y：全部车型第 Y 月总需求量；

t_j：第 j 个产能模型的生产时间(d)($0 \leqslant t_j \leqslant T$，可在小于 1 个工作日内进行模型切换)；

M_j^i：i 车型在 j 产能模型下的日产量；

D_j：第 $j-1$ 个产能模型向第 j 个产能模型切换的时间点($2 \leqslant j \leqslant n$)。

(3) 模型

根据生产需要，定义不同车型在生产线上的日生产状态。对不同车型占总车型的数量比例关系，第 R 日的生产节拍、生产时间等生产运营指标进行具体描述：

记 i 车型的日生产状态为 $S_f^i(q_R^i(p_i,d),\eta_m^i)$，该月 i 车型占全部 m 个车型的数量比例为 η_m^i，其生产速度(节拍)为 p_i，每日生产时间为 d，日产量为 q_R^i，在第 f 条生产线上进行生产，且该线上共有 m 个车型进行混流。

其中 i 车型第 R 日的产量 q_R^i 为

$$q_R^i = \frac{d}{p_i} \tag{3-12}$$

全部车型第 R 日的产量 q_R 为

$$q_R = \sum_{i=1}^{m} q_R^i \tag{3-13}$$

同理，i 车型第 Y 月产量 Q_Y^i 表述如下：

$$Q_Y^i(D) = \int_0^D q_R^i(p_i,t)\mathrm{d}\theta = \int_0^{D_1} q_R^i(p_i,t)\mathrm{d}\theta + \int_{D_1}^{D_2} q_R^i(p_i,t)\mathrm{d}\theta + \cdots +$$
$$\int_{D_{j-1}}^{D_j} q_R^i(p_i,t)\mathrm{d}\theta + \cdots + \int_{D_{n-1}}^{D} q_R^i(p_i,t)\mathrm{d}\theta \tag{3-14}$$

式中，D 为每月工作天数；D_j 为第 $j-1$ 个产能模型向第 j 个产能模型切换的时间点；θ 为在 $[0,D_1]$，$[D_1,D_2]$，$\cdots$，$[D_{j-1},D_j]$，$\cdots$，$[D_{n-1},D]$ 上分段连续。

全部车型第 Y 月总产量为

$$Q_Y(D) = \sum_{i=1}^{m} Q_Y^i(D) \tag{3-15}$$

根据 JIT 生产的原则,使生产中的浪费降至最低,则该月 i 车型的产量等于其实际需求量,全部车型总产量与其总需求量相等。

$$Q_Y^i = N_Y^i \tag{3-16}$$

$$Q_Y = N_Y \tag{3-17}$$

建立混流切换模型,某车间的第 f 条生产线根据生产需要初步选定 n 个预定的产能模型,第 Y 月所要生产的车型种类为 m,i 车型在该月的需求量为 N_Y^i,求解每个产能模型在该月需执行的时间 t_j,建立下列 n 元一次线性方程组即可求解:

$$\begin{cases} M_1^1 t_1 + M_2^1 t_2 + \cdots + M_n^1 t_n = N_Y^1 \\ M_1^2 t_1 + M_2^2 t_2 + \cdots + M_n^2 t_n = N_Y^2 \\ \vdots \\ M_1^m t_1 + M_2^m t_2 + \cdots + M_n^m t_n = N_Y^m \\ t_1 + t_2 + \cdots + t_n = D \end{cases} \tag{3-18}$$

对于方程组(3-18),其中前 m 个方程分别表示 i 车型第 Y 月产量等于其需求量。$M_j^i t_j$ 表示在 j 模型下,i 车型的日产量(即 M_j^i)与其执行时间 t_j 的乘积。第 $m+1$ 个方程表示所有模型执行时间之和等于该月工作天数。

设方程组(3-18)的系数矩阵为

$$M = \begin{pmatrix} M_1^1 & M_2^1 & \cdots & M_n^1 \\ M_1^2 & M_2^2 & \cdots & M_n^2 \\ \vdots & \vdots & & \vdots \\ M_1^m & M_2^m & \cdots & M_n^m \\ 1 & 1 & \cdots & 1 \end{pmatrix},$$

令:

$$t = \begin{pmatrix} t_1 \\ t_2 \\ \vdots \\ t_n \end{pmatrix},$$

$$N = \begin{pmatrix} N_k^1 \\ N_k^2 \\ \vdots \\ N_k^m \\ D \end{pmatrix},$$

其增广矩阵为 $\overline{M}=(M|N)$。

对于上面建立的非齐次线性方程组,其有解的充分必要条件是系数矩阵(M)与增广矩阵($\overline{M}$)的秩相等。当系数矩阵(M)可逆时,该方程组有唯一解 $t=M^{-1}N$,若该组解满足不等式 $t_1 \geqslant 0, t_2 \geqslant 0, \cdots, t_n \geqslant 0$,则该组解在实际生产中可执行;若该组解中存在 $t_i<0$,则需对产能模型中的车型产量进行调整,或重新选定产能模型,因为在生产中执行天数为负没有实际意义。当方程组系数矩阵(M)不可逆或不是方阵(即其系数矩阵的秩小于未知数个数)时,非齐次线性方程组 $Mt=N$ 有无穷多个解,其一般解为 $t_0+k_1t_1+k_2t_2+\cdots+k_\alpha t_\alpha$,其中 t_0 是 $Mt=N$ 的一个特解,$t_1, t_2, \cdots, t_\alpha$ 是导出方程组 $Mt=0$ 的一个基础解系,$k_1, k_2, \cdots, k_\alpha$ 是 α 个任意常数。此时,在满足解有实际意义($t_i \geqslant 0$)的条件下进一步对解进行筛选。上述过程确定了各产能模型的执行天数,在现实生产中,企业需要根据自身的资源条件和发展需求,例如物流便利性、各产能模型相似度等因素来选择模型并编排模型的执行顺序,选择出利于企业执行的满意解。

(4) 基于特定切换模型的多品种混流排产

根据产能平准化混流切换模型确定出该月的产能模型切换模式后,要进一步确定日平准化车序计划,即确定在每个模型中各个车型的投产顺序。生产比倒数法作为一个经典的方法,在实际生产中经常被使用。其原理就是取各产品产量比值的倒数作为衡量产品是否优先投产的准则,生产比倒数越小即产品产量在总产量中的比重越大者,越优先投产。使用该方法是为了防止同一种产品连续重复投入。下面阐述其使用步骤:

第一步:在产能模型中,根据各车型的日产量 $M_j^i (i=1,2,\cdots,m)$ 求其最大公约数 δ,然后计算各产品的产量比,用 U_i 表示:

$$U_i = \frac{M_j^i}{\delta} \tag{3-19}$$

用各产品的生产比之和作为一个循环流程的总产量,用 β 表示:

$$\beta = \sum_{i=1}^{n} U_i \tag{3-20}$$

第二步:计算生产比倒数

$$R_i = \frac{1}{U_i} = \frac{\delta}{M_j^i} \tag{3-21}$$

第三步:令 $X_{ik}=U_i, k=1, i=1,2,\cdots,m$。

i:某产能模型中的车型数;

k:一个循环流程中的投产顺序号,$k=1,2,\cdots,\beta$。

第四步:按照生产比倒数最小的车型先生产,生产比倒数相同时选择生产比变动较晚车型的原则,选择车型进入序列。选择 X_{ik} 中值最小者,记 $X_{rk}=X_{ik\min}$,$r=i$,则产品 r 作为第 k 号投产。

第五步：如果 $k = \sum S_i$，则得到一个循环流程。如果 $k \neq \sum S_i$，则继续对车型进行排序。若某一车型 i 被选择的次数已经达到其生产比 U_i，则其在本次循环中已排满，其他车型的生产比倒数继续按照如下方法更新：

$$X_{i,k+1} = X_{ik} (当 i \neq r 时) \quad (3-22)$$

$$X_{i,k+1} = X_{ik} + U_i (当 i = r 时) \quad (3-23)$$

且令 $k = k+1$，反馈到第四步，重复以上过程，直至 $k = \beta$，一个循环结束。

3）算例分析

（1）混流切换模型

以 F 轿车公司焊装车间为例，焊装车间的生产是由 2 条主焊线供应 1 条调整线，每条主焊线生产 3 种车型，合计生产 6 种车型。在一定时期内，根据市场需求和销售公司的要货需求的波动，焊装车间设定 2 条主焊线，其中 A、B、C 3 种车型在焊线 1 生产，D、E、F 3 种车型在焊线 2 生产。最终，6 种车型产品按照需求量及其比例关系进入到调整线进行混流生产。为保障生产过程的稳定性和灵活性，需要在生产中运用恰当的平准化产能混流切换方案。

针对上述情境中的 6 种车型混流进行模拟，选取焊线 1 进行分析，焊线 2 的状态同理可得。已知某月工作日为 22d，车型 A 订货量为 12 000 辆，车型 B 订货量为 6000 辆，车型 C 订货量为 4000 辆。按照市场对各类车型的需求时间和需求量进行均衡排产，在优化解系中选择最接近市场需求的一组 4 个产能模型，产能模型一：A 车型日产 600 辆，B 车型日产 300 辆，C 车型日产 100 辆；产能模型二：A 车型日产 600 辆，B 车型日产 200 辆，C 车型日产 200 辆；产能模型三：A 车型日产 300 辆，B 车型日产 300 辆，C 车型日产 400 辆；产能模型四：A 车型日产 200 辆，B 车型日产 400 辆，C 车型日产 400 辆。

根据已知条件有：

$M_1^1 = 600, M_2^1 = 600, M_3^1 = 300; M_4^1 = 200;$

$M_1^2 = 300, M_2^2 = 200, M_3^2 = 300; M_4^2 = 400;$

$M_1^3 = 100, M_2^3 = 200; M_3^3 = 400; M_4^3 = 400$。

工作日 $D = 22d$。

将上述已知条件代入式（3-16）计算，有

$$\begin{cases} 600t_1 + 600t_2 + 300t_3 + 200t_4 = 12\,000 \\ 300t_1 + 200t_2 + 300t_3 + 400t_4 = 6000 \\ 100t_1 + 200t_2 + 400t_3 + 400t_4 = 4000 \\ t_1 + t_2 + t_3 + t_4 = 22 \end{cases}$$

求得每个产能模型的执行时间为 $t_1 = 76/7d, t_2 = 54/7d, t_3 = 12/7d, t_4 = 12/7d$。结合企业自身的资源配置情况，同时使相似度高的模型相邻，得出模型的执行顺序为 $j=1, j=2, j=3, j=4$，4 个模型依次执行。所以计算得到产能模型切换时

间点为 $D_1=76/7d$，$D_2=130/7d$，$D_3=142/7d$，即该月的第 76/7d 生产线及物流等生产运营部门工作模式从模型一切换到模型二，该月的第 130/7d 生产线及物流等生产运营部门工作模式从模型二切换到模型三，以此类推。上述产能模型切换模式如图 3-46 所示。

图 3-46 中，横坐标是工作日（D），纵坐标是日产量（M），横纵坐标构成的四边形面积表示单一车型或全部车型在特定生产时间段内的产量，最外部四

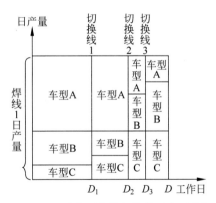

图 3-46 3 种车型产能切换模型应用模拟

边形构成了全月产量。如图中所示，对于焊线 1，切换线 1 左边是产能模型一的排产情况，右边是产能模型二的排产情况；切换线 2 左边是产能模型二的排产情况，右边是产能模型三的排产情况，以此类推。在全月产量不变的情况下，调整中间切换线的位置，车型 A、车型 B 或车型 C 的生产量随之变化。产能模型切换就是通过调整切换线的位置，即调整切换时间点 D_r 来动态适应销售需求的变化，实现不同车型生产的数量均衡（日产量）和总量均衡（月产量），并据此做出相应的人员配备和工艺准备方案，减少产能损失。

同理，焊线 2 也可以用同样方法进行计算，得出对应结果，两条焊线产量的比例即 A＋B＋C 车型与 D＋E＋F 车型的产量比例，产量的差异通过生产节拍的调整来实现。两条焊线通过合流对应一条调整线的生产，并在 ERP 系统中形成排产方案，生成主生产计划。

（2）生产比倒数法排序

在确定焊线 1 第 Y 月的产能模型切换模式后，进一步确定日均衡车序计划。以焊线 1 在产能模型一的状态下为例，采用生产比倒数法进行车型排序。已知在产能模型一下，A、B、C 3 种车型日产量分为别为 $M_1^1=600$、$M_1^2=300$、$M_1^3=100$，应用前述的步骤确定生产计划顺序。

第一步：各车型产量的最大公约数为 100，生产比＝600∶300∶100＝6∶3∶1，循环流程 $K=10$。第二步：计算生产比倒数，$M_1=1/6$，$M_2=1/3$，$M_3=1/1$。第三步：确定生产顺序，得到如表 3-9 所示的生产计划排序过程。

表 3-9 3 种车型生产计划均衡排序过程

步　骤	生产比倒数值			车 型 序 列
	A	B	C	
1	1/6(＊)	1/3	1/1	A
2	1/3	1/3(＊)	1/1	AB
3	1/3(＊)	2/3	1/1	ABA

续表

步 骤	生产比倒数值			车型序列
	A	B	C	
4	1/2(*)	2/3	1/1	ABAA
5	2/3	2/3(*)	1/1	ABAAB
6	2/3(*)	3/3	1/1	ABAABA
7	5/6(*)	3/3	1/1	ABAABAA
8	6/6	3/3	1/1(*)	ABAABAAC
9	6/6	3/3(*)	2/1	ABAABAACB
10	6/6(*)	4/3	2/1	ABAABAACBA

* 指所对应的车型（A、B 或 C）被选取（进入排程）。

根据表 3-9 进行推导，可以得到生产计划顺序为 A—B—A—A—B—A—A—C—B—A。

综上所述，焊线 1 在其前 76/7d 使用生产模型一进行生产（A 车型日产 600 辆，B 车型日产 300 辆，C 车型日产 100 辆）。对于每一循环，车型生产计划顺序为 A—B—A—A—B—A—A—C—B—A。其他产能模型下的生产计划顺序也可按此方法制定。

3.3.4.4　设施合理布局

多品种、小批量的均衡生产过程，必然需要在工序间频繁领取制品，从而也必然增加搬运作业量和运输成本，如果运输不畅，将会影响准时化生产的顺利进行。可见，产品工艺和质量标准的达成、产品品种与数量的均衡生产，均与制造系统的构造及其运行方式有极大相关性。客观而言，设施布局对生产过程和物流系统运行存在刚性约束，而均衡生产要求制造系统具有很好的柔性响应能力，就需要在设施布局方面开展设计和优化。

传统的离散制造过程主要在生产车间采取工艺导向的"机群式""工段式"设备布置方式（即工艺原则布局），同类加工设备布置在一个工作区间（工段），被加工件在工段之间进行流转，完成工艺要求的加工步骤。该做法的优点是通过物料在工段间不同设备上的加工流动，可以完成复杂工艺的组合加工，具有较好的灵活性，适合单件生产和小批量生产。其缺点是因不同设备之间的距离大，物料需要在工厂内长距离、多区间流动，且因为生产的离散过程容易导致生产衔接不紧密，产生工序间的等待和大量存货等普遍现象，生产周期长、物流路径长、搬运次数多。

依照精益制造原理及其定义的浪费形式，工艺原则布局普遍存在比较严重的浪费，如过量或过早生产、长时间等待、大量在制品存货、不当的搬运、人机分离困难、物流交叉与回流、设备利用率显著偏低等。所以，工艺原则布局方式面临着深度调整的需求。

精益制造比较倾向于产品原则布局,即根据产品生产的工艺顺序,将生产设备、设施、工装、工具等构建成为一条生产线,通过设备功能通用化、生产模块化、设备快速换型、工位器具的柔性化等措施,形成生产多品种的能力,从而拥有连续生产的优势。精益生产布局中,在同一工艺范畴内,同时还考虑了一人多机操作、多技能工弹性作业等特殊的效率化需求,确立了以U型布局和联合U型布局(一笔画布局)为主的基本理念,使生产线乃至整个制造系统构造显著支持连续生产过程,从而大大减少生产空间占用,缩短工序和工艺间的工作距离,并使物料在工序间顺序流动,明显消除物料搬运等所需的大型搬运设施的使用,取而代之的是简易可靠的传送装置,如传送带、辊道、小车、滑道、电葫芦等,使生产呈现节拍化,大幅提高设备设施利用率,提高产能产量,减少作业人员数量,并易于推行一致性的品质管理标准和控制方法。在跨工艺生产过程中,除U型布局外,Y型布局、T型布局、F型布局、E型布局等也会灵活运用到生产实践中,比如部件装配线与总装线之间可以用此类布局实现总分式物料准时化响应的关系,机场航站楼往往采用Y型或T型布局方式,以增加停机位的数量。另外,局部单元式布局与整体U型布局的组合,也越来越多地被运用到复杂工艺生产或分布式加工作业组合的制造系统中。

精益制造布局,总体遵循的是流程经济原则,并内置了动作经济原则的基本要求,不仅考虑工艺流程的顺畅性,还兼顾人员作业的安全性、效率性、品质性和环境友好性的要求。

图3-47简要反映了设施设备精益布局的要点:

(1) 布局应符合产品特性(products)、产能/产量要求(quantity)、工艺可行性(rout)、辅助设施安排(service)、生产效率(time)和生产成本(cost)的综合要求。

(2) 设备和服务设施布置应遵循相关性原则,具有绝对相关性(A: absolutely important)的设施必须紧密相连或相近,具有极高相关性(E: extremely important)的设施应紧密相连或相近,具有重要相关性(I: important)的设施应尽可能相连或相近,具有一般相关性(O: ordinarily important)的设施选择性相连或相近,无必要相关性(U: un-important)的设施可不相连或相近,互斥(X)的设施一定不能相连或相近。

(3) 尽可能用U型或联合U型方式布局,以整体连续为目的。

(4) 制造系统布局尽可能遵循I/O一致性原则,即入口和出口在连续布局的同侧,以缩短物流路线,防止搬运工具空载。

(5) 布局应考虑产量变化对生产节拍的变化要求,尽可能满足柔性作业范围调整的需要,即可以通过作业者人数的增减来调节作业量的减增,用以优化生产节拍/速度,以保证连续生产。

(6) 作业区布局设计应充分体现人的因素要求,考虑人体生理构造特点,降低因作业带来的疲劳损伤。

布局的合理性,首先体现的是生产作业对工艺技术要求的响应水平,即生产现

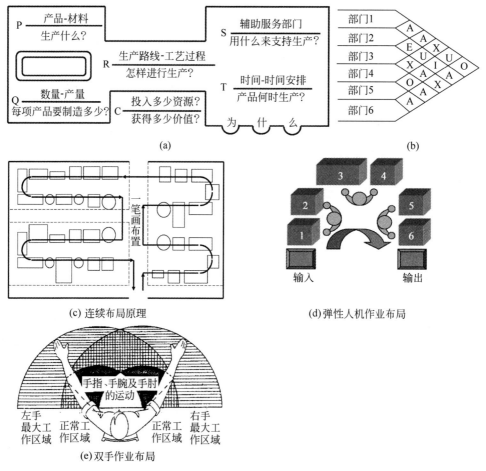

图 3-47 设施/设备精益布局示例

场的人员、设备、设施、物料、能源、信息和诸生产要素之间的配置方法如何体现对制造品质和生产能力的基本要求。其次,生产布局要切实反映企业对生产组织方式的目的性追求,即体现企业对生产要素的投入产出机制要求,这是生产全局效率性、柔性和安全性的综合能力体现,也是生产竞争力的体现,如拉动式生产明显区别于推动式生产,均衡生产显著区别于批量生产。最后,布局要体现生产组织过程的灵活性、动态匹配性,即局部的生产布局要体现产品类型变化、产量变化甚至客户对产品特殊特性的要求,并保证局部生产与全局生产之间的一致性,如离散制造中可以用多个局部的 C 型成组布局方式满足不同类型零件的加工,同时与主体生产流程的 U 型或 L 型布局进行匹配。

3.3.4.5 小批量生产

丰田汽车公司的 TPS 在创建之初,其重要目的之一就是解决日本本土及驻日美军对多种车辆的需求问题,即用一条生产线或尽可能少的生产线生产多种车辆,也就是制造系统要满足多品种小批量动态生产能力要求。

准时化生产具有很显著的柔性生产基因,是应对不断变化的多种需求的响应安排,因此小批量生产是精益制造的显著特色和重要能力体现。

精益制造方式中的小批量生产与传统意义上的小批量生产含义明显不同。传统意义上,小批量生产与单件定制生产具有相似含义,意味着个性化的工艺、设备、工装、操作技能和生产环境,具有低效率、长周期、高成本和品质不稳定等特征。精益制造模式中的小批量生产则意味着与大量生产具有相同的品质稳定性、高的生产效率、低的制造成本,其主要做法是将多品种产品的生产整合为相同或近似相同的生产工艺和标准作业,在相同的设施布局环境下进行组合生产,其形式满足大量生产的特征,本质上实现了多品种的优化组合生产,从而获取了大量生产的优势。

在精益制造中,实现低成本小批量生产需要以下几方面的支持:一是建立多品种混流组合的均衡生产模式,包括均衡排程策略与组产方法、品种均衡与数量均衡的运行与控制机制,如快速换型、快速质检等;二是建立保障多品种混合生产的物理系统,包括兼顾不同产品生产需要的通用设备、设施及连续生产布局结构,支持设备、设施快速换型的工装器具,线边随手可选的专业工具;三是建立柔性的物流配送机制,可以利用看板管理将供应商供应的物料迅捷地调配到生产线,并符合生产顺序和品种的要求;四是建立标准作业方法,保证生产作业质量和效率;五是通过浪费识别与问题改善,不断提高制造系统的可用性,持续提高制造系统的工作品质和效率;六是用尽可能小的批量组产方式挑战制造系统的响应能力,使之对严苛的生产要求做出适应性反应。

3.3.4.6 标准作业

标准作业是指通过方法研究,对生产作业实施工艺改进、操作改进、动作改进、物流改进、容器改进、搬运改进、工具改进和在制品数量改进,在此基础上,为工序作业活动制定明确的顺序,并确定作业的工时定额,使作业过程在规范的方法和标定的时间内顺利完成。标准作业是一套保证生产安全、生产品质、生产效率和生产过程均衡性的先进的现场管理制度和系统方法。

标准作业的前提是建立作业标准。作业标准是指为保证工作者在工作位置上生产的产品能够达到符合客户要求或产品设计要求的质量所确立的相应规范,是运用方法研究技术,在对作业系统充分调查分析的基础上,通过删除(eliminate)、合并(combine)、重排(rearrange)、简化(simplify)的方式,对现有作业(作业构成、作业顺序、作业单元)和动作(动作构成、动作顺序、动作精度)进行分析和优化,形成一套安全、准确、精确和省时、省力的作业基准。

建立标准作业是企业建立科学运营的基础环节,也是关键的生产能力保障机制。精益制造中的标准作业有两种功能:稳态生产作业保障功能和动态作业响应功能。稳态生产作业保障,是指按照常态化(不变的)产量标准所制定的标准作业体系,用以维持产量、品质和保证安全指标的达成;动态作业响应,是指按照订单需求的变化或产品组合方式的变化,需要根据作业内容的变化调整作业速度,以达到所需的产量、品质、安全和效率要求。前者如在年产 30 万辆汽车的计划下需要日产 1200 辆的产量安排,标准作业的制定要确保生产线、员工能够以稳定的操作方法和工具运用方式,完成 1200 辆的日产目标。后者如生产过程中因为车型或规格的不同而需要的作业内容不同,或者因为产量目标变化导致日排产量发生变化,从而要求作业者能够以变化的作业内容和速度响应生产任务要求,所制定的标准作业应在响应工序、工位上形成可变的作业标准,并满足生产节奏要求。由此可知,在精益制造中,员工需要具备完成可变任务的操作能力,这就是后文将要谈及的多技能工人培养。

在不同的场景下,作业方式有所不同,可分为人机作业、双手作业、联合作业。人机作业是指员工操作设备对物料进行加工的作业活动;双手作业是指员工在作业时的双手相互配合关系,是任何人工参与作业的方法基础,比如操作设备、装卡工件、搬运物料等;联合作业是指多人在同一工作地(工位或工作站)相互配合完成相应作业,如制作大功率风力发电机叶片时的纤维布层铺作业。人机作业改进主要是消除人员、设备的闲置时间,提高人的利用率和设备利用率,一人多机操作,是典型的提高人机作业效率的方法;双手作业改进,主要是合理安排双手工作的内容、顺序和相互匹配关系,尽量使双手处于同步或交替作业状态,避免单手过于繁忙而另一只手过于空闲的状态,从而平衡双手负荷,降低作业疲劳;联合作业优化主要是通过合理分配每位操作者的作业内容,调节作业顺序和工具的使用,使所有作业人员尽可能处于有序串行或并行作业的状态,从而平衡不同员工的作业量、作业时间,并缩短整个作业周期时间。

作业按照类型不同,还可以分为加工作业、装配作业、搬运作业、拣选作业、检验作业、包装作业、维修作业等,这些作业都需要人机作业、双手作业、联合作业的某种方式或多种方式的组合来完成。

精益制造中的标准化作业内容主要包括三个方面:标准周期时间、标准作业顺序、标准在制品存量。

1. 标准周期时间

标准周期时间是指生产单元内(或生产线上)完成一个单位制品所需要的时间。标准周期时间可由下列公式计算出来:

$$标准周期时间 = \frac{每日的工作时间}{每日的必要产量}$$

或

$$标准周期时间 = \frac{每班工作时间}{每班的必要产量}$$

根据标准周期时间,生产现场的管理人员就能够确定在各生产单元内生产一个单位制品或完成产量指标所需要的作业人数、工序数(工位数),并合理配备班组、车间及工厂的作业人员。

由上面分析可知,如果一定工作日内的生产任务量是不变的,那么这期间的生产周期是固定的,是稳态生产作业;如果一定工作日内的生产任务量是变化的,那么这期间的生产周期是可变的,是动态作业响应。

标准周期时间并非生产一个完整产品的周期时间,而是制造系统平均生产一个产品所需的间隔时间。完整的产品生产周期时间是指从原材料投入到产品加工完成的所有时间,包括加工、检验、搬运、包装、等待等实际发生的时间。从响应市场客户需求的角度定义的生产周期时间,即客户得到一件产品的市场必要时间,被定为生产节拍,德语为 takt time,简称 T/T 或 T.T。生产节拍的定义,确立了节奏化生产方式的存在,即产品以既定的节奏在制造系统中流动和被生产出来,每经过一个节拍在制品就在制造系统中向前流转一个工序。在制造系统的末端看就是一个节拍产出一个成品,而在制造系统始端看就是一个节拍投入一个原料。显然,节拍定义了生产速度和效率,节拍时间越短,生产速度越快,生产效率越高。在精益制造中,节拍化被看作是企业生产应该遵循的基本规则,即应该按照客户的需求速度安排生产和制造产品,并根据需求的变化调整生产速度,以准时满足客户的需求。

在实际生产中,由于制造系统中各个工位(工序/工作站,每个工作站的作业内容往往不同)的作业能力不完全均等,尤其在生产不同产品时体现得更加突出,所以,制造系统内的工序效率水平存在客观差异。另外,产品的产出速度受瓶颈工序的约束,即用时最长的工序决定了产品的生产速度,因此实际生产的周期时间往往与期望的理论周期时间有差异。实际生产周期时间(间隔)称为 cycle time,简称 C/T 或 C.T。

显然,C.T 与 T.T 之间存在多种可能关系,当 C.T 大于 T.T(即实际生产时间大于理论生产时间)时,既定生产任务将无法完成,出现拖期现象;当 C.T 小于或等于 T.T 时,既定生产任务可以完成并按期交付。因此,对 C.T 的掌控和不断优化,是制造系统获取精益能力的重要前提。

2. 标准作业顺序

标准作业顺序是指物料被加工成产品时的合理加工顺序,既可以用来指示多技能作业员在同时操作多台机床时所应遵循的操作顺序,即作业人员拿取材料、上机加工、加工结束后取下,以及再传给另一台机床的顺序,也可以表示被加工物料在不同设备或工序间流转的顺序。

工件以标准作业周期 C.T 按顺序通过响应工序或工作站,完成工艺规程所要求的所有加工过程,成为产品。因此,产品实际生产周期时间是标准作业周期时间与工序数的乘积。一旦生产作业不能按照顺序进行,将会出现在制品停滞、等待等不良问题,必然延长生产周期时间。

对于一人多机操作而言,同样要求工件按照工艺顺序要求通过多台加工设备,且每个工序加工时间均不超过 T.T。对于所有作业人员而言,也同样必须在标准周期时间内完成自己所承担的全部作业,这样在同一个生产单元内或同一生产线上的生产才能够达成过程平衡。

对于多台设备同时开展同一加工作业的,一人多机操作时也应该是按照生产节拍的要求,使相邻两台设备之间的作业按照节拍间隔产出,以分别流向下一工序,这样同样可以保证生产按照标准顺序和标准时间进行。

3．标准在制品存量

标准在制品存量是指在每一个生产单元内,在制品储备的最低数量,包括仍在机器上加工的半成品和待加工制品。

在制品储备是一种制造系统内的存货安排,由于生产中存在一定的不确定性,如设备故障、材料不良、误操作等,生产管理中往往设定一个最小的在制品数量(大于1),来确保生产过程连续性、稳定性和安全性。按照精益制造理论对浪费的界定,过量在制品一定是一种浪费,需要必要的存储场地和一定的资金占用,并需要必要的管理和维护,无益于管理的目的性。因此,希望制造系统中的在制品数量尽可能少。当每个工序的在制品数量为1时,制造系统的每个单元、每个工序都在加工和流转1件物料,并以相应的节拍完成1件产品的生产,此种情况即为丰田生产方式定义的单件流状态,是生产的最高境界。

减少和消除在制品数量,需要对制造系统中的各生产要素进行不断改善,确保其可用性和可靠性。在生产中,坚定地坚持标准作业制度,严格按照节拍要求和顺序要求生产,可以识别出生产过程中的显性和隐性浪费,通过对要素和流程的改善消除浪费,制造系统的稳定性、可靠性将不断得以提升,在制品的数量就可以不断削减。

标准作业建立了确保顺序化、节奏化生产的方法、规则和制度保障,是 JIT 得以实现的最重要的现场工作机制,体现了公益性要求、品质性要求、安全性要求,是浓缩了均衡生产、拉动式生产、小批量生产要求而确立的生产资源配置的科学方法。

标准作业指导书(要领书)是生产中用于指导员工开展标准作业的文件,标准作业表(票)、标准作业组合表是标准作业管理和执行中常用的工具。

3.3.4.7 多技能工

多技能工(或称多能工)是指那些能够掌握多种操作技能、完成多岗位作业的现场操作工人,如一人可以实现对多台机床的多工序的加工作业、一人具备上工序和下工序的操作技能,可以根据任务安排的不同实时调整作业岗位,满足不同作业技能要求。

多技能工的多种技能是通过有目的地培养而获得的,包括通过持续的改善过程的渐进积累。多技能工一般具有三种技能:一是员工能够在 U 型或 C 型生产设备布局中,按照成组加工的方式和标准作业的要求从事一人多机操作,实现了"人机分离"的高效率作业状态;二是员工可以根据生产强度、生产速度要求的不同,适时增加或减少作业量,即不仅能够胜任本岗位作业任务,还能胜任前工序或后工序岗位作业任务,可以在较大范围内从事生产作业活动,以满足变化的生产节拍要求;三是具备开展浪费识别和问题改善的能力,通过识别和消除浪费不断获得更高的技能水平。

在当前和未来趋势下,随着产品生产的定制化程度不断提高,以及生产作业人员的流动性越来越大,多技能工培养显得日益重要。多技能工的培养,不仅为推行标准作业提供了前提条件,而且通过多技能工的改善活动,还可以不断改进和完善标准作业要领,在方法和工具使用方面进一步提高作业品质,提高作业柔性和对变化的生产要求的动态响应能力。

3.3.4.8 快速换型

换型,也称换模,是指生产加工过程中,由于加工任务的变换,加工设备(如机床)需要按照工艺要求对所使用的模具、装夹器具等进行更换。快速换型是指用非常短的时间完成模具等的转换,并具备生产合格品的能力。快速换型是 20 世纪 50 年代初期日本丰田汽车公司摸索并创建的一套应对多品种小批量生产的效率化方法,是在新乡重夫(Shigeo Shingo)指导下,丰田汽车公司员工通过不懈努力而建立的,最初是为了获得不弱于美国通用汽车公司的转换效率,之后丰田为了获取更大的多品种换产优势,将换型时间缩短到一位数分钟时间内(即少于 10 分钟)。

表 3-10 列举了几家世界著名装备制造公司更换模具的基本信息,由此可以看出在快速换型技术应用前,制造过程的换型时间非常长,对生产效率和品种多样性的影响非常大,说明快速换型的意义十分重大。

表 3-10 模具换型时间对比表

公 司	机 器 类 型	初始换模时间/h	新的换模时间/min
Toyota 丰田	1000 吨冲压机	4	3
Yamaha 雅马哈	加工线	9.3	9
Mazda 马自达	环形齿轮切割机	6	10
Hitachi 日立	铸模机	1.25	3

快速换型的英文是 single minutes exchange of die,缩写为 SMED,也称"分钟整备法"。single 是一位数的意思,在当时代表的是极短的换型时间和极高的换型效率。

快速换型并非仅仅针对冲压生产中的模具更换过程,还包括具有同类性质的生产装备构件的转换,如炼钢工艺中的结晶器更换、轧钢过程中的轧辊更换、机床加工中的工装夹具更换等,是十分普遍的。

1. SMED 意义

任何因产品更换,而必须使机器或生产线停止生产,以完成更换动作者皆是换型作业,换型作业必然消耗时间、中断设备加工运转,从而损失生产效率。通过快速换型技术,可以大幅缩短批量产品加工之间的生产等待时间,提高设备利用率和产品产出率,显著降低生产成本。对于多品种小批量生产和定制化生产,快速换型的作用更加明显。精益制造不仅要实现多品种、小批量生产,还追求生产的均衡化水平,也就是不同产品的生产满足同步化和同节拍的要求,需要尽可能短的同质化换型作业。

2. SMED 原理

客观存在的换型时间:任何换型作业,都会不同程度地导致机器设备或生产线停止生产,从前一批次最后一个合格零件加工完成到下一批次第一个合格零件开始加工之间的间隔时间即为换型时间。

换型作业是指前批次产品生产完成后将模具从设备内取出,将下一批次生产所需的新模具装入设备中,并使模具具备生产合格产品能力所开展的活动。换型作业包括内换型作业和外换型作业。内换型作业指必须在机器停止生产状态下,才能进行的换型作业;外换型作业指不需要机器设备停机,仍然可以进行的换型作业。

SMED 的目的是总体缩短换型时间,尤其要缩短内部换型作业时间,以减少机器设备停机时间,提高生产连续性。SMED 的活动就是围绕这一目的而展开的。

3. SMED 过程

(1) 测量并计算整个生产换型过程。按照作业测定过程和方法,对现有换型的流程、作业和动作进行测量、分析,包括对物料、工具的位置、取放方式、作业安全性等做出界定,测定换型时间,识别换型作业的浪费形式及具体内容。

(2) 区分并分离内外换型作业。按照是否需要停机、停台,将换型作业区分为内换型作业和外换型作业,将内换型和外换型作业做出流程分析、操作分析和动作分析,界定内换型和外换型的有效性和问题。如汽车板冲压工艺中,冲压机停止后才能将使用中的模具从内部拉出,此为内换型作业;将拟使用的模具从模具仓库吊运至冲压机旁,此为外换型作业。

(3) 将内换型作业转换为外换型作业。机器停止时才能开展的准备作业,经过改善后,变成在机器运转时即可预先完成的作业。例如更换轧辊作业中,将原来轧机停止后进行的预装轧辊吊运作业转换为停机前将轧辊预置在轧机旁的定位台架上,将轧辊安装后的状态确认改为安装前的状态确认,减少停机时间。

(4) 分别缩短内换型作业时间和外换型作业时间。首先,优先改善内换型作业内容和方法,尽可能以简单的方式和标准化的方法开展内换型作业,减少内换型作业时间。其次,不断改善外换型作业,减少外换型作业时间,无论如何要在设备运行期间内完成外换型作业,以使外换型作业不影响内换型作业的及时进行。最后,将外换型作业与内换型作业的串行关系改进为并行作业关系,缩短总的换型时间。

(5) 固化换型作业标准。通过前述 4 个步骤的分析和改进,当换型作业和换型时间满足多品种小批量均衡生产时,可以将换型方式和作业方法标准化,成为换型作业的方法依据和制度规范。

(6) 持续改善换型作业。不断运用 PDCA 的逻辑和方法,融合运用工程分析原理和工业工程方法,对模具模块化、换型流程简化、换型作业标准化、换型工装通用化等方面开展持续改善,在不断减小内换型时间比例的同时,缩短总的换型时间。

将 SMED 改进为一触式换型(one-touch exchange of die, OTED)是换型作业和生产管理的更高境界。

3.3.4.9 物料协同

准时化生产方式的核心要求是将必要的生产资源在必要的时间配置到必要的生产环节,本质上要求的是物流系统的准时性。

物料协同,是指原料、坯料、零件、器件、部件、成套件等生产物料按照所生产产品的工艺顺序和时间要求,有序地配送到各作业工序和工位上,保证生产作业顺畅进行。

1. 物料协同领域

物料协同十分重要的是结构协同和时间协同。结构协同是指物料能够按照各生产过程对物料的种类、数量的需要进行组织、加工和配送;时间协同是指不同类型物料能够按照同期化生产要求,同步组织、加工、调达至生产所需环节。

在准时化生产中,采用看板管理方式,按照同期化原则,以产品生产的物料清单(BOM)和生产排程顺序为依据,实施对外物流和对内物流的组织和调度,以拉动的方式实现对物料的流动性牵引。在准时化生产中,物料协同主要体现在以下方面:

(1) 按照产品总装作业的要求,将相应品质、相应数量、相应品种、相应规格的配套件(组件)、部件、零件和标准件配送到总装生产工序、工位上,确保总装作业准时进行。

(2) 按照产品部件装配作业的要求,将相应品质、相应数量、相应品种、相应规格的零件、部件、器件、标准件配送到部件装配生产工序、工位上,确保部件按照总装要求组织生产。

(3) 按照零件加工作业的要求,将相应品质、相应数量、相应品种、相应规格的坯料、原料配送到零件生产加工工序、工位上,确保零件按照部件生产要求组织生产。

（4）按照零件、部件和总装生产要求，外购和外协物料能够按照生产计划，以物料结构化、时间结构化的方式，配送到相应的生产作业环节。

2. 物料协同方式

物料协同主要通过物流改善和标准化来保障，在精益制造模式中建立了多种先进的物流方式，包括内物流方式和外物流方式。

物流改善并非单纯面向物料本身开展，而是将物料活动的相关资源和过程统筹规划、设计和实施的一种综合安排。比如，连续生产布局，缩短物流路线，减少等待时间；通过按节拍配送，不产生过早和过量存货；通过生产线平衡，消除生产中的物料等待；通过平准化生产，使生产过程与客户衔接紧密；通过运用目视化管理，使现场物料状态一目了然；通过使用看板，在必要时间领取必要数量的必要零部件，避免过量或错误领取；通过建立线边物料超市，实现最小量物料快速取用；通过工厂内"顺建"和"水蜘蛛"小车巡回配货模式，消除生产区物料存货；采用"顺引""循环取货"（milk run）等场外物流方式，最小化批量采购和向工厂供货，减少和缩短物流存储空间和周期，减少资金占用。

1）场外物流

（1）顺引物流

顺引物流是场外物流方式之一（图3-48），指按照产品生产顺序安排外部供应商零部件的装车次序并依次序将其领取到总装工厂的物流模式。

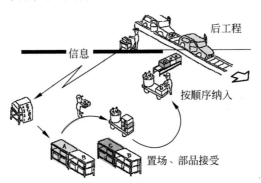

图3-48　顺引物流示意图

顺引的前提：零部件品质可靠；生产顺序准确。采用顺引方式运送的零部件一般都是体积或重量比较大的非标准件，如汽车生产所需的发动机、座椅、轮胎、地毯等。这些零部件一般被称为顺引件，它们的共同特点就是依据车辆的型号不同，零部件的型号也会有不同，送到整车厂生产线的顺序必须与车辆的生产顺序一致，否则就会发生"黑车配红门"的不良结果。

以汽车生产为例：厂家备货后，由物流公司将零部件经由专门通道送入生产线侧。在生产过程中，当车辆的顺序被固定后，由专门的传真设备将车辆顺序信息发送给相应的零部件供应商。此信息相当于零部件的引取订单，厂家收到该信息后立即进行零部件的备货,然后货物依照顺序被送入生产线侧。在计算机辅助计算和控制下,零部件从备货到送入生产线侧的时间正好为生产线上车辆由发出订单信息时的位置移动到需要装入该零部件的工位的时间。时间车体和零部件在工位衔接。

顺引零部件的运送线路就像是丰田整车厂生产线的延伸,保持同样的进度向前行进,最终汇集,保证车辆的顺利下线。这是最能体现丰田生产方式中拉动式生产的物流形式,在很多研究丰田现场管理的书籍、论文中都有介绍。

顺引物流的意义在于:①与后补充方式不同,顺引无须在线侧保持库存;②顺引主要解决组装线侧空间狭小的问题;③顺引可以实现主装线、分装线和主要零部件装配线的同步运转。

(2) 看板物流

看板物流是运用于那些标准零部件以及厂家较远的长途路线零部件引取的。在这种模式下,首先需要根据生产线的每日生产进度及零部件现场的在库情况,计算出次日需要的零部件的数量,并且将数量转化为订单文件发布给相应的供应商。然后,零部件供应商根据后工序提供的订单信息进行备货。为了达到物流运输的稳定和高积载率,采用单元货载系统,对包装尺寸实行标准化等作业方法。

由于零部件及其提供厂商是保持稳定的,整车厂的生产水平也能通过高质量的订单计划保持稳定,这样每家供应商的供货数量、时间间隔、送货路线都可以被准确计算,得到最有效率的科学方案,实现对零部件的小批量、多频度的引取。

运送零部件的卡车是标准规格的物流车辆,车厢两侧能够打开向上伸展,展开后像鸟类张开的翅膀,因此得名"飞翼车"。装卸零部件时,卡车两翼打开,可以在两侧同时进行装货和卸货的操作。飞翼车的车厢内部正好可以并排摆放两层两行四列标准货垛(特定高度、特定面积)。为了保证货垛的平稳码放,零部件不足的情况下需要用空箱顶替空余位置,使货垛顶部形成平整面。到达总装厂后,物流车辆依据卸货区安东信号设备的指示进入和等待(每个车位对应上下两盏指示灯,分别为红色和绿色:绿色代表可以驶入;红色代表已有卡车停靠或者虽然车位为空,但是没有到需要进行卸货的时间)。当车辆进入卸货区域后,由厂内叉车作业人员进行零部件的卸载以及空箱的装入。准备集货时在每个货垛的相对两侧张贴指示票(货垛标签),并且要求在装货的时候有一张标签朝向叉车作业人员。在装货卸货过程中,这些张贴在每个托盘货垛上的标签起着非常重要的指示作用。货垛标签是一张 A4 大小的纸张,上面主要有卸货区号、厂家编号、到达时间、货物当天到达次数等信息。

(3) 循环取货

循环取货模式来源于送奶工送奶的过程,汽车零部件供应过程中的部分物流业务和此相似(如图 3-49 所示)。取货人员一次取货时按照规定的路线定时到多家供应商处取货,同时留下空容器留待下次供应商装货。循环取货属于准时供货方式,它要求在计划时间内取料、送达以满足部装或总装生产计划,保证生产线的不停线。

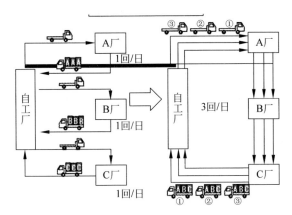

图 3-49 循环取货模式示意图

通常,循环取货模式适用于生产区域集中或零部件供应商比较近的情况。循环取货的货物送达地点有几种可能,如图 3-50 所示：一种是在整车厂附近的物流中心或集货场；另一种是送往所在地附近的外地中转仓库,经过分拣后再送往整车厂的零部件仓库；还有一种可能性是第三方物流再在分库之间进行一次循环；最后一种是直接送达生产线。

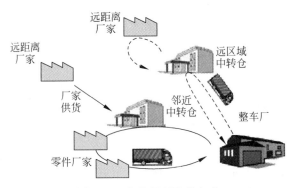

图 3-50 多种循环取货方式

取货的装载工具比较特殊,往往是针对取货的零部件的不同配备专门的台车。每台车可以装不同的零部件,这些零部件可以是固定的套数,方便生产时直接配货。

循环取货方式需要具备几个条件：①生产计划相对比较固定,计划锁定期较长,因此可以提前一定的时间向供应商下达明确的要货和供应计划；②供应品种和数量是相对均衡的,每天交货的时间也是相对固定的；③根据外地或远距离供应商的情况,物流已事先设计好相关的运输路径；④从物流承送方来看,每天实际上是按照一个固定的路径进行循环取货,业务量、运输量和时间节点也是相对比较固定的；⑤总装厂与供应商之间、第三方物流之间有紧密的信息化沟通渠道,能够及时进行信息传递和交互。

循环取货物流方式的特点：①有利于作业的标准化,路线、时间、地点都非常精确,甚至可以精确到小时、分钟；②循环取货的运输交由专业物流承运商运作,运输车辆的状态、跟踪,司机的素质、专业要求、培训都可以得到保证,从而确保能够准时、安全地到货；③有利于提高运输效率和容器的利用率,在相同的需求下,运输里程大大缩短,容器的周转率提高,可以按照事先计划进行；④循环取货具有准时性,使取货、到货的时间计划更合理,零件库存更少,库存成本更低。

2) 缓冲物流

厂内物流顾名思义,是指零部件在厂内被运送到生产线的流动过程。完美的厂内物流是按照拉动式将零部件准确引取到生产工位,但是由于生产变动、供应不及时等影响因素,物料到达工厂后先存在一些临时存放区域,然后再排列送至生产工位。这种缓冲物流主要有 P 链和 PC 棚。厂内精益物流模式兴起于汽车行业,而不仅限于汽车行业,本节仍以汽车行业为例对厂内物流进行介绍。

(1) P 链

进度链(progress lane),简称 P 链,即分割进度吸收链,是在部品送到工厂的检收场之后存放零部件的一个临时区域。这个区域将检收后的部品按一定的规则码放,成为内物流和外物流的临界位置。P 链物流方式是将飞翼、厢式货车等外物流的集中来料,在厂内物流缓冲区内按生产需要顺序(与厂内需求批量顺序一致)分时段进行排列,顺序供应到生产线的方式,如图 3-51 所示。图中中间部分就是将外来物料排列成多个"等时段的供应链",相当于用多个链分割了外来整车物料,并吸收成为按照特定时段所需的供应顺序。

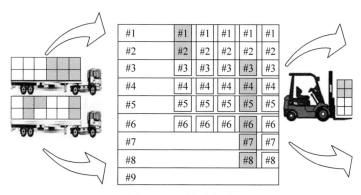

图 3-51 P 链示意图

基本做法是：以 1 天 2 班、每班 8 小时为例,1 天生产 16 小时,若以 0.5 小时作为一个供应进度(链的长度),则日到场物料可以均衡分割为 32 个链。零部件到达工厂后,以均衡化的标准放置在某个链中,再按实际生产需求将每个链顺次供应到生产现场。

由于 P 链具有临时存放零部件的功能,在实际的物流作业中能够起到调整内外物流差异、调节生产进度与零部件配送间的节奏等作用。

(2) PC 棚

PC 棚(production control rack)是零部件在工厂内临时存放的一块区域,它位于 P 链与生产线之间。一般存放在 PC 棚的零部件体积较小,便于包装。

PC 棚基本功能是作为将零部件从 P 链搬出、将货垛开捆后生产使用之前临时存放的货架。在 PC 棚中,各种零部件被按照供应商分别放置。每个供应商的每种零部件都被安排在专门的位置,与贴在每个包装上的看板上的信息对应。作业人员依照看板上的零部件位置信息将每箱零部件放置在相应的位置。

如图 3-52 所示的 PC 棚,右侧有棚 A、棚 B 两排。PC 棚货架的特点是一侧高一侧低(相当于"双箱系统"),高的一侧用来补充零部件,低的一侧用来取走零部件。

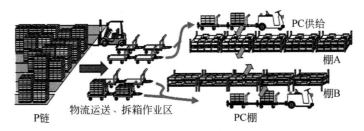

图 3-52 PC 棚示意图

PC 棚的工作原理如图 3-53 所示。

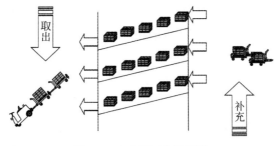

图 3-53 PC 棚工作原理图

3) 厂内物流

厂内物流是制造企业物流管理中的重点,由于不同零部件的上线方式受多种因素影响,生产中实际采用的工厂内物流方式有所不同。厂内物流方式决策主要受成本和效率两个重要变量影响,通常有四种基本具体方式:定时分割配送模式、进度配送模式、厂内同步直供模式、零件分拣配送模式。

(1) 定时分割配送(批次配送)模式

定时分割配送主要针对的是中小通用件,具备批次配送的特点。只要生产速率稳定,这部分零部件在消耗的速度上保持稳定,就具备定时配送的基本条件。另外,针对这部分中小通用件,往往会在装配线旁边配备一定的存储空间,或者是台车,或者是摆放区域,这部分存储量不会太多,会根据装配速率及配送时间建立匹配关系,通常来说,线边存储的最大存储量大约是配送量的 1.5 倍。定时分割配送模式如图 3-54 所示。

图 3-54　定时分割配送(批次配送)模式示意图

定时分割配送的业务流程:零部件到达整车厂的物流中心零部件仓库后,按照约定好的批次送货量准备一个批次的数量配送到生产线。配送的时点有两种设置方式:一种是按照稳定频率严格地定时配送到准确的线边;另一种是通过看板的触发进行配送。当线边的剩余量达到约定的数量时,线边工人触发看板要货指令,零部件仓库配送人员看到要货指令以后,把一个批次的量配送过去,把空的容器收回。

定时分割配送的业务要点:①线边存储量、每一个批次的量与配送时间直接相关,这个量要确保不低于从零部件仓库拣货到配送到生产线边的时间段的用量;②零部件多为中小通用件,大的零部件占据空间比较大,如按照批次配送,则生产线边需预留大量空间,这不符合减少现场库存空间的要求,所以要求是中小件;③要求是通用件,如果不是通用件,就会和车序严格相关,也不适用于批次配送。

(2) 进度配送模式

进度配送模式的对象是通用的大零部件,比如车身、车架、发动机、变速箱、座椅、保险杠、前端框架总成等,占据存储空间较大。对这部分的物料的线边存储有最大存量和最小存量的要求,不能超过最大存量,也不能太少,防止配送不上从而影响装配,如图 3-55 所示。

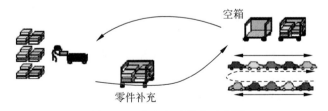

图 3-55　进度配送模式示意图

另外,进度配送的对象通常是通用件,使用时和车序没有太多关系。当生产线装备使用后,线边储存量到达最小存量时,通过看板等将信号传递到物流中心进行要货,物流中心进行拣货和配送,配送到线边仓时,确保线边不会因为缺料造成停产。物料使用后把空箱运回。

进度配送的业务流程是：①当线边存量到达最小存量时，向物流中心发布要货指令；②物流中心接到指令后，把定量的物料配送到线边仓；③如果物料采用容器装载的话，配送人员把线边的空容器拿走。

进度配送模式的要点：①针对的对象是大的通用件；②线边仓设定最大存量和最小存量；③最小存量要确保可以满足配送过程中的装配消耗，不至于造成缺料停产。

进度配送模式的优点：线边库存少，存储面积小，提高周转效率和工作效率。

(3) 厂内同步直供模式

厂内同步直供模式主要适用于总装大件和专用件。总装大件和专用件有其本身的特点，总装大件占据的存储空间大，尽可能地不多占用存储空间是管理的要求；专用件部分对车序的要求特别严格，如果不是下辆车需要而提前送到线边，会降低线边仓的利用率。厂内同步直供可以很好地满足对存储空间和产品序列的要求，如图3-56所示。

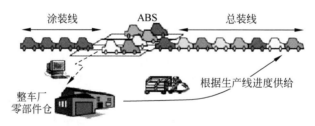

图3-56 厂内同步直供模式示意图

厂内同步直供的业务流程：生产线和配送中心共享产品生产顺序信息，当装配线完成前一装配时，传递信息到配送中心，通过计算前导量（2辆或者若干量）推算出要配送的物料。前导量的计算要满足配送阶段装配线的作业，不至于因为无货而造成停产。

(4) 零件分拣配送模式

零件分拣配送模式(set parts supply, SPS)，也称为单量份供货模式，主要针对类似于汽车仪表台、发动机、车门总成等的成套物料，满足大量零部件组成的套件的配送要求，汽车的内饰件物料普遍采用这种方式配送。由于这些零部件不能整套购买，是由多家供应商供货的，需要在厂内按照BOM、工艺及客户的个性化需要进行齐套组合，然后供应到生产线。SPS的物理过程、信息与物理过程分别如图3-57、图3-58所示。

所谓单量份供货，是指根据装配生产BOM的需要，供货台车将生产所需一辆份的物料全部取货至台车的分类、分层容器中，然后将台车配送到装配线上对应的产品位置。台车与装配线同步运行，操作者按照装配顺序选取所需物料(并部件)，在生产节拍内完成装配作业。当台车从线端运行至线尾时，容器中的物料全部被

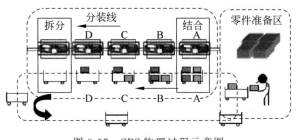

图 3-57 SPS 物理过程示意图

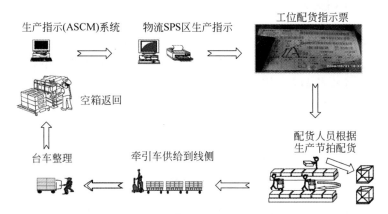

图 3-58 SPS 信息与物理过程示意图

装配至产品上,台车空箱下线返回至物料区,为下一循环供货做拣货准备。

SPS 模式的特点:不受车型、零件和工位的限制。总装线只需要在物料架和车身同步流动的平台上,将触手可及的零部件对号入座装配到车身上就可以了,甚至连工人转身取物料的时间都可以节省。也有很多企业是把 SPS 建在总装线一侧,方便组装工人拿取这部分套件,完整成套进行装箱配套,并按序配送到仪表台生产线。

SPS 模式的优点:①防止错装、漏装,提高装配的品质和流动率;②提高物流对总装线装配变化的应对能力,可以满足单车配送要求;③实现管理、监督业务专门化和操作者作业标准化;④降低生产线复杂度,减少线侧物流面积和生产线设备的投资;⑤减少操作者无增值的作业,提高作业效率。

3.3.4.10 器具协同

多品种小批量均衡生产中,无论在零部件加工还是装配生产中,都需要一定措施保证多品种生产的个性化需求。通过通用设备与模块化的工装夹具等的组合运用,满足不同产品在同一工艺过程的加工或装配要求,以均衡的节拍顺畅生产。

在保证生产流动和质量方面,工位器具的作用非凡。可以说由料箱、料架、滑道、托盘等组成的工位器具体系是现场管理水平高低的判别标志。

以汽车生产为例,在冲压工艺中,由于车型不同,每个批次的车身结构件冲压过程中使用的模具不同,相应地,移动冲压件所需要的工位器具一定不同,需要工位器具与模具之间、工位器具与冲压工序之间完美结合;在焊接工艺中,因为结构件的形状不同、批次数量不同,装载结构件的载具形状也不相同,因此要用不同的载具匹配不同的产品生产需要;总装工艺中,因为车型的变化、配置标准的变化,在差异化工序中,工人就要根据多样的需求选用不同的装配工具、检具、量具、工位器具等。

3.3.5 自働化

丰田汽车公司的自働化是一种新型的质量管理体系。生产过程中一旦出现不合格制品,生产线或者机器就会立刻自动地停下来,这就迫使现场作业人员和管理人员不得不迅速查找故障原因,并及时采取改善措施,以防止同样的问题再度发生。同时,还要设计改善很多的防错工具和防错机制,使质量问题不会发生。这是精益中自働化的高明之处,也是完全有别于美国式的质量管理体系。美国式的质量管理是以检测和监控为原则的,从质量检验到六西格玛都是上级检查下级,员工按法律合同对企业负责。这套体系在中国已应用几十年,多有水土不服之问题,而精益是以东方文化为基础,提出大家庭式企业文化,激发员工责任心,开发一系列的防错机制和工具,使质量问题难以发生。这为我国企业的质量管理模式提供了新的选择。

为了完美地实现准时化生产,生产过程中依次流向后工序的零部件必须是百分之百合格的制品。因此,零部件制品的质量检测和控制是极为重要的。丰田汽车公司认为,统计抽样是不合适的,百分之一甚至千分之一的不合格品,对于客户而言就是百分之百,应该摒弃任何可以接受的质量缺陷水平的观念,实行"自我全数检验"。TPS的"自我全数检验"建立于生产过程中的"自働化"基础之上。

日语中的Jidoka(自働化)有两种含义,一种含义就是一般意义的"自动化",表示用机器来代替人工。在这种自动化之下,人们只需按动电钮,机器就会自动地运转起来,完成预定的工作。但是,这样的自动工作机器没有发现加工质量缺陷的能力,也不会在出现加工质量缺陷时停止工作。因此,这种自动化会在机器出现错误时,自动地生产出大量的不合格制品。显然,这种自动化是不能令人满意的。

Jidoka的另一种含义是指"缺陷自动控制"或"异常自律控制",是一种防错机制和体系。日本精益管理专家门田安弘说:"自働化是防止产生不合格品的装置",也是"实现质量的保证"。所以,自働化是一种全新的质量管理体系。

自働化是丰田生产方式的一个支柱,是通过赋予设备或系统人的智慧,使其能够自主识别和判断生产不良,并自动停机,防止错误发生的一套做法。早期丰田公司(包括丰田自动织机公司和丰田汽车公司)的自働化,指的是一种异常检测和自律控制系统,当被加工零件或产品出现不良时,设备或系统能即时判断并自动停止。现在，自働化已经成为生产品质保障和效率支撑的重要管理机制。自働化的目的是将生产过程中人员、设备、工艺、操作、加工、信息传递缺陷等因素引起的各种异常显在化，将加工设备的自动检测识别异常，使用警示灯、电子显示板（牌）等呈现问题，加工设备自动停车等一系列功能集成为具有防错功能的自働化系统。

在精益制造方式中，自働化是以有形或无形的方式存在于"准时化"中，其全面质量控制体现在从坯料加工到合格零部件装配成合格成品全过程；差错预防体现在物料选取、搬运、加工、装配等所有可能出现错误的环节，融入信息识别、形状判断、加工参数控制、器具选择、设备状态识别、流转顺序保障、作业精确性保障、质量检验标准化等。自働化的内容和方法，主要都是基于员工的持续改善开发并不断优化的结果，员工授权、QC活动、防错防呆装置的开发、团队协作、目视化管理等是获得自働化能力的工具和机制。

3.3.5.1 异常管理

何谓异常？一切和正常工作或工作标准不同的状况都叫作异常，不正常即为异常。错误的加工指令，物料未以应有数量或正确时间到达既定位置，错选物料或加工设备，不当的物流路径，没有遵守作业标准，加工参数不符，未在既定时间到达、加工或转移，使用状态不佳的设备进行加工，次品从工序流出，错装或漏装，出现多余物，未使用规定的器具，工具使用后未放回原位等，均属于异常。

识别异常的前提是建立"正常"的标准。产品设计标准、工艺标准、质量标准、生产计划制定标准、加工作业标准、装配作业标准、测量标准、物流器具标准、物流装载标准、搬运路径标准、批量标准、时间标准、设备状态标准、人员技能标准、作业环境标准等，都应在工作之前建立，或在工作过程中通过不断改善而建立。参照标准，才可以识别并确定何为异常，以及如何消除异常。

精益制造中，明确定义了七种浪费，当浪费的程度超过规定的标准，就成为异常。七种浪费的背后都有必然的原因，有的时候是多种原因造成的。比如"等待的浪费"，可能是计划被延迟，可能是物料短缺，可能是设备故障，亦可能是作业者未按规定动作完成作业，也可能是生产中发现质量缺陷等；再如"动作的浪费"，可能是没有开展动作研究并建立作业标准，可能是作业者没有执行标准作业，可能是前工序将不良品传递给下一工序而增加作业难度，可能是作业环境不良而使作业标准难以实施等。可见，浪费往往是一种或多种不良的现象甚至假象，其背后的"异常"（原因）往往是浪费的真相。

生产中异常的类型很多，可以归纳为这样几类：要素异常、过程异常、体系异常。

要素主要是指生产要素，即人员、设备、设施、物料、能源、信息、方法、环境、测量系统等。要素异常指的是某种或多种生产要素的状态、品质、数量发生变化，使其不满足特定环境和特定时效的生产需要，但其仍然参与生产而导致的生产异常。

如动力电压不足造成生产中断、设备故障造成生产停台、人员失误加工出废次品等。

生产过程是指生产要素按照特定方式、方法在生产环境下进行配置而形成的价值流动性活动。过程异常是指价值活动的状态水平、时效性、空间位置等不符合既定标准造成的异常。如生产计划变更,导致当前生产任务停止,人员、设备、物料、工艺等重新准备,现场生产秩序出现阶段性紊乱等;如工序作业没有严格执行全面质量管理规定,导致不良品流向下工序,造成后工序生产延迟和重新追加工件作业等;如未对设备日常保养和点检做出合理安排,导致设备出现不可预期的不稳定状态,甚至故障、停机等状况,造成生产停滞,物料流动受阻,生产计划不能按期完成等。要素异常往往是导致过程异常的主要原因,工艺变更的不可控性、生产作业方法的不科学性、质量变化点的连锁反应等,都会造成过程异常。

生产体系是指产品生产的各个子系统的构造及其相互关系所形成的整体运作模式及管控机制。体系异常是指系统之于系统之间的结构、状态、水平等发生了不均衡变化,导致大系统失衡,从而产生超出应有标准的问题。如工艺开发及其标准化水平低,直接导致制造过程难以遵守工艺纪律,产品制造质量难以获得一致性,并且生产能力不断发生波动,进而使生产计划难以准确制订和执行。体系能力是企业生存发展的根本能力,体系异常会使内部各功能和业务主体之间出现分割、对立和难以协调的局面,企业管理者要付出极大精力用于应对不断产生的不良问题,从而使"救火"成为常态,企业因此失去了正常发展的机会。

自働化,是通过三个主要的技术手段来实现的:异常情况的自动化检测、异常情况下的自动化停机、异常情况下的自动化报警。

(1)异常情况的自动化检测。异常情况的自动化检测技术和手段是丰田汽车公司自働化的首要环节。因为检测装置(或仪器)就如同人的眼睛,它可以感知和发现被加工的零部件制品本身或制造过程是否有异常情况发生,并把所发现的异常情况的信息传递给接收装置,由后者发出各种动作指令。

例如,丰田汽车公司在生产过程中广泛使用了限位开关和电眼等接触式检测装置和手段,它们被用来检测零部件或产品在形状和尺寸上与正常情况的差异,并且自动检查是否存在某种质量缺陷。为了有效地使用这两种接触式检测装置,丰田汽车公司有时会特意将基本相同的零部件设计成不同尺寸和形状,以便于检测装置自动识别和区分。

识别颜色的检测装置也属于接触式检测装置一类,但它对被检测物体的"感知"并不是靠限位开关或电眼,而是通过各种颜色的反射光线。

这些自动化检测技术与手段比那些凭借人的感觉来判断的方法要优越得多,因为它不仅能保证产品质量,而且还解除了作业人员需精心留意每个作业细节的烦恼,从而更有助于提高人的生产效率。

(2)异常情况下的自动化停机。当上述检测装置发现异常情况时,它会立刻自动地发出指令,停止生产线或机器的运转。当然,生产线或机器自动停止运行后,现场的管理人员和维修技术人员就会马上到达出事地点,和作业人员一起,迅速查清故障原因,并采取改善措施。

应该指出的是,丰田汽车公司的管理者特别强调两点:一是发现质量缺陷和异常情况必须立刻停止生产;二是必须立刻查清产生质量缺陷和异常情况的原因,并彻底纠正,使之不再发生。这样,只要有不合格制品或异常现象产生,它们就会立刻显露出来。而当问题显露出来时,生产线必须停止下来,从而使人们的注意力立刻集中到问题上,改善活动就会自动地开展起来。

(3) 异常情况下的自动化报警。丰田汽车公司的自働化不仅要求自动发现异常和自动停止生产,而且还要求把异常的发生以"报警"的方式显示出来。

丰田汽车公司生产现场中最常用的报警方法就是用灯光显示。这种方法既简便实用,又便于"目视管理",即便于现场管理人员用眼睛了解和掌握现场的生产状况。

例如,丰田汽车公司在生产现场每条装配线上和每条机加工生产线上都安装了包括呼叫灯和指示灯在内的"灯光显示牌"。呼叫灯是在异常情况发生时,作业人员呼叫现场管理人员和维修技术人员而使用的。通常,呼叫灯配有不同的颜色,不同的颜色表示不同的求助。指示灯是用来指示出现异常和发生呼叫的工位。如前所述,丰田汽车公司生产现场的每个工位都设置了"生产线停止开关"。每当出现异常情况时,作业人员就可以按动开关,使生产线停止运行。与此同时,灯光显示牌上的红色指示灯就被点亮,明确地指示出使生产线停止运行的工位。指示灯的另一个作用是,当呼叫灯点亮时,指示灯也被点亮,明确地显示发出求助呼叫的工位,每当生产线停止运行,或有求助呼叫时,现场的管理人员和维修人员就会在信号的引导下,奔往出事地点。

通常,丰田汽车公司把这类显示牌悬吊在生产现场最醒目的位置上,以便于现场管理人员和技术人员能够容易地看到它们。此外,在许多情况下,丰田汽车公司在灯光显示牌上使用不同颜色的灯光,以表示不同的情况。这样的灯光显示牌会使生产现场的情况一目了然,使现场的每一位人员都能够对生产现场的情况心中有数。

1. 异常识别

1) 检测并度量异常

对照应有的标准,对生产要素状态、生产过程水平、生产结果开展规范的检测、检验、检查,度量被关注对象的水平和波动程度,判定是否产生异常或存在异常趋势,是异常识别的常规措施。外购和外协物料的到货质检、设备状态点检、产品加工的工序检验、成品入库检查并粘贴合格标识等,都是识别异常的基本做法。

在精益制造中,面向产品价值形成过程,制定了详细的分类检查表,以用于必要的对象和条件下对要素状态做出判定。如面向生产人员,有人员岗位职责表、多技能评定表、情绪管理表、工作记录表(如安全、交接班、点检、检验记录表)、业绩审核表等;如面向物料管理,有物料清单(BOM)、物料定置信息表、工具清单、出入库记录、在制品流转清单等,重要物品有流转路径清单等;如面向设备管理,有设备可用性标识、责任人标识、点检记录表、巡检记录表、故障记录表、保全计划表、维修记录表、故障趋势图等;如面向工艺和作业方法,有加工/装配工艺流程图、标准作业指导书、工位器具使用指导书、质量检验标准和记录等。

面向过程能力异常识别方面,精益制造管理中经常使用各类管理看板,如计划执行进度看板、在制品看板、设备实时稼动看板、生产品类看板、质量直通率看板、工序进度看板等,反映生产过程水平。统计过程控制(statistical process control, SPC)方法被普遍用于产品生产的过程质量分析、预测和控制,可以借助相应的统计分析工具(如控制图、过程能力指数、Minitab 等)帮助开展过程状态水平分析和控制工作。

体系运行异常识别,主要是对制造系统运行的安全性、品质性、效率性、均衡性、敏捷性、环境友好性、经济性及对需求的响应能力指标做出判定,如可以使用价值流图方法对企业生产的现状水平做出评价,识别其存在的主要浪费现象及对价值流的影响程度;可以用生产率分析的方法辨识关键生产要素生产率水平和全要素生产率水平;可以用客户满意度评价方法判别企业制造系统对客户需求的满足程度等。

走动管理是精益制造中面向现场异常问题的重要方法之一,不同层级的管理者在现场规范性走动,以巡查、发现、记录、指导现场存在的问题,是现地现物原则的重要体现。如"班组长的一天"规范确定了班组长每个工作日应执行并完成的工作事项和标准;从流程管理角度分析,班组长工作覆盖生产前准备、人员及作业任务分配、作业现场控制、作业及人员绩效考核;从工作内容范围分析,班组长工作包括任务管理、安全管理、成本管理、进度管理、质量管理、设备管理、员工培训等;进一步与工作过程结合,班组长从到岗开始,要履行工作交接、早会、任务及运行情况确认、质量确认、安全确认、4M1E 变化点管理、进度管理、生产调度、预见性改善、工作会议、联络与交流、工作总结、报表填写、重要事项处置等职责。在上述工作中,很多工作内容都是在巡视过程中完成的,因为生产要素、生产过程中存在的问题和潜在风险问题主要在巡视中发现和处置。

2) 通过目视化使问题显在化

目视化,也称为一目了然的管理。通过表格、图形、数据、颜色等方式,对生产要素、生产过程、生产结果及其存在的问题(如计划/任务、现状/水平、问题/影响、行动/效果)进行直观呈现,将其中存在的异常暴露出来,使之无法隐藏。如使用安东系统,可以实时反映正常、可接受异常、不可接受异常三种生产状态水平;通过识别生产指令看板的发放和回收情况,可以很清楚地知道当前生产进度、在制品存货情况;通过扫描计划生产的产品条码,可以直接在物料货架亮灯区域领取该产品生产所需物料;通过实施目视化看板,可以了解所有关键工艺或工序的进展及其一致性水平等。

系统的目视化方法,是基于生产过程内在关联性的逻辑性控制策略的体现,是基于客观事实的生产状况的映射,既可以将效果显在化,也可以将异常问题显在化。目视化有三个突出的特点,一是视觉化,即所有人都可以看到并识别其含义,信息可以快速传递;二是公开化,即自主、自觉、公开、客观地暴露问题,包括现象、结果(影响、损失)、原因及为此建立的新的解决方法;三是通用化,即员工、同事、上级同样适用这种方式,并以此作为一种通用语言开展交流,促进改善文化的建立和完善。显然,目视化是低成本异常管控的有效手段。

3) 坚持人员素质培养和持续改善

有两个方面的内容非常值得思考,一方面是关于标准的问题,另一方面是如何达成标准的问题。首先,关于制定标准。在生产运营中,除受产品设计所界定的工艺技术参数、客户要求的产品特性或通过产品设计所转化出来的生产质量要求外,生产所满足的更多是管理要求而非技术要求。这说明生产是具有很大柔性的管理系统,因此,生产中的标准往往是可变的,可以因企业自身的需求而变,也可以因为竞争或客户的需求发生变化。就趋势而言,企业生产管理标准是不断提高的,质量标准、效率标准(交期标准)、成本标准、环境标准、安全标准、灵活性标准等都将伴随着客户定制化程度的提高和行业竞争日益激烈而发生变化。因此,企业显然需要内化能力来不断改进或建立新的标准。

其次,企业内化能力的来源取决于企业管理理念、方式和方法,核心做法是对员工开展持续教育和培养。通过引导、诱发、支持、强化员工的问题识别能力、持续学习能力、问题改进能力,才能不断突破固有约束建立更高的标准。概念之所以能够成为好的产品设计,物料之所以可以成为好的产品,都取决于人的作用。在所有生产要素中,最重要的资源并非人,而是"人的活性"。活性的激发和运用,是萌发新思想、产生新概念、创建新方法、确立新方式的智力源泉。将更多的员工培养成为具有活性的参与者、改善者、创新者,自然就建立了识别异常的根本能力。

2. 异常处置

异常处置是对出现异常的修正、补偿和预防。一类情况是对已出现异常问题的处置,另一类情况是通过对异常问题的原理、机制分析建立防止复发措施,包括异常预测、预警、预防。

1) 变化点管理

生产异常主要与生产要素、生产管理和生产过程有关。生产要素类异常,主要是由生产要素类型、状态、数量的变化给生产带来的不确定性影响,而产生的不良结果。

变化点管理是面向人员(man)、物料(material)、设备(machine)、工装(frock)、工具(tool)、能源(energy)、信息(information)、环境(environment)和支配上述资源的方法(method)而采取的控制措施。通俗地讲,变化点管理是面向5M1E,通过5W1H分析而建立的风险识别和风险控制机制,进而形成行之有效的新方法。

对人员的变化风险,主要是面向人的技能不达标、人员替换、临时缺人、人的情绪和行为变化等可能问题,通过人员培训、人员储备、多技能训练和人员情绪识别等方式进行细化管理。对于设备带来的风险,主要是严格工艺规程和标准作业,不随意变更设备使用,做好设备状态点检、维修和 4S 管理,保持水、电、气及其管路畅通,对长期停用设备做好保养维护,对改造或更新后的设备开展操作与维修技能培训,要求操作人员持证上岗,做好设备记录,对于不同加工过程要使用匹配的工装、工具。对于物料变化风险,要熟知产品变化对物料变化的要求,对变更供应商带来的物料变化进行严格验证和质量检验,对于品质不稳定的物料开展分类管理和区别使用,对于返修、返工件开展溯源管理和真因分析等。对于工艺变化、质量标准及控制方法变化的,通过方法研究和作业测定,建立新的工作方法,实施标准作业管理。对于环境变化而言,应因地制宜优先开展工艺优化和布局优化,改进人机作业空间关系,畅通物流,合理配置工位器具,改善环保功能等。

2) 过程控制

过程管理是面向生产计划制订与执行、工艺设计与执行、生产条件准备、生产设备运行与维护、物料准备及物流实现、工位器具开发与利用、工序作业与制品转移、人员作业执行与改进、质量设计与过程检验、能源利用与环境保护等,所开展的规划、组织、评价与控制活动。

过程控制是面向生产要素在具体生产布局中的配置方式、配置效果所做的调节。运用业务流程管理(BPM)、价值流管理(VSM)、六西格玛的过程管理(DMAIC)和统计过程控制(SPC)的思维与方法,对计划管理、工艺管理、质量管理、设备管理、人员管理、物料管理、成本管理、安全管理等都是行之有效的。对于生产中不确定性较高的环节,如计划管理、工艺开发与改进、采购与物料管理、设备可靠性及可用性分析等,运用失效模式和影响分析(FMEA)方法是十分有用的。而对于质量过程管理,因果图、柱状图、关联图等新老七种质量工具,测量系统分析(MSA)及实验设计(DOE)等方法则更为适用。

3) 分层审核

生产异常分级或分层审核,是精益制造中较为常见的做法。分层审核是指由组织的各个级别定期、频繁进行的一种标准化审核,用以确认组织内操作标准的符合程度和执行情况。分层审核的目的是确保始终严格执行标准,提高产品制造质量。分层审核的意义在于使企业各个级别的人员都参与到支持现场一线人员工作的活动中,把全员质量意识落实到生产作业的具体环节,传递层级监督压力,确保各级人员的作业行为规范。分层审核的内容的基点在于一线生产作业工位问题,关注重心在于该工位的质量关注点(特性、参数、标准),并基于此审核该工位所属制造系统问题。工厂管理人员和主管针对选定工位应评审相同的项目和问题,确定质量关注点和后续行动计划,基本过程如图 3-59 所示。

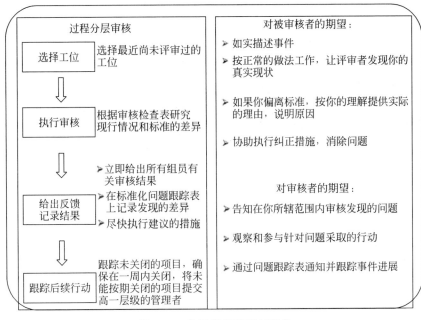

图 3-59 分层审核流程与要点

分层审核因管理部门的层级不同而不同,班组长应执行每日一次的审核制度,不断识别日常问题和确保各个工位作业正常;车间或代表车间的技术质量管理部门根据审核问题的重要性不同可每日审核一次或每周审核一次,指导和监督现场问题按照既定计划落实并达成满意结果;工厂管理者(厂长)执行每周一次审核,全面掌握问题解决情况和工位审核覆盖情况,监督车间和技术质量部门责任落实;公司管理者(生产经理)每月审核一次,督导工厂全面落实审核责任和程序,确保制造系统运行正常。

分层审核做法首先是一种授权机制,允许从负责底层业务的员工开始,明确工作责任及异常处置权限,向上逐级汇报和提高异常处置等级。为此,企业要建立明确的分层或分级异常处置流程,包括异常判别、责任主体归属、处置时间规定、可动用资源范围、异常汇报路径、异常处置方式及过程记录、防止复发措施建立等。如作业人员有权在生产节拍范围内处置工序作业异常,超出生产节拍或超出工序范围的异常需要上报班组长;班组长应该有权并有能力在不影响当班生产任务的前提下,解决生产中出现的问题,如上下工序作业的互补、短时停机处置等;车间主任应在不影响产品批次转移的时限内,协调资源解决不同班组间、车间内不同业务协作间的异常事项;工厂厂长应在不影响产品出厂交付的时限内,做出决策和解决车间层无法处置的生产异常问题,包括协调工艺、质量、采购、物流、设备等各职能业务的协同支持;对于工厂层管理者仍难以在相应时限内解决的异常问题,应按照流程向公司管理层申报处置。一般而言,异常分层处置是"V"型运作机制,越是下级负责人处置的异常问题，越具体、越聚焦、越具有作业技能特性、时效性越强；越是上级负责人处置的异常问题，问题属性越严重、范围越大或复杂性越高、需要协调和调动的资源越多，相应地，处置的时效性越差。

分层审核是一种以现场为中心的制度文化、执行文化和沟通文化，反映的是上级督导下级、下级迅速做出响应的工作机制，是一种确保始终严格遵守和执行标准的习惯，也是识别和控制高风险的过程要素。分层审核对于强化一线员工执行作业行为标准、监督班组长履行基层作业管理职责、控制相关业务部门执行专业化管理具有重要作用。

3. 防止异常再发

异常处置后，不一定从根本上解决了异常再发问题。"天天忙于解决问题，问题仍然天天有"，很多人整日围绕产品生产忙于救火，这是很多企业的真实写照。归根结底，"救火"的根源在于企业没有建立起来产品生产运营的科学管理体系，没有确立基于生产过程与生产要素的根本性解决办法，貌似有生产管理系统存在，但漏洞百出，经不起推敲，经不起实践检验。为了防止异常再发，需要从根本上解决异常问题，建议从以下方面着手。

1) 建立常态化改善机制

改善，是指通过适当的过程使结果变得更好。持续改善，是指在已有改善过程和效果的基础上，进一步建立了更好的方法、措施，解决问题的程度更深、范围更大，取得的效果更加稳固。持续改善机制适用于企业经营活动的方方面面，在生产制造领域，持续改善可以体现于从生产计划制定到成品出厂交付的全过程，因此是生产管理体系建设的重要手段。PDCA法、丰田工作法（TBP）、8D法等都是建立改善机制的有益做法。

所谓PDCA，即由计划（plan）、实施（do）、检查（check）、行动（act）构成的一套改善逻辑与方法。虽然PDCA是面向解决质量问题而提出的，但在解决各类生产问题中都是普遍适用的。PDCA确立的四个阶段、八个步骤、循环递进、不断迭代的做法，是帮助企业完善生产体系能力的不二选择。

丰田工作法（Toyota business practices，TBP），是丰田汽车公司内部用来进行问题分析和解决具体问题的重要方法，是指导员工开展精益制造的实践技巧。TBP确立了类似PDCA的八步法：明确问题，分解问题，设定目标，把握真因，制定对策，实施对策，评价结果和过程，巩固成果。其中，前五项是与P过程相对应的，后三项分别与D、C、A相对应。TBP一般会按等级分出几种问题，如既发生型问题、设定型问题等。丰田汽车公司的每一位员工，在入职培训后，都会用TBP思路去解决本岗位的实际问题，然后用TBP衍生的A3语言，向上级进行汇报。所以，TBP也成为上级考核下级、指导下级的一项重要工具。

8D（eight disciplines），又称团队导向问题解决方法（team oriented problem solving），最早是美国福特汽车公司使用的经典质量问题分析方法。8D引导发现问题的真正原因,并采取针对性措施消除真正原因,进而执行永久性矫正措施。8D虽然与TBP一样并不直接提供解决问题的具体方法,但提供了解决问题的整体逻辑和控制策略,有利于规避个人的主观臆断,同时为部门间建立了沟通桥梁和共同语言。8D的基本流程是:

D1——建立解决问题小组(团队):根据解决问题的能力需要,组建解决问题的工作团队。

D2——描述问题:借用5W2H的逻辑方式,帮助团队成员说明何时、何地、何种情况下、发生了什么、严重程度、目前状态、如何紧急处理,以及提供照片、现场实物和可以作为证据的证明材料。

D3——选择并执行暂时对策(防堵措施):在没有找到真因之前,确定临时有效的方法,团队以最快的速度临时解决问题,防止异常延续和损失扩大。

D4——找出并验证问题的真正原因:深入运用5W2H、5why的探究真因逻辑,结合4M1E具体情况,使用头脑风暴法、因果图(鱼骨图)、流程图等工具,找出造成异常的真正原因,并运用合理的过程验证是否确实找到真因。要注意的是,不要轻易漏掉真因,否则难以建立真正有效的解决方法。

D5——选择和验证永久性有效对策:结合消除真因所需的基本原理、机制和特性,建立可以彻底消除异常的纠正措施,并使用必要的实验验证措施的有效性,以防再发,同时避免产生新的问题。

D6——执行及验证永久性有效对策:当永久性对策准备妥当时,则可开始执行永久性对策,并取消临时性对策,以暴露出临时性对策可能掩盖的问题。应对永久性对策进行必要的验证,既能彻底消除当前问题,又不产生新的问题,并能被后工序或客户完全接受。

D7——防止异常再发:针对异常诱因的相关性和可类推性,对类似的其他作业、加工、设备、人员、物料、能源、信息等相关生产事项进行分析和同步改善,如审查修改PFMEA、修改控制计划、更新首件检验标准、下达新的工艺规程、制定新的标准作业指导书、更新设备保全方案等。

D8——确认贡献并激励团队:客观识别成员在改善中的付出,对于努力解决问题的成员和团队予以奖励、宣传,增强团队集体荣誉感和工作成就感,使其乐于参与后续问题的解决。

2) 差错预防

差错预防,是在生产过程中防止操作员工误操作而建立的预防性措施。实际生产作业中,操作者因为技能原因、人因问题、环境不良、情绪影响等,可能在工作中出现错选、错装、遗漏、加工误差过大、设备维护不当等情况,导致质量缺陷或生产异常。

差错预防,是精益制造中十分常用的有效而低成本的做法,目的是通过合理预判缺陷和异常产生的可能原因,在产品设计、物料选用、加工作业、工位器具选择、设备使用、程序调用、信息填报、能源介质使用等过程中,预先设置防止错误发生的辨识、预警、拒绝、停机等功能,使错误行为不会发生。

在精益制造方式中,差错预防占有十分重要的地位,它是人们在长期生产实践中的经历、经验、教训与知识、科学和实践相结合的创新产物。本书将在后续章节中重点介绍。

3) 运用安东系统

安东(Andon)系统是针对异常的主要自律措施,无论是通过被授权员工识别到缺陷而采取的人为停机(停线)控制,还是通过传感器感知到异常存在而采取的停机(停线)控制,都是在生产过程中及时避免了缺陷或异常造成的影响,尤其避免了由此产生的不良连锁反应。因此,安东系统是有效的异常阻断机制。

鉴于安东系统已在前面做了相应介绍,并将在后续章节做进一步的展开,此处不再赘述。

4) 预测预警

日常生产中,通过建立和执行相关标准来控制缺陷和异常,为了防止缺陷和异常产生,企业建立了针对标准执行情况的测量系统,并形成了由大量数据、信息构成的生产记录。对于大部分企业而言,即便已经建立了类似 ERP 的信息系统,仍然需要通过手工记录方式跟踪、记录日常生产信息。对于部分设备自动化程度较高和信息集成度较高的企业,相当数量的日常生产记录通过自动检测设备、自动读取设备等记录到相应的数据库系统。对于少部分自动化程度很高、信息集成度很高的企业,甚至全部生产管控信息均可以直接采集到信息系统和数据库,而且可以根据需要对关键物料、核心设备、重要器具、过程质量等的实时状态进行数据采集和分析。因此,企业生产运行中存在着静态数据和动态数据、结果数据和过程数据、完整数据和不完整数据、缺陷数据和合格数据、平衡数据和非平衡数据、小样本数据和大样本数据、标签化数据和非标签数据等各种类型和水平的数据。

运用统计学的方法,结合生产过程原理和管理目的性,可以对所获取的数据进行有目的的分类、清洗、提取和分析,从而对相应环境下的生产情况(结果、过程、预期等)做出评价和判断。依据 SPC 理论,结合运筹优化的建模机制,可以借助现有数据或优化后的数据开展制造系统预测,并根据预测结果对制造系统的潜在异常进行预警,从而规避可能发生的异常和损失。比如通过对设备运行数据分析,可以评估设备的可靠性和可用性,从而决定设备选用和合理维修;通过对工序质量水平的波动分析,可以判定工序过程能力水平,进而建立增强过程能力的手段;通过对不同工序生产任务完成情况的实时分析,可以预判任务完成情况,决定是否加班等。

制造系统运行状态预测及趋势性预警,是设备自动化、过程数字化、管理信息化、决策智能化的必然要求。基于生产要素性态变化的识别、生产过程实时状态的监控、生产效果的跟踪分析,以及要素、过程、结果之间的关联分析,是制造系统进化和生产管理体系进化的基本能力体现。

3.3.5.2 员工授权

自働化的起点是授权!

丰田佐吉在织布机上发明了"经线断线自动停止"的结构,并总结出"出现异常就停止"(异常出现,会造成超出质量方面的各种负面结果)的管理思想。

迄今为止,汽车的总装线仍然是以人工作业为主的,装配工序、工位之间具有比较明显的独立性,还缺少自动设备为装配全过程的数百个工位承担自动停机报警功能,于是,"异常停止"的权力就授予了操作工人,即工人发现异常必须自行停机并报警,具体操作是拉一下总装线上空的拉绳,使生产线全部停止。其实,在电子、电气、电器、装备生产的很多环节,尤其产品装配环节,人员作业仍然是主流方式。在企业现实生产中,能够依靠现有技术实现的异常控制,往往会倾向于通过提高设备自动化程度或改善生产设施来实现。无法用现有技术实现的异常停止,就需要通过授权给员工来解决。

精益制造的重要原则之一,就是将决定权交给那些最熟悉某种状况的现场员工,称其为员工授权。一线员工和班组十分了解制造系统,实际生产组织过程能让员工很容易感觉到顺手或不顺手、对劲或不对劲。一般让员工感觉不对劲的地方可能会有很多,包括但不限于不容易操作(位置、空间不合理)、很难做到(人的动作和精度达不到)、费力气(强度大、站姿不正确、往复走动多)的操作。这些看似应该员工自行消化承担的"不对劲",现场以外的人员很难感受得如此深刻和具体,但是这些作业不顺手、感觉不对劲的情况,往往就意味着存在需要改善的问题。这些不顺手、不对劲的内容,在丰田都是现场改善的基本项目。丰田汽车公司将权力授予小组或者员工,鼓励他们对不顺手、不对劲的内容进行分析和改进,从而创造一个轻松自然的作业环境,在轻松自然的作业条件下完成既定任务。一旦再出现"不对劲",基本上就是异常的预兆了。

在丰田汽车公司,管理层经常鼓励将一些优秀员工的做事方法呈现出来,以形成更好的工作标准。首先,让员工把对工作的设计和想法讲出来,这个过程能够帮助员工不断完善自己的思维和表达力,直至比较完整地将自己所想的内容呈现给大家,这是员工基本能力形成的一个重要过程。其次,鼓励员工将所说的内容做出来,即把设想变成现实,并在实践中经历喜悦和克服遇到的困难,这个过程中往往也会获得其他人的指点和帮助,使得员工对解决问题有了更充分的信心。最后,鼓励员工将所想、所做的内容有逻辑地整理出来,写成规范、流程、标准,并以类似 A3 报告的形式完整确立起来。能够说出来,证明我可能行;能够做出来,证明我基本行;能够写出来,证明我确实行。改善和改善标准就是这样实现的,员工授权就转化成识别并消除浪费,转化成了现实生产力。

1. 识别问题的授权

在生产现场不可能没有问题,但为了证明自己胜任工作,很多企业和员工不愿意暴露问题,因为暴露问题意味着你没有解决问题,相当于给自己找麻烦,甚至被认为是给上级管理者找麻烦。精益制造中,员工被鼓励识别问题,大野耐一先生提出:"看不到问题就是最大的问题。"精益制造方式中建立了识别问题的方法:明确定义了七种浪费,任何人都应识别出一种或多种浪费;确立了"提案制度",为识别问题提供了制度和人文环境保障,员工因提出有意义的建议受到表扬;建立了5W1H 的提问技术和 5why 探求真因方法,为员工提供了识别问题的重要工具,员工可以用规范的方法论判断问题;实施 4S 和目视化,为员工识别问题提供了现场规范和基准,不符合规范、肉眼可见的不良都无法持续存在。

2. 改善问题的授权

员工授权的目的不在于仅仅发现问题,而在于解决问题和减少浪费。精益制造中,鼓励员工将提案变成现实,即实施对问题的改善。改善活动涉及的范围和具体内容十分广泛,小到如何一次拾起一定数量的螺钉,大到为简化作业制作一套工装,或者为减少浪费而制作一台简易机床。作业中动作的改进,标准物料盒的制作,线边物料的定置,工位器具的开发,实用检具的制作,老旧设备功能的增强,低成本自动化器具的设计,设备点检路径和方法的改进,聚焦于具体问题的单点课(one point lesson,OPL)开发等,都成为 QC 活动的基本内容。

员工在解决问题过程中,不断探索问题产生的原因和工作原理,通过自主学习和团队合作,把工作做得更好,工作成就感不断增强,喜悦感和价值感得到循环强化。

3. 参与制定作业标准的授权

标准化的任务和流程是持续改进与授权员工的基础。生产作业是人、机、料与环境相结合的具体活动体现,要求作业者在既定时间内准确完成对设备的操作、工具的使用及对物料的加工或装配作业,是多要素在一定时间与空间的配置过程,因此需要制定合理的流程、科学的方法、合理的顺序、必要的规范(如安全、质量、在制品数量、定置要求等)。除了按照生产工艺做出基本作业安排(如工位布局、物流方式、工位器具配套、作业参数等),还需要紧密结合生产实际做出细致安排,授权小组或员工的参与,汇聚员工的思考、设计、经验,进行适应场景的人因工程优化,能够建立和完善更加科学的工作流程和标准作业方案。

4. 异常停止的授权

一旦发生异常,将不断生产出不良品,并需要更多的资源和时间修复不良品,不良所带来的成本和时间浪费是无法弥补的。精益制造中,授权员工在生产作业出现异常时可以立即停止生产,从而减少损失或消除潜在损失。异常停止授权,同样遵循合理的管理流程和标准,如确定停线/停机的条件,进而确定各级人员的职责,建立信息沟通的机制,明确解决问题的程序,如停(停止机器或产线)、呼(呼叫相关责任部门或人员)、等(等待责任人员对问题的处理)。在异常解决后,继续生产作业。问题原因的发掘和防止异常再发生,是班次生产结束后的改善任务。

从识别浪费开始,以减少浪费为过程,以制止浪费发生和延续为终点,形成一个合理的管理循环;再根据造成生产停止的原因开始识别浪费,重新形成一个新的改善循环,周而复始,这就是用员工授权方式解决异常问题的基本逻辑。

图 3-60 是停线管理的授权机制和快速响应流程。其中,生产线上的员工、问题处置团队都获得了解决此类问题的授权,按照明确的停线条件、明确的各级人员责任、明确的信息沟通程序和明确的问题解决程序,建立了停线快速处置措施。显然,授权是员工主动发现问题并有效执行作业标准的重要激励行为,同时也是建立快速响应流程并尽快消除问题的基本前提。

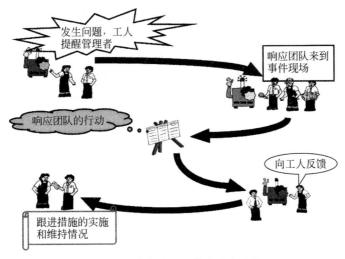

图 3-60　异常处置及快速响应流程

3.3.5.3　人机分离

人机分离是指当设备自动运行时,人可以去操作另一台设备或做其他工作,从而使人脱离机器的束缚。精益制造管理中,人机分离水平可以根据分离程度不同划分为 A、B、C、D 四个等级水平,其中 D 级最低,A 级最高。人机分离水平依次可作如下表达:

(1) 机器自身不能自动停止,需要操作者监视机器运行,并由操作者在恰当的时间将机器停止在恰当的位置,人机不能分离。

(2) 机器可以在恰当时间自动停止在恰当位置,需要操作者安装、夹紧、复位、打开夹具、启动等,取消了操作者的手工停止操作,人机可以低水平分离。

(3) 机器完成一个循环的加工作业后自动停止,需要操作者完成安装、拆卸作业,取消了操作者的装夹、监视、停止作业,属于 D 级人机分离水平。

（4）机器完成一个循环的加工作业后自动取下工件并停止,需要操作者安装工件,取消了操作者夹紧、复位、拆卸作业,属于 C 级人机分离水平。

（5）机器完成一个循环的加工作业后,能够自动取下、安装工件,自动启动、停止,需要操作者准备待加工件和转移加工后工件,取消了操作者的装、夹、停作业,属于 B 级人机分离水平。

（6）机器完成一个循环的加工作业后,能够自动取下、安装工件,自动启动、停止,并能自动投料、搬运,取消了操作者所有作业,属于 A 级人机分离水平。

为了不断发现和改善问题,发挥操作者在现场的主动性作用,精益制造中较多开发并使用 D、C 级人机分离作业模式,通过局部自働化方式提高制造资源全局利用率。

总结上述人机分离方式的差异,还可以把人机分离分为七个等级,分别是递进实现自动装料、自动启动、自动加工、正常停止、异常停止、自动卸料、开始下一循环,每提升一个等级,均在上一等级的基础上增加一项新的功能。

人机分离的目的是使操作者和设备两类资源的利用率最大化。在精益制造和工业工程中,首先通过价值工程（value engineering,VE）和价值分析（value analysis,VA）原理识别生产作业总的设备和人员闲置情况,其中人机作业分析法和人机作业分析图是最简单易用的方法。其次,通过工艺改进、工装改进和设备功能改进,提高设备利用率,并将操作者从更多的手动作业中解放出来,去操作更多的机器。再次,运用生产平衡技术,将不同设备的操作时间均衡化、生产过程节拍化,从而使人员可以有规律地操作多台设备。最后,通过对设备的布局改进,使多台机器之间形成顺序加工关系,并使初始工序与最后工序紧邻（如 C 型或 U 型布局）,使投料和完工件移出在尽可能小的区域内完成（工业工程中称之为 I/O 一致原则,即投料后可以就近直接取走完工件）。

显然,人机分离方法可以使设备和人员的综合利用率最大化,并缩小生产所需要的场地,缩短加工周期,提高生产效率,降低制造成本。但在国内企业的现实生产组织中,普遍存在几类很不科学的问题：其一,高度自动化设备与低效率的普通加工设备并存,设备忙闲不均,设备综合利用率不高；其二,人机难以分离,即便设备自动化水平很高,也难以使人脱离机器设备的束缚；其三,工艺规程、设备布局、工装配套、标准工时等难以支持实现均衡的节奏化生产；其四,操作者很难在多设备之间巡回作业；其五,生产任务特性和任务量的不合理造成较大规模在制品存货,生产流动性受阻。这些问题的根源是严重缺乏精益制造思维,不能确立高效的生产组织方式,因此呈现出设备、人员、物料、场地、工装、器具等的多方面浪费。在这种现状思维和组织方式下,购买高价值自动化设备并不能解决综合生产效率问题,只能解决局部产能提升问题,最终还是会造成全部生产过程的不平衡和低效率。

在人机分离方面开展自働化改进,减少人员作业、取放、传递与判断等浪费,提高作业效率和生产连续性。自働化的目标是通过精益性改善,结合快速换型、防呆防错等方法,建立连续、柔性的生产流程,实现按节拍生产。通过目视化、信息化、异常响应等技术的应用,优化和简化管理活动,可以进一步实现安全自働化、工具自働化、工序自働化、生产线自働化、整个工厂的自働化。

工具自働化的目的是通过工具功能改善替代人的体力劳动,工具自働化可通过以下方式依次实现:

(1) 工具道具化:将购买的一般工具按照使用目的加工、改造成为专用化的工具、器具,即道具化,以方便使用。

(2) 工具选用的方便化:借助定置化、目视化等方法,使工具按照作业所需顺序进行布置,作业时不需要额外寻找和判断,工作者很容易获取应使用的工具。

(3) 工具的自动化:将需要消耗人力的工具改进成为电动、气动工具,以减少人力消耗。

(4) 工具使用位置改进:对操作者所使用工具的手持位置进行确定,将其改善成为适合操作者手持的位置、形状和触发结构,容易抓取、释放和进行安全控制。

(5) 工具移送自动化:工具、器具、小设备能够根据作业需要与操作者实现自动分离,操作者结束一个循环的工具使用时,即可松开工具,工具与操作者人机分离。

(6) 工具位置复原:作业结束后,工具、器具可以自动回归原本所在位置。

(7) 工具成组化:在一定操作位置,将所需的工具、器具、辅具及配件成组放置,满足工位或工序作业全部需要。

(8) 工具的定位停止:工具使用时达到规定的水平(如规定扭矩),或发生异常时,有声音提示或颜色信号显示,并停止作业。

(9) 工况信息传递:达成作业标准或出现异常,工具通过控制系统或网络将工况信息传递至信息系统,建立作业记录。

工序自働化是在特定工位/工作地/工作站完成全部既定作业的人机分离过程,目的是用机器替代人力劳动,如前所述有 A、B、C、D 四个不同水平,分别可以通过自动装夹、自动启动、自动加工、自动测量、自动移送、自动停止、自动复位、自动脱离、自动搬运的不同循环按照节拍进行生产。

生产线自働化以现场安全自働化为基础,以工具自働化为支撑,以工序自働化为主要过程,以机械加工工程或产品装配为基本对象,集成上述功能,按照生产节拍组织生产,以控制过早生产、过量生产并降低制造成本。生产线自働化基本步骤如下:

(1) 优先确定生产节拍时间:根据目标生产量和可用生产时间,计算产品生产节拍,任何制品都应在其规定的节拍时间内完成。

(2) 建立单件流生产标准:确立领料、加工、装配的"一个流"作业关系,使生产线具备连续的单件流生产条件。

（3）生产节拍可视化（制作节拍器）：采用肉眼可见的生产节拍显示方式，能够指示、控制生产节奏。

（4）布局流程化：建立 U 型、C 型生产布局，实现 I/O 一致的布局关系和物料流动关系，使制品流动满足流程经济性要求。

（5）制品流动控制：只有当后工序没有制品、前工序有制品时，本工序完工的制品才流向后工序。

（6）安东系统设置：以目视化和"一键式"方式，控制生产线异常，防止不良品流向后工序（客户）。

（7）后工序拉动：建立看板管理机制，由后工序电子看板按照交付要求拉动前工序生产。

工厂自働化是以客户交付要求为导向，按照拉动式生产关系，运用看板原理，实现对全部生产资源、生产过程的组织、配置、调度和流动化优化。工厂自働化是建立在安全自働化、工具自働化、供需自働化和生产线自働化基础上的点、线、面整合，是全局统筹的自働化过程。工厂自働化建议通过以下步骤进行：

（1）均衡排产：无论多少类产品，均按照 JIT 的原理，将多品种进行均衡排产，满足总量均衡、品种均衡、数量均衡的规则要求。

（2）大空间管理：结合各生产线的零头作业，使其成为整数作业，以进行少人化改善。

（3）看板拉动：依据看板机制，使用信息化、目视化系统，将生产指令、工作参数和控制标准传递到制造系统，执行后工序拉动生产控制原则。

（4）准时物流响应：灵活运用水蜘蛛、SPS 等方式，以尽可能小的批量分批向各生产线领取、供给物料，形成精确闭环物料响应系统。

（5）生产状态测量：所有计划进度、质量控制点、变化点、生产作业参数、设备运行效率、在制品存货量、物流响应水平等均能实时采集、分析、传递，并可视化。

（6）全局安东系统：利用安东机制，对全工厂范围的异常实施自律控制。

（7）深度目视化管理：利用信息系统将生产主题流程的资源状态和生产状态信息集成起来，并按照分层、分类管控原则，将实时运行状态呈现出来。

3.3.5.4 自工序完结

要实现 JIT 和流程运作目标，依赖于对"人、机、料、法、环"（即 4M1E）的配置水平。这种配置是各要素在生产过程的各个作业节点的结合，并依赖于每一节点的结合水平。我们借用图 3-61 来表达产品生产的过程：产品交付依赖于工厂及时完成产品生产，工厂完成产品生产依赖于各生产车间按照工艺顺序完成各自的加工和装配，各车间生产任务完成与否取决于内部各工序作业完成水平。亦即，只有每个工序都在既定制造良品的条件下，按照既定标准作业，才能在合适的时间加工完成合格产品。精益制造中，将单工序在不返工、不重复情形下，独立完成合格品

(不制造、不传递不合格品)的做法,称为自工序完结。

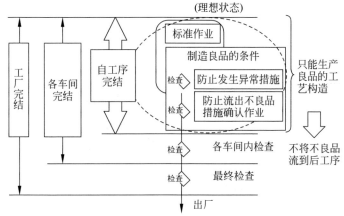

图 3-61　自工序完结过程逻辑

在日常生产中,很多时候都需要与他人协作完成项目或生产任务,没有人能自己完成所有工作内容,这就要求人人都要有自工序完结的意识,不把次品传递到下一道工序,只有这样才不会出现重复的返工及时间浪费。自工序完结=自己/独自+工序完结,其深层意义在于:首先,员工自己做到工序完结,自己能够判断工作的好坏,不制造不良品,不将问题留到后工序;其次,完结=结束,作业完成即加工出合格品,不需要返工、修复等浪费性做法;再次,自工序完结,强调所有单一工序的自主完结,是在全员参与基础上,覆盖全部工艺过程;最后,十分注重品质保证体系中最小的因素"自"的作用,更加调动、发挥"自"的主观能动性。因此,自工序完结比 TQM 更加完善、更具有挑战性。

将自工序完结归为自働化的重要内容,有其重要哲理和丰富内涵:

(1) 自工序完结有明确的目标,即通过"自工序完结"的做法,实现 100% 的良品保障能力。该过程有三个明显特征:一是员工和上级负责人同时能对工序作业好坏进行立即判断,立即决策采取对应措施;二是不返工、不重复,一次性做好,不将不良品传递到下一工序;三是员工自己对工作十分有信心,心情舒畅地工作,保持良好的工作氛围。

(2) 自工序完结需要必要的前提作业条件。一是建立确保工序作业生产出良品的基本条件,一般包括产品设计要件(如设计图纸、参数精度)、生产技术要件(如工艺规程、设备、模具、工装、工具等的标准)、制造要件(如物料、作业标准、设备初始状态、操作者技能等),这些是自工序完结的基本前提,当前提条件不满足时,应优先完善良品条件。二是确保操作者对作业标准的遵守,严格执行标准作业。遵守标准作业,主要是对作业者的意识、技能、态度和持续改善能力的要求。执行标准作业,是对良品条件的运用、保持甚至发挥,免于在良品条件下生产出不良品(即"完结≠结束",工序没有实现自完结)。

（3）自工序完结需要对活动的合理策划、组织和控制。显然，良品条件和标准作业的建立均需要开展严谨的设计、分析和验证，既要考虑单工序作业与其他工序的相互关系，保持其节拍的一致性，同时也要考虑各工序完结的风险影响，需要对4M1E状态和生产流程进行评估、改进和确认。只有各工序具备自工序完结能力时，整体生产工艺流程才有实现的可能。

（4）自工序完结体现了用作业质量保证经营质量的系统质量观。100％的自工序完结，确保达成不接收、不制造、不传递不良品的全面质量目标要求，从而使生产过程有序进行，生产流程效率得到保障，产品交付可以按照既定时间完成，保障了商业活动的顺利实现。显然，自工序完结的"点"作用，支持了"线"（生产流程）功能，保障了"面"（多业务综合）功能融合，支撑了"体"（商务交易）目标。

自工序完结度分析示例见图 3-62。

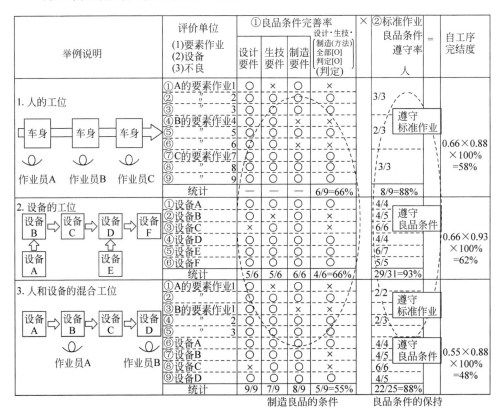

图 3-62　自工序完结度分析示例

3.3.5.5　防呆防错

防呆防错，又称愚巧法、防错法，意即在过程失误发生之前就加以防止，是一种在作业过程中采用自动作用、报警、标识、分类等手段，使作业人员不特别注意也不会失误的方法。

丰田最初的防错法来源于丰田织布机工厂对于断线停机的研究,后来将防错法推广至汽车生产领域,进而对防错的理论原理、改进方法、应用场景进行分类研究,形成了如今广为人知的防错法。防错法在丰田一刻不停地向前发展,形成了结合现代信息技术的防错法、采用无动力装置降低能耗的防错法——卡拉库里等。下面我们从设计防错、工艺防错、设备防错等角度,探讨在当今信息技术背景下的防错应用。

随着生产多种车型的柔性功能需要,生产制造过程中的错装、误装、漏装、漏检等风险相应增长,导致返修、零件损耗等问题,影响制造周期,增加制造过程的运行成本。防错、防呆成为制造企业管理者和生产工艺技术人员重点关注的问题,防错技术研究及应用将成为制造行业工艺、装备与质量改进的重要方向,包括自动化和数字化的防错功能。

1. 防错原理

通过产品及制造过程的重新设计,加入防错方法,避免人、材料和机器可能出现的错误;通过设计一个产品及制造过程,预防错误发生。防错的主要原理如下:

(1) 断根原理:将会造成错误的原因从根本上排除掉,使错误绝不发生。

(2) 保险原理:两个以上的动作必须共同或依序执行才能完成工作。

(3) 自动原理:以各种光学、电学、力学、结构学、化学等原理来限制某些动作的执行或不执行,以避免错误的发生。

(4) 相符原理:用确认是否相符合的动作,来防止错误的发生;从形状或数量角度完成检核。

(5) 顺序原理:避免工作的顺序或流程前后倒置,可依编号顺序排列,以减少或避免错误的发生。

(6) 隔离原理:以分隔不同区域的方式,来保护某些区域,使其不能造成危险或错误。

(7) 复制原理:同一件工作,如需做两次以上,最好采用"复制"方式来达成,省时又不出错。

(8) 分层原理:为避免将不同的工作做错,设法加以区别。

(9) 警告原理:如有不正常的现象发生,能以声、光或其他方式显示出各种警告信号,以避免错误的发生。

(10) 缓和原理:以各种方法来减少错误发生后所造成的损害,虽然不能完全排除错误的发生,但是可以降低其损害的程度。

(11) 条件原理:B事件的发生是以A事件的发生或不发生为条件,运用此原理减少错误发生后所造成的损害。

2. 设计防错

从新产品项目设计开始,工程人员只有在设计上采取措施使新产品具有主动性防错能力，才能从根本上减少出错的机会，这种预防错误方式是不会失效的。例如：在汽车的零部件设计过程中，针对左右前后对称件、配置差异件、线束插头件等易出现错装、漏装等质量问题，应采取有效的设计防错方式进行防错。

3. 过程防错

工艺技术的防错一般在前期设计出现遗漏或者工装设备投入成本较大的情况下使用，可以通过改变操作步骤、工艺顺序等方式防止出错。对于使用不同装配方法会造成不同结果的装配过程，通过限制唯一装配方向或装配角度等手段，可防止错误的产生。例如，在同一工位安装不同车型的相似零件，这些零件外观相似，不易区分，为了进行区分，可以将不同车型的安装零件排布到不同的安装工位下进行安装。

4. 设备防错

设备防错因设备属性、构造和原理不同，按照防错原理，防错的具体做法有所不同，示例如下。

1）设备加注防错

流水线设备加注工位操作过程中，通过设备检测操作是否完成，标准是否符合要求，如果不符合工艺要求，设备将会自动报警提醒，加注车辆到达 FPS 终点生产线停线，防止质量缺陷逃逸。例如，总装生产线的加注设备通过 PLC 关联到车间安东系统，当车辆到达相应加注工位时，操作工按照扫描操作对每台车进行相应 VIN 或者加注代码扫描，扫描后，加注设备自动选择相应车型的加注程序并进入自动模式进行加注，如果车辆加注量等监控信息不能满足产品设定要求，设备将会自动报警，流水线加注车辆到工位 FPS 终点停线，等待管理人员响应处理。

2）电动扭力工具防错

例如总装生产线的电枪防错，车辆进入工位触发进位感应开关后，感应开关发信号给电枪控制器，电枪控制器进站车辆数量计数加1，根据电枪车型设置，拧紧完预定颗数的螺栓且合格后，电枪控制器进站车辆数量计数减1，进站车辆数量为0 与 1 时，线体正常运行，当进站车辆数量达到 2 时，电枪控制器持续发停线请求给PLC，PLC 发停线指令，安东看板上的"设备"显示对应工位（如图 3-63）。

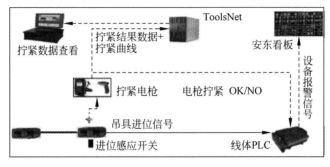

图 3-63　电动扭力工具防错操作流程图

3）环保/追溯件防错

环保/追溯件在安装前进行扫描操作,通过扫描 VIN 码和环保件二维码信息、追溯条码系统设定的零件信息进行对比,如果发现不匹配的情况,系统将会自动报警,显示屏会弹出对应提示,防止物料选用错误情况发生,如图 3-64、图 3-65 所示。

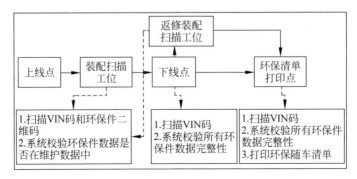

图 3-64　环保件防错操作流程图

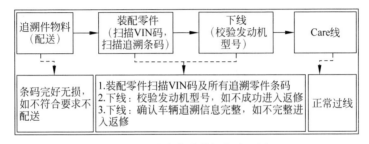

图 3-65　追溯件防错操作流程图

4）电子检测防错

通过研究电子检测方式实现防错功能,应用漫反射开关、指示灯、计数器等电子元件,检测物体有无,检测操作动作和操作方式。例如,工具拿取检测、内视镜选取检测、管夹拉环计数、点漆动作检测等电子检测类型。

电子检测防错原理(以零件选取检测为例):光电开关是由发射器、接收器和检测电路 3 个部分组成的,利用被检测物体通过感应开关时对光束的遮挡或反射进行检测,由同步回路接通电路,从而检测物体形状及结构的有无,作为判断被检测物的依据。光电开关将输入的电流通过发射器转换为光信号射出,接收器再根据接收到的光信号强弱或有无对被检测物体进行检测(图 3-66)。

5）视觉识别检测防错

视觉识别检测是智能制造领域中一个重要的研究课题,与传统的人工检测方法相比,使用机器视觉技术进行装配过程中的质量检测具有智能化、柔性化、高度自动化的特点,可满足生产线多车型柔性大批量生产时对于稳定性与可靠性的要求,具有极大的发展和应用价值。例如,终线入口升降机车身识别视觉系统、终线

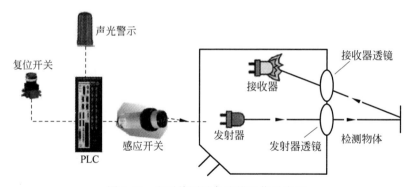

图 3-66 电子检测设备防错工作示意图

滑板线承载轮视觉识别检测、尾门字牌视觉识别检测、轮胎视觉识别检测等。

以轮胎视觉识别检测为例(图 3-67):通过使用工业数字相机、镜头、光源、控制器和图像处理工具等,对轮胎进行视觉识别检测,主要检测 4 个轮胎规格、型号、品牌等信息是否一致,不一致时发出警报提示管理人员快速响应处理,有效解决了装配过程中合格种类与缺陷种类的快速判别检测问题,实现制造质量过程防错。

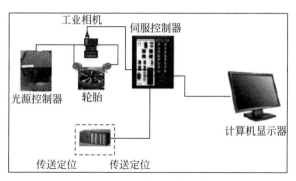

图 3-67 视觉识别检测防错工作示意图

5. 防错流程体系

防错流程体系的建设要从生产工艺技术人员职责、防错内容制定和防错验证方案、验证记录、变坏点管理等方面进行,同时通过防错与 FMEA 的结合,将防错工作落实到每个产品项目的启动和量产阶段,从前期 FMEA 高风险等级的控制方案制定开始,加强防错改进,降低风险的级别。

3.3.5.6 安东系统

安东系统用于生产线质量响应管理,出现质量问题时"立即暂停"生产线,以及时解决质量问题,最终做到"不接受、不制造、不传递"的质量"三不"原则。同时,安东系统也是汽车工厂生产信息管理和控制系统的重要组成部分,用以收集生产线设备运行状态信息、产品下线质量 FTQ(一次下线合格率)和物料需求等信息,并将此类信息实时显示在现场不同区域的看板上,部分信息还附加语音和灯光报警提示。安东系统现已成为汽车完整生产线不可缺少的重要组成部分,在四大工艺(冲压、焊装、涂装、总装)车间,以及发动机工厂装配线都得到广泛应用。

安东系统主要优点是可以减少由于装配质量或设备问题引起的生产线停线。当出现装配质量问题或设备问题时,操作工拉下安东呼叫拉绳,提醒并呼叫班组长或者设备维修人员立即到现场解决问题,如果质量或设备问题能在拉下安东拉绳后、生产线未运行到定点停(fixed position stop,FPS)点之前被解决,那么生产线不会停线,安东系统给予了问题解决的时间,不至于每次质量或设备问题都要停线。这样一来就大大减少了因装配质量问题或设备问题引起的生产线停线,从而很好地提高了生产效率。本文目的在于介绍安东系统的系统构成及在生产制造中的应用。

1. 安东系统架构

1)硬件组成

安东的硬件组成包括控制元器件、网络介质、看板等,如图 3-68 所示。

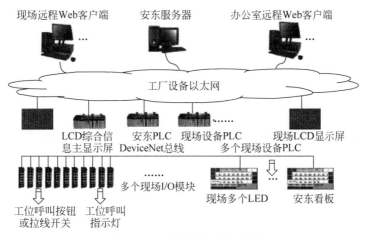

图 3-68 安东硬件组成示意图

现场远程 Web 客户端主要用于现场设备故障监控。办公室远程 Web 客户端主要用于安东数据查询及数据导出。安东服务器主要是收集现场生产线的设备运行状态反馈信息,包括设备故障反馈及生产线安东停线信息,收集反馈信息后进行信息处理,最终实现设备故障报警显示及安东数据统计。

现场 PLC 主要是可编程逻辑控制器,通过编程控制生产线设备按照要求运行来满足生产,现场 I/O 模块用于收集并反馈现场传感器的实时信号。LED 显示器及看板主要用于生产线信息显示,包括设备停线时间、生产线安东停线时间、安东位置、生产目标产量和实际产量等信息。工厂设备以太网为整个系统的信息交互通道。

2）系统框架

系统框架包括服务器、工程运行软件、信息处理和客户端访问等，采用集成现场工业总线、DeviceNet 总线和 10/100Mb/s（100/1000Mb/s）高速以太网总线的混合三层体系结构，支持基于浏览器的 C-S 结构体系。系统框架如图 3-69 所示。

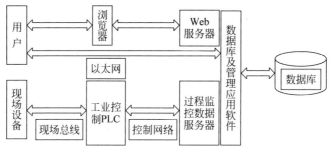

图 3-69　安东系统框架图

现场的 I/O 模块收集所有的工位呼叫按钮或拉绳开关信息，通过设备网络（DeviceNet 总线网络或以太网）将信息传递给设备控制器 PLC，PLC 进行逻辑信息处理后将信息传递并显示到现场安东看板上。

同时，安东服务器通过工厂设备以太网从 PLC 里读取点状态信息，再经服务器上的工程软件完成数据处理后发布数据报表到网上。用户可以通过网页访问查看或导出安东报表。

2．安东系统应用

安东系统的应用包括质量控制、生产信息管理和物料供应系统管理三大部分，是生产制造工厂必不可少的信息系统。

1）质量控制

安东系统在质量控制方面的应用在于精益制造管理的"三不"原则，即"不接受缺陷、不制造缺陷、不传递缺陷"，很好地保障了产品质量。具体实现步骤如下：

（1）工位操作员工发现装配质量问题时，拉下质量安东拉绳，触发安东系统。此时安东看板上会显示问题工位号且呈黄色，同时安东音乐或者呼叫声响起，以提醒班组长及时响应。

（2）班组长到达问题工位后，立即着手解决质量问题，问题解决后再次拉下该工位的安东拉绳触发安东系统解除质量安东呼叫。此时看板上的工位号消失，音乐或呼叫声停止。

（3）如果生产线运行到 FPS 点时质量问题还未得到解决，那么生产线自动停线，安东看板上黄色工位号变成红色，等待问题解决。这样就保证了质量问题不会传递下去，确保问题在本工位解决。

（4）当质量问题解决后，拉下该工位的安东拉绳触发安东系统解除质量安东呼叫。此时看板上的工位号消失，音乐或呼叫声停止，生产线恢复正常运行。

2) 生产信息管理

安东系统在生产信息管理方面的应用主要包含生产信息显示和报表统计。

(1) 生产信息显示

生产信息包括了生产线运行状态、生产产量(目标和实际产量)、一次下线合格率(FTQ)、工位信息、停线时间统计以及设备故障等信息。

生产线是否正常运行,从安东看板上可以直接看出,甚至还能看出生产线停线是由于设备故障还是空满位、设备超限位或者安东停线。安东看板上还显示了当班次的目标产量和当前的实际产量。某个工位拉了拉绳该工位号就会在看板上显示出来,及时提醒班组长响应。当班次的生产线停线时间也会实时统计,显示在看板上。以上安东看板上显示的生产信息对于生产是十分重要的,有助于减少停线,提高生产效率。

(2) 报表统计

安东系统除能够显示一些生产信息以外,还能对每日生产运行情况,包括生产线设备故障停线时间、停线设备、停线频次及工位等信息进行统计,并对其进行分类生产报表统计。生产线班组长可以每日通过安东数据报表对当日当班次的停线进行分析,以进一步改善生产工位的线平衡,提高生产效率。同时,设备管理人员还可以通过安东数据报表,对设备故障进行扫选和统计分析,对设备制定相应的全面生产维护(TPM)和 PM 工作,提高设备运行效率,降低设备故障率,做到设备隐患早发现、早防止,将重大设备故障扼杀在"摇篮"里。

3) 物料供应系统管理

构建物料安东系统是指在生产线旁安装物料需求呼叫按钮,或者物料请求HMI 触摸屏界面,并在物料配送和物料存储现场设置物料信息显示看板。当生产线某个工位的物料接近配送需求数量时,操作员工按下物料需求请求按钮或者在HMI 上选择物料,此物料需求信息就会在物料配送和物料存储现场的看板上显示出来,显示某条生产线某个工位某种物料达到预警值,需尽快送料。于是物料配送人员就会按照看板信息配送对应的物料到需求工位。物料从物料存储区配送到现场的同时,物料安东系统会自动统计该物料的库存量,判断是否达到库存预警值,一旦达到物料预警值,系统会自动向物料供应商的物料配送系统发送物料预警信息,物料供应商就会根据预警物料信息进行配送补库。此外,物料安东系统还会统计每个工位物料需求的时间、数量及每日配送数量,此统计数据可以帮助物料管理人员分析每个工位的物料消耗和实际物料需求之间的差量,以此对物料产品质量进行分析。

物料安东系统还可以将生产线车辆信息在车辆排序点就同步发送到物料供应商的配料系统,以便供应商可以提前根据主机厂的生产需求来进行物料生产储备,减少过多库存和过度生产浪费,做到"有需求必有储备,有生产必有供应"的物料零浪费。

3.3.6 基础管理

基础管理是精益制造体系的要素能力保障和流程能力保障的关键。准时化、自働化均有自身的功能构造和运作机制,但是都依赖于员工现场作业。精益制造中,日常运营管理和常态化的改善活动是稳定生产和改进生产能力的动力源泉。基础管理主要包括现场管理、班组管理、全员改善、员工培育。

下面将主要对现场管理做相应介绍。

3.3.6.1 现场管理的概念

广义而言,现场即工作场所,并不限于产品制造的现场,凡是进行资源配置并创造价值的环境均可称为现场,如工厂、车间、设计室、实验室、办公室等都是现场。狭义而言,现场指的是生产实现的具体环境,主要是指物料、设备、人员和厂房设施等构成的用于产品加工、装配及物料存储、转运等所需的场所。现场管理则是指对人员、设备、物料、能源、信息、方法、环境等构成的制造系统进行计划、组织、指挥、协调、控制、改善,进而获得既定的产品、产量、成本等经济效益和安全、舒适、和谐的工作环境等。在制造型企业,现场管理也被称作工作地管理。由于现场是生产资源调度、聚集和配置,以及进行改善的地点,现场管理是最直接的价值管理。

在企业的商业活动中,产品和服务都是通过现场管理获得的,即现场管理的目的是通过对现场的各组成要素[主要是人员(man)、设备(machine)、物料(material)、方法(method)]进行规划、设计、利用、控制和优化,使生产的产品和服务满足质量(quality)、成本(cost)和效率(efficiency)要求。精益制造模式中极其强调现场管理的"三现主义"原则,即现场、现物、现实,指一切从现场出发,针对现场的实际情况,采取切实的对策解决,是一种实事求是的做法。

精益制造中十分有特色的现场管理方法主要有5S管理、定置管理、目视管理,生产运营中的任务管理、计划管理、资源管理、问题管理等内容可以较好地融入或者体现在精益现场管理之中,本书不做另外说明。

3.3.6.2 5S管理

在日本人看来,维持工作场所的干净整洁是很重要的,脏乱的场所被视为可耻笑的对象。在丰田生产方式中,管理者和员工们在这方面的努力并非只是维持工厂的整洁,而是全面的5S管理。因为五项基础活动的日语词的罗马拼音(seiri、seiton、seiso、seiketsu、shitsuke)中,第一个字母都是"S",所以简称为"5S"。"5S"的含义如下。

1. Seiri——整理

整理的目的在于对现场物资的分类,区分有用无用,留下有用的(生产作业需要的),去除无用的(生产作业不需要的)。把要与不要的人、事、物分开,再将不需要的人、事、物加以处理,这是开始改善生产现场的第一步。其要点是对生产现场摆放和停滞的各种物品进行分类,区分什么是现场需要的,什么是现场不需要的。其次,对于现场不需要的物品,诸如用剩的材料、多余的半成品、切下的料头、切屑、垃圾、废品、多余的工具、报废的设备、工人的个人生活用品等,要坚决清理出生产现场,这项工作的重点在于坚决把现场不需要的东西清理掉。对于车间里各个工位或设备的前后、通道左右、厂房上下、工具箱内外,以及车间的各个死角,都要彻底搜寻和清理,达到现场无不用之物的效果。坚决做好这一步,是树立好作风的开始。日本有的公司提出口号:效率和安全始于整理!通过整理,可以增加作业面积;现场无杂物,行道通畅,提高工作效率;减少磕碰的机会,保障安全,提高质量;消除管理上的混放、混料等差错事故;有利于减少库存量,节约资金;改变作风,提高工作积极性。

2．Seiton——整顿

整顿的含义是对现场所有事项、活动和过程进行规范,所有物品定点放置,使其处于合理的位置,井然有序,便于使用。

整顿活动的要点是:物品摆放要有固定的地点和区域,以便于寻找,消除因混放而造成的差错;物品摆放地点要科学合理。例如,根据物品使用的频率,经常使用的东西应放得近些(如放在作业区内),偶尔使用或不常使用的东西则应放得远些(如集中放在车间某处);物品摆放目视化,使定量装载的物品做到过目知数,摆放不同物品的区域采用不同的色彩和标记加以区别。生产现场物品的合理摆放有利于提高工作效率和产品质量,保障生产安全。

3．Seiso——清扫

清扫,使之整洁,没有垃圾和脏乱现象。清扫是对现场不清洁、不卫生现象的处置,将设备、物品、工具、工具箱、容器、地面、门窗等清扫得一尘不染,保持本来面目,使工作在干净的条件下进行。

把工作场所打扫干净,设备异常时马上修理,使之恢复正常。生产现场在生产过程中会产生灰尘、油污、铁屑、垃圾等,从而使现场变脏。脏的现场会使设备精度降低,故障多发,影响产品质量,使安全事故防不胜防;脏的现场更会影响人们的工作情绪,使人不愿久留。因此,必须通过清扫活动来清除脏污,创建一个明快、舒畅的工作环境。

清扫活动的要点是:自己使用的物品,如设备、工具等,要自己清扫,而不要依赖他人,不增加专门的清扫工;对设备的清扫,着眼于对设备的维护保养。清扫设备要同设备的点检结合起来,清扫即点检;清扫设备要同时做设备的润滑工作,清扫也是保养;清扫也是为了改善。当清扫地面发现有飞屑和油水泄漏时,要查明原因,并采取措施加以改进。清扫过程会触及生产要素、生产流程的很多细节,因此是一种生产状态检验机制,能够使有损品质或导致机器故障的异常情况与失效前兆得以浮现。

4. Seiketsu——清洁

清洁,使之保持光亮。清洁是整理、整顿、清扫达成的成果,整理、整顿、清扫之后要认真维护,使现场保持完美和最佳状态。因此,清洁是对前三项活动的坚持与深入,也是通过保持清洁来维持和监督前3个"S"的制度与程序,使管理制度化、透明化,从而消除发生安全事故的根源,创造一个良好的工作环境,使员工能愉快地工作。

清洁活动的要点是:车间环境不仅要整齐,而且要做到清洁卫生,保证工人身体健康,提高工人劳动热情;不仅物品要清洁,而且工人本身也要做到清洁,如工作服要清洁,仪表要整洁,及时理发、刮须、修指甲、洗澡等;工人不仅要做到形体上的清洁,而且要做到精神上的清洁,待人要讲礼貌、要尊重别人;要使环境不受污染,进一步消除混浊的空气、粉尘、噪声和污染源,消灭职业病。

5. Shitsuke——修身

维持工作场所的稳定是一种持续改进的过程,修身即通过持续教养提高人员素质,使其养成严格遵守规章制度的习惯,这是5S活动的核心。没有人员素质的提高,各项活动就不能顺利开展,开展了也坚持不了。所以,抓5S活动,要始终着眼于提高人的素质。

日本劳动安全协会在1950年推行的口号是:安全始于整理、整顿,而终于整理、整顿。可见日本早期只推行5S中的整理、整顿,目的在于确保安全的作业空间(效果如图3-70所示),后因生产管理需求和水准的提高,另增清扫、清洁、修身,而成为现在的5S,着眼点不限于安全,扩大到环境卫生、效率、品质、成本等方面。

5S管理对于制造企业极为重要,从增值角度分析,5S可以帮助识别和消除很多浪费,但5S并非增值性活动,并且需要投入很多精力来维持。所以,很多企业往往在5S活动方面存在畏难情绪。那么,如何科学看待5S的作用和目的就显得尤为重要。丰田生产方式/精益制造将5S视为解决一切问题并确保JIT得以实现的基础保障。既然是基础,一定是极为重要的做法。客观上,对于任何企业而言,浪费是现实存在的,建立识别浪费的能力本身是最为重要的。正如大野耐一所言:"识别不出问题就是最大的问题。"典型地,5S可以解决五个领域的关键问题:

第一,5S能够很好识别并从根本上减少生产要素范畴的不良和浪费,可以对物料、设备、工装、器具等的可用性、数量匹配性等做出识别和改进,对工艺、作业方法等的适用性、效率性等做出辨识,对人员的态度和技能有效性做出判断和优化。

第二,5S有助于识别和消除生产流程中的不良与浪费,能够帮助企业判断工序平衡水平、物料存储状态、设备利用效率、存货占用情况等,对改进甚至消除停滞、等待有很大帮助。

第三,5S优先创建了安全、舒适的工作环境,对人员安全、物料安全、设备安全和整体生产安全提供了保障,对人员工作健康提供最直接的环境支撑。

第四,5S使得制造系统可以维持在较高工作水准下运行,从而获得内外部品

图 3-70 整理、整顿效果图

(a) 整理前后主厂房钢球存放区对比；(b) 整顿前后备件库房对比；(c) 整顿前后现场存储物料对比

质和效率的提升，从而降低运营成本，为获取客户满意提供了关键支撑。

第五，5S活动的实现，源于对人的认知和行为能力的挑战，是持续提高人的意识水平和工作技能的常态化机制，有助于培养三现主义精神和精益文化。

3.3.6.3 定置管理

1. 定置管理基本概念

定置管理也称定置工程学，起源于日本的"整理整顿活动"，由日本青木能率（工业工程）研究所的青木龟男先生始创。他从20世纪50年代开始，根据日本企业生产现场管理实践，经过潜心钻研，提出定置管理的概念，后来由日本企业管理专家清水千里先生在应用的基础上把定置管理总结和提炼为一种科学的管理方法，并于1982年出版了《定置管理入门》一书。此后，这一方法在日本许多公司应用中都取得明显的效果。

定置管理中的"定置"不是一般字面意义上的"把物品固定于特定地点放置"，它的特定含义是：根据生产活动的目的，考虑生产活动的效率、质量等制约条件和物品自身的特殊的要求(如时间、质量、数量、流程等),划分出适当的放置场所,确定物品在场所中的放置状态,作为生产活动主体人与物品联系的信息媒介,从而有利于人、物的结合,有效地进行生产活动。对物品进行有目的、有计划、有方法的科学放置,称为现场物品的"定置"。定置管理是对生产现场中的人、物、场所三者之间的关系进行科学的分析研究,使之达到最佳结合状态的一门科学管理方法,它以物在场所的科学定置为前提,以完整的信息系统为媒介,以实现人和物的有效结合为目的,通过对工作场所的整理、整顿,把生产中不需要的物品清除掉,把需要的物品放在规定位置上,使其随手可得,促进生产现场管理文明化、科学化,达到高效生产、优质生产、安全生产的目的。

2. 定置管理中人、物、场所的内在逻辑关系

1) 人与物的结合

(1) 人与物的结合关系。在工厂生产活动中,构成生产工序有 5 个要素,即物料、设备、员工、操作方法、环境条件。其中最重要的是人与物的关系,只有人与物相结合才能进行工作(图 3-71)。人与物的结合方式有两种,即直接结合与间接结合。直接结合又称有效结合,是指需要的东西能立即拿到手,不存在由于寻找物品而发生的时间耗费。如加工的原材料、半成品就在自己岗位周围,工具、检具、量具、贮存容器就在自己的工作台上或工作地周围,随手可得。间接结合是指人与物呈分离状态,为使其达到最佳结合,需要通过一定信息媒介或某种活动来完成,标识指引是较常见的媒介方式。标识的全面性和准确可靠程度影响着人和物结合的效果。例如,通过档案索引,文员可以找到以前存档的文件。很明显,对于经常使用的物品,应使其处于直接结合状态,不常使用的物品,应有明确的标示和索引。

图 3-71 人与物结合关系示例

(2) 人与物的结合状态。按照人与物有效结合的程度,可将人与物的结合归纳为 A、B、C 三种基本状态:

A 状态:表现为人与物处于能够立即结合并发挥效能的状态。例如,操作者使用的各种工具,由于摆放地点合理、固定并且处于完好状态,当操作者需要时能立即拿到并用得心应手。

B 状态：指物与人处于间接结合状态，表现为人与物处于寻找状态或尚不能很好发挥效能的状态，经过某种媒介或某种活动后才能进行有效生产活动。例如，一个操作者加工一个零件，需要使用某种工具，但由于现场杂乱或忘记了这一工具放在何处，结果因寻找而浪费了时间；又如，由于半成品堆放不合理，散放在地上，加工时每次都需弯腰，一个一个地捡起来，既影响了工时，又增加了工人的疲劳程度。

C 状态：指物与现场生产活动无关、人与物没有联系的状态，也可以说这些物是多余物。这种物品与生产无关，不需要人去同该物结合。例如，生产现场中存在的已报废的设备、工具、模具，生产中产生的垃圾、废品、切屑等。这些物品放在现场，不仅占用作业面积，而且影响操作者的工作效率和安全。

因此，定置管理就是要通过相应的设计、改进和控制，消除 C 状态，改进 B 状态，使之接近 A 状态，并长期保持下去。

2）场所与物的结合

在工厂的生产活动中，人与物的结合状态是生产有效程度的决定因素。人与物的结合都是在一定的场所里进行的，因此，实现人与物的有效结合，必须处理好场所与物的关系，也就是说场所与物的有效结合是人与物有效结合的基础。

(1) 物与场所的结合关系。物与场所的结合是根据场所的状态，以及生产工艺的要求，把物品按其具有的特性，科学地固定在场所的特定位置上（图 3-72），促进人与物的最佳结合。场所的状态指场所的基本职业卫生和安全条件及其具备的基本生产功能，有良好、一般、较差三种状态。

图 3-72　物与场所结合示例

良好状态：指场所的作业面积、工艺布局、通风设施、光照、噪声、温湿度、粉尘等都能够满足物品存放与流动要求，符合人的生理及作业安全要求。

一般状态：指场所只能满足某个方面的要求，如场所的布局不尽合理，只满足人的生理要求或只满足生产要求，或两者都未能完全满足，需要通过对其他方面的改善获得物与场所更好结合的可能性。因此一般状态也称需要改善状态。

较差状态：指场所既不能满足生产要求，也不符合卫生和安全要求，不能满足人的生理要求。因此，较差状态也称需要彻底改造状态。

场所还可以划分为永久性场所、半永久性场所、流动性场所和临时性场所。永久性场所如生产车间、库房、原材料堆放场等,常用坐标表示;半永久性场所指不经常移动的场所,如货架、工具箱等,常用编号表示;流动性场所如移动性工位器具、运货小车等,一般按顺序编号;临时性场所如临时货场等,要用围栏、绳索围起来,必须有明确标示。

(2)物与场所的结合状态。实现物与场所的结合,要根据物流的运动规律,科学地确定物品位置,基本定置有三种形式:固定位置、自由位置、半自由位置。

固定位置:即物品存放的场所固定、物品存放位置固定、物品的信息媒介(如标识)固定。用三固定的技法来实现人、物、场所一体化。此种定置方法适用于对象物在物流运动中进行周期性重复运动的情况,即物品用后回归原地,仍固定在场所某特定位置,如操作工具、容器、运输器械、图纸等。采用固定位置便于场地合理布局,取放便利,但场地利用率低。

自由位置:即物品在一定范围内自由放置,每一种物品的存放场所和位置要根据生产情况和一定规则确定,并以完善信息、媒介和信息、处理的方法来实现人与物的结合。这种方法适用于物流系统中不回归、不重复的对象物,可提高场所的利用率,如原材料、零部件、产成品等。这些物品的特点就是按工艺流程的顺序规定,不停地从上一道工序传递到与它相连的下一道工序,一直到最后生产出成品出厂。这些物品的定制标识可以采用可移动的牌架、可更换的插牌标识。

半自由位置:指物品存放区域固定,具体的存放位置不固定,适用于品种较多的物品定置。物品在存放时要重点考虑安全、质量保证、空间利用率、方便取出、搬运等因素。

3)人员、物料、场所与信息结合(图3-73)

图3-73 人员、物料、场所与信息结合示例

生产现场中众多的对象物不可能都同人处于直接结合状态,绝大多数的物同人处于间接结合状态。为实现人与物的有效结合,必须借助于信息媒介的指引、控制与确认。因此,信息媒介的准确可靠程度直接影响人、物、场所的有效结合。信息媒介又分引导信息媒介和确认信息媒介两类,每类信息媒介又各有两种媒介物。引导信息媒介物,是引导人们到目的场所的媒介物,如位置台账、平面布置图等。确认信息媒介物,是帮助人们确认物品和场所的媒介物,如场所标志、现货标识等。

人与物的结合,需要有四种信息媒介物:第一种信息媒介物是位置台账,它表明"该物在何处",通过查看位置台账,可以了解所需物品的存放场所;第二种信息媒介物是平面布置图,它表明"该物处在哪里",在平面布置图上可以看到物品存放场所的具体位置;第三种信息媒介物是场所标志,它表明"这儿就是该处",是指示物品存放场所的标志,通常用名称、图示、编号等表示;第四种信息媒介物是现货标识,它表明"此物即该物",是物品的自我标识,一般用各种标牌表示,标牌上有货物本身的名称及有关事项。在寻找物品的过程中,人们通过第一种、第二种媒介物,被引导到目的场所,因此,称第一种、第二种媒介物为引导信息媒介物;再通过第三种、第四种媒介物来确认需要结合的物品,因此,称第三种、第四种媒介物为确认信息媒介物。这四种信息媒介物缺一不可。建立人与物之间的连接信息,是定置管理这一管理技术的特色。是否能按照定置管理的要求,认真地建立、健全连接信息系统,并形成通畅的信息流,有效地引导和控制物流,是推行定置管理成败的关键。

3. "三定"管理

定置管理一般强调三项基本原则,即定点、定容、定量。定点即定位置、定场所,为物料、设备、设施、工具、人员等指定合适的位置;定容是指物料、工具应放置于适当的容器中;定量是指被定置的对象应符合要求的数量。在"三定"中,对于任何被定置的对象而言,都要符合确定的场所、采用适当的方法并使用相应的标识,因此场所、方法和标识被称为定置管理的三要素,定置管理三原则和三要素的目的是易取、易放、易管理。

定置管理以现场各类物品的科学合理放置为重点,主要包括划分定置区域、作业场地定置管理、生产要素定置管理和管理部门定置管理。

(1)划分定置区域。按照不同作业对象和作业内容划分区域,使各生产要素的定置做到集中、统一、协调。区域划分应尽量做到每个区域都有比较完整的作业内容,具有相对独立的作业场地,有比较明显的界限,以防止因区域划分不明确带来责任不清的后果。

(2)作业场地定置管理。作业场地定置管理指在定置区域内,对各个作业场地及各种设施的定置管理。如生产场地和车间、工段卫生责任区的划分,通道的安全设置,工具箱定置摆放,废品、垃圾的回收及存放位置的确定(图3-74)。

(3)生产要素定置管理。生产要素定置管理主要包括:设备、工具、器具、仪表定置管理,原材料、在制品、成品定置管理,库房定置管理,人员定置管理,信息定置管理等(图3-75、图3-76)。

(4)管理部门定置管理。主要指办公室、办公桌、文件柜等的定置管理,还包括设计各类文件资料流程,卫生及生活用品摆放,急办文件、信息特殊定置,座椅定置以表示主人去向等。

图 3-74 物料/物流区定置化示例

图 3-75 物品定置化示例

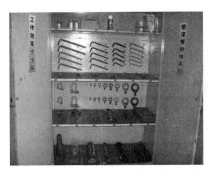 

图 3-76 工具定置化示例

4. 工厂定置管理的基本程序

企业是个复杂系统,产品生产是一套复杂流程,定置管理服务于总体进程和产品实现的管理需要,因此工厂系统的定置管理要遵循必要的规则、程序和要求。

1) 工艺分析与改进

产品生产工艺界定了产品实现的技术要求、加工装配路径、材料及其进出方式、设备选取、工装器具选用、物料周转过程等基本规程,基本定义了人员、物料、场所的相对关系。工艺分析是对产品制造过程中人员、物料、场所结合关系、结合方式、结合水平的判定,不仅要考虑单一产品的生产要求,而且要关注所有产品生产的总体要求。这种要求不仅是技术方面的,还要考虑安全性、流动顺畅性、生产经济性、资源约束性等管理方面要求。工艺改进是在确保关键工艺技术要求的基础上,从更加安全、更加经济、更加顺畅的视角,对产品生产的工艺方案进行改进、优化,以为人员、设备、物料、器具和厂房设施等环境之间形成更优的匹配关系,确保从总体上获得更高生产品质和生产效率,降低成本和获得更大收益。

工艺分析和工艺改进,可以运用工业工程中的工艺程序分析、流程程序分析方法对工艺路线、资源使用、生产周期等做出更优安排。对于简单的生产过程,可使用线图、线路图等简单方法进行分析和改进;对于多品种生产的复杂过程,可以借助必要的数学模型和算法来计算合理的工艺路线及关键资源配置方案。

工艺分析和改进,可以进一步明确场所、设施和信息的分类,将固定位置、半自由位置和自由位置划分得更加清晰、准确,避免无效定置和因不当定置带来的生产管理混乱。由此所确立的位置、色彩、线条、形状、格式、模板等可以良好反映制造系统对定置化的合理需求,基于这种考虑开展的定置安排才具有系统性、一致性、稳定性、人本性和相应的灵活性特征。

现代生产管理越来越重视信息的表达和传递,如生产计划、产品质量、生产进度、设备利用率、作业标准、人员状态、环境水平等,这些内容也成为现场定置管理的重要内容,需要结合生产工艺内容及实现过程恰当地衔接和呈现。如各类管理看板、电子屏等需要根据功能需要,配置在相应的空间位置和工艺进程中,使之符合生产管理需要,并服从于定置系统设计的整体要求。

2) 作业分析与改善

生产作业是生产资源配置的具体过程,体现为人员、物料、设备、工装、量具、刀具、工具、辅具、容器、能源等在具体场所的配置实现,是生产物流的关键节点,是人员、物料、场所结合的具体体现。无论是面向人机作业还是联合作业,人员、物料、器具等都处于动态结合过程,定置管理要服务于人员与设备、物料、器具之间的综合协作关系,人可以在尽可能小的活动范围内完成作业事项,即通过人员一定范围的移动、抓取、放置等活动,就能便利操纵设备,安全、方便地取放物料、工具,人、机、料、器位置关系和谐,尽量消除位置干涉、动作干涉和过大动作,物料流动符合工艺路线的方向要求。

可见,面向具体作业工序、工位、工作站等开展的定置管理活动,必须在作业分析和作业改善的基础上进行,以获得定置的针对性、科学性和艺术性。

3) 资源状态标准制定

根据生产组织方式和资源利用目标,制定人员、设备、物料、工装、器具、能源、信息和环境应有的品质、数量、位置等状态标准,是定置管理的基本前提。"三定"所需要达成的定点、定容、定量都是以此为基准的设计安排,相应的空间和平面位置选择、容器制作与使用、数量标准确定,也是基于生产目标需求的具体实现。

4）定置图与信息媒介系统设计

定置管理优先分析和解决生产要素的物理结构关系，包括人、物、场所的静态结合关系和动态结合关系。这种结构化的安排主要通过定置图方式加以确定，即通过分析、设计和改进人、物与场所的配置关系图，以确定相互的空间和平面位置或位置的动态范畴。信息媒介在人与物、物与场所合理结合过程中起到指导、控制和确认等作用，由于生产中使用的物品品种多、规格杂，它们具有不同属性和作用，有不同的定置方式和方法，因此需要多种形式的媒介信息来指引。

(1) 定置图设计

定置图是对生产现场所在物进行定置，并通过调整物品来改善场所中人与物、人与场所、物与场所相互关系的综合映射。其种类有室外区域定置图，车间定置图，各作业区定置图，仓库定置图，资料室、工具室、计量室、模具室定置图，以及辅助办公室定置图等，另外还有一些特殊要求的定置图，如工作台面、工具箱内定置图。有特殊的安全、质量特性要求的物品需要根据产品设计和工艺的要求设计相应的定置图。

定置图设计有相应的规则：现场中的所有物均应绘制在图上；定置图绘制以简明、扼要、完整为原则，物形为大概轮廓，尺寸按比例体现，物与物的相对位置要准确，区域划分清晰鲜明；生产现场暂时没有，但已定置并决定制作的物品，也应在图上标示出来，准备清理的无用之物不得在图上出现；定置物可用标准信息符号或自定义信息符号进行标注，并均在图上加以说明；定置图应按定置管理标准的要求设计和绘制，但应随着定置关系的变化而进行修改。

(2) 信息媒介物设计

信息媒介系统设计要充分考虑人、物、场所的性质及相互关系，对场景关系进行分类、细化，进而有针对性地采用信息媒介，并形成统一的标识和目视化系统。

信息媒介物设计，包括看板图、标牌设计和信息符号设计等。在推行定置管理，进行工艺研究、物流分析、作业分析和设备维护等过程中，各类物品布置、场所区域划分、活动过程关系等都需要运用各种信息符号表示，以便形象地、直观地实现目视管理，如工业工程中明确定义了"操作""检验""搬运""贮存""等待"五类符号用于工艺和作业状态及问题分析，物与信息流程图、价值流图等用于完整表达制造系统的状态和价值水平，并体现设施、物料等之间的物理关系。在信息符号设计时，如有国家规定的标准（如安全、环保、搬运、消防、交通等标准），应直接采用国家标准。

管理看板是现场定置情况的综合信息标志，它是定置图的艺术表现和反映。标牌是指示定置物所处状态、标志区域、指示定置类型的标志，包括建筑物标牌、货架货柜标牌、原材料标牌、在制品标牌、成品标牌等。它们都是实现目视管理的手段。

5）定置系统应用实施

定置系统应用实施是理论付诸实践的阶段,也是定置管理工作的重点,包括以下三个基本步骤：

(1) 清除与生产无关之物。按照 5S 整理、整顿的要求,生产现场中,凡与生产无关的物品都要清除干净,不应影响价值增值活动的正常进行。

(2) 按定置图实施定置。工厂院区、各车间和部门都应按照定置图的要求,将生产现场的设备、设施、物品和器具进行分类,按照工艺布局要求和作业标准化的需要,对各类物品的位置进行设置、调整、优化和确认。

(3) 放置标准信息标识。放置标准信息铭牌、标识,做到牌、物、图、符号、数字相符。标识应统一、鲜明、耐用,与环境融为一体。标识一旦设定,不得随意挪动、改动,并实施专人专项管理,纳入目视管理范畴。

总之,实施定置管理,必须做到：有图必有物,有物必有区,有区必挂牌,有牌必分类；按图定置,按类存放,账（图）物一致。

6）定置检查与考核

定置管理贵在持之以恒。一方面,需要建立定置管理的检查、考核制度,制定检查与考核办法,并按标准进行奖罚,以实现定置管理规范化、长期化和标准化；另一方面,需要根据定置系统运行情况及现场变化情况,对标识系统进行改进,并重新纳入制度化管理。

5. 定置管理的作用

定置管理是现场管理的重要组成部分,是各项专业管理在现场得到有效落实的保证,其作用主要表现在：

(1) 提高工作效率。通过物品的固定存放,可减少寻找时间；通过合理的人、物关系的考虑,消除不合理的动作,提高作业效率。科学的定置还能促使工作过程中物流的合理化,缩短搬运时间。

(2) 保证质量,降低成本。定置管理有助于防止混料、碰伤、锈蚀等现象的发生,保证产品质量；有助于减少企业管理费用,避免物品丢失和长期积压,减少浪费,降低生产成本。

(3) 有利于安全作业,为员工创造良好的工作环境。整洁、舒适的工作环境,会使员工心情舒畅,工作效率提高,并促使员工养成良好的文明生产习惯。

(4) 有助于树立企业的美好形象。企业的生产现场是一个有力的宣传橱窗,同时也是企业管理的综合标志,它全面地反映出企业的素质、产品质量水平和员工的精神面貌。

3.3.6.4 目视管理

在日常活动中,人们主要是通过"五感"（视觉、嗅觉、听觉、触觉、味觉）来感知事物的。五感之中最常用的是视觉。统计表明,人对事物的感知 80% 以上是通过视觉获得的。在企业现场管理中,现场运行状态绝大部分可以通过视觉和其他感官辅助识别,这种方式不需要专业工具的辅助,是非常直观、便利、及时和经济有效的做法。如果能够对现场设施、设备、物料、人员、工具、位置、照明、温度、湿度、噪声等做出标识,对生产过程的目标、任务、质量、成本、效率、安全等状态信息进行科学的规划、设计、分类和利用,企业就可以打造出人人参与、人人受益的工作现场。因此,目视管理是一个易学、易懂、易用和易于遵守的、一目了然的现场。

1. 目视管理概念

目视管理,是利用形象直观、色彩适宜的各种视觉感知信息,来组织现场生产活动,达到提高生产效率目的的一种简单管理措施。它以视觉信号为基本手段,以公开化为基本原则,尽可能地将管理者的要求和意图让大家都看得见,借以推动自主管理、自我控制。简言之,目视管理是一种以公开化和视觉显示为特征的管理方式,也被称为"一目了然的管理",既可以普遍用于日常运营管理,也可以用于异常现象管理。

丰田汽车公司坚持使用视觉管理以改善作业和流程的原则,运用的是一整套视觉管理系统,以创造透明化的、无浪费的工作环境。目视系统可以很容易将异于标准规则和程序的偏差呈现出来,易于发现和改进。精益制造方式中,设备设施布局、物料名称及状态、物流路径及搬运工具、生产计划及完成情况、异常显示等均采用目视管理方式。因此,目视管理方法和工具极为普遍,比如看板、安东系统、作业标准书、重要工程指示、工具的行迹化、安全标识、员工技能呈现、改善发布等。

目视管理重点从两个维度解决现场问题:一是定义了是什么和做什么,即解决 what 的问题。如生产计划看板呈现了生产产品的种类、数量、时间和资源使用,设备点检表反映了对设备实施哪些事项的点检以及应达到的合格标准。二是定义了怎么做,即解决 how 的问题。如标准作业指导书清晰载明工序作业的顺序、方法、工具使用、质量要求、安全事项等,使操作人员很容易达成应有的工作标准。

在精益制造现场,生产(品种任务、加工计划、完成率等)、设备(种类、数量、位置、开动状态、利用率、保全程度等)、质量(合格率、直通率、异常记录、QC 改善、成果发布等)、安全(六源治理、5S、环境、安全记录等)、人员育成(出勤、岗位、技能、奖励、光荣榜、情绪状态等)、班组建设(园地、设施、交接班、组会、讲评、单点课、成果发布等)等内容均清晰可见,生产组织方式、生产运行状态、生产资源状态、生产环境水平、人员状态、作业饱和度、生产过程管控痕迹、安全防护水平、设施利用率、标识标志等均可以通过目视化进行管理,一线管理人员巡检时可以直接看到生产现场各类生产要素的状态和作业进展程度。

目视管理目的是达到两种状态,第一种是可视化,第二种是可控化。可视化是将现场的资源状态和活动过程恰当呈现出来,使现场的资源状态和各类过程现象可以较容易被看到。可控化是指通过状态识别对资源和过程采取相应的控制措施,使之保持合格甚至优良的水准。因此,在精益制造环境下,要求生产现场的设备、设施、生产线、物流装置等的高度尽可能低于人的视觉高度,即便无法低于该高度,也要能够通过变换角度很容易看到并看清现状,便于现场人员观察和判别。一般来说,目视管理应掌握三个要点:①透明化,无论是谁都可以判明是好是坏(异常),一目了然;②状态视觉化,对各种状态事先规划、设计有明确标识,能通过视觉感知,迅速、高精度地判断状态的优劣;③状态定量化,对不同的状态加入了计量的功能或可确定范围,判断结果不会因人而异。

在谈及目视管理时,一般都会将"大野耐一圈"作为一个典型加以说明。大野耐一圈也称大野圈(Ohno circle),既是大野耐一先生所创的教育现场管理人员的一种简易有效方法,也是识别和解决现场问题的一种具体方法。大野耐一在丰田工作期间,经常在现场发现各类问题,但是生产现场的管理者却很难发现这些问题。一次,大野耐一到生产现场后又发现一些新的问题,他把现场负责人叫过来,然后在地上画了一个圈,要求该负责人站到圈里看自己所管辖的生产现场。大野耐一大约两小时后重新回到该现场,问该负责人看到了什么,该负责人向大野耐一逐一汇报了他此间发现的问题。大野耐一先生以此种方式向现场管理者传递了明确的信号:第一,问题一定就在现场;第二,你是否有发现问题的意识、定力和耐心;第三,你是否思考改善问题的办法;第四,现场的问题是否全部可见。"大野耐一圈"作为一种识别现场问题的基本方法在丰田汽车公司被广为使用,虽然没有建立明确的、具体的规范,但由此推动了丰田汽车公司生产可视化的改善,并形成了丰田重要的现场管理方法。"大野耐一圈"的做法具有很强的现实性,能够培养管理者和员工"三现主义"的实事求是精神,培养管理者和员工凝神聚力观察现场的能力,培养员工识别浪费的能力,提高管理者指导下属开展改善的能力,提高管理者辨识重要问题的能力,提高促进工作现场可视化水平提升的能力。

2. 目视管理实现方式

目视管理有很多种具体实现方式,如色彩、线条、表格、看板(展示板)、标识、标志等,这些内容可以独立或组合运用于对现场设施和事物的表达,如红色检验单被用于表示不合格品,不同颜色的箭头用于标示各类管道的类型和流动方向,黄色的线条用于标定各类设备、容器、工装的放置位置等。

1) 规章制度与工作标准的公开化

为维护统一的组织和严格的纪律,保持企业生产所要求的连续性、比例性和节奏性,提高劳动生产率,实现安全生产和文明生产,凡是与现场工人密切相关的规章制度、标准、定额等,都需要公布于众。与岗位工人作业直接有关的信息,应分别展示在岗位上,如岗位责任制、操作程序图、工艺卡片等,并要始终保持完整、正确和洁净。如,对于现场作业的工人,应编写较为详尽的作业指导书。作业指导书应包括:①该作业工程配置图,标示该作业的基本配置及部件、设备、器具的摆放位置;②作业顺序及每一项的作业方法、作业内容;③管理重点,按作业顺序逐项指出作业要领和注意事项。

2）生产与作业管理流程图表化

在现场，凡是需要员工共同完成的任务都应公布于众。生产计划指标要定期层层分解，落实到车间、班组和个人，并列表张贴在墙上或公示板上。生产实际完成情况也要相应地按期公布，并用作图法形象地表示和进行概要分析，如使用控制图、柱状图、饼状图等，使大家了解各项计划指标完成中出现的问题和发展的趋势，促使集体和个人都能按质、按量、按期完成任务。

现场常用的图表主要有生产工艺流程图、标准作业指示图、生产管理板、物流（搬运）线路图等。生产管理板应包括生产计划情况、完成情况、未完成原因、是否加班等。物流线路图是指在一块板上形象地画出各种零件取送的数量、时间间隔、路线、目的地、工具种类及其存放地点和数量，还有运送车辆类别等。物流线路图可以用来表示生产现场与有关取、送零件单位之间的整个物流平衡状况，在毛坯、半成品、协作件库房管理中比较常用。

逐步建立生产现场指挥的目视管理系统，包括在生产线上设置自动指示信号灯和在生产调度室设置电控数字与信号指示屏，以显示生产线的工作运转情况。

3）视觉信息标准化

在定置管理中，为了消除物品混放和误置，必须有完善而准确的信息显示，包括定置图、标志线、标志牌和标志色。因此，目视管理在这里便自然而然地与定置管理融为一体，按定置管理的要求，采用清晰的、标准化的信息显示符号，各种区域、通道，各种辅助工具（如料架、工具箱、工位器具、生活柜等）均应运用标准颜色，不得任意涂抹。

其中比较主要的标识包括安全生产标记牌、信号显示装置、标准岗位板、零件箱信息卡、库存对照板、成品库储备显示板等。标准岗位板上标明零件号、零件名称、标准储备定额、工具的零件数、工具的定额存放数、取送零件批量等，以方便生产管理人员根据目视板上标记的项目内容核对实物。库存对照板是将企业库存积压的产品及各种零部件做分类标记，按时间排序，从而防止领错或发放出错。成品库储备显示板标明了成品库存的所有零部件的零部件号、名称、最低和最高储备额、工具容量、发送单位、实物库存数量等信息。

对于物品码放和运送要实行标准化，实行"定位、定容、定量"的"三定"原则。各类工位器具，包括箱、盒、盘、小车等，均应按规定的标准数量盛装，使得操作、搬运和检验人员点数时既方便又准确。

4）生产作业控制手段形象化

为了有效地进行生产作业控制，使每个生产环节、每道工序都能严格按照标准进行生产，杜绝过量生产、过量储备，要采用与现场工作状况相适应、简便实用的标识传送信号，以便在后道工序发生故障或由于其他原因停止生产，不需要前道工序供应制品时，操作人员能及时停止投入。看板就是一种能起到这种作用的信息传送工具。

各生产环节和工种之间的联络，也要设立方便实用的信息传送信号，以尽量减少工时损失,提高生产的连续性。例如,在机器设备上安装红灯,在流水线上配置工位故障显示屏,一旦发生停机,即可发出信号,巡回检修工就会及时前来修理。

生产作业控制除期、量控制外,还有质量和成本控制,也要实行目视管理。例如质量控制,在各质量控制点要有质量控制图,以便清楚地显示质量波动情况,及时发现异常,及时处理。车间要利用板报形式,将"不良品统计日报"公布于众,当天出现的废品要陈列在展示台上,由有关人员会诊分析,确定改进措施,防止再度发生。

5)现场人员着装的统一化

现场人员的着装不仅起到劳动保护的作用,在机器生产条件下,也是正规化、标准化的内容之一。它可以体现职工队伍的优良素养,显示企业内部不同单位、工种和职务之间的区别,因而还具有一定的心理作用,使人产生归属感、荣誉感、责任心等,对于组织指挥生产,也可创造一定的方便条件。

挂牌制度包括单位挂牌制度和个人佩戴标志制度。按照企业内部各种检查评比制度,将那些与实现企业战略目标有重要关系的考评项目的结果,以形象、直观的方式公布——给单位挂牌,能够激励先进单位更上一层楼,鞭策后进单位奋起直追。个人佩戴标志,如胸章、胸标、臂章等,其作用同着装类似,另外,还可同考评相结合,给人以压力和动力,达到催人进取、推动工作的目的。

6)警示异常显现化

健忘是人的本性,不可能杜绝,只能通过一些自主管理的方法来最大限度地减少遗漏或遗忘。比如有些车间的进出口处,有一块板子,上面显示当天有多少产品要在何时送到何处,或者什么产品一定要在何时生产完毕,这些都统称为提醒板。还有一种提醒板,上面用纵轴表示时刻,横轴表示日期,纵轴的最小间隔时间通常为1小时,一天记录8小时,每隔一小时,就记录这个时间段正常、出现不良或者次品的情况,让作业者自己记录。提醒板一个月统计一次,必要时可以一周统计一次,在每个月的例会中总结,与上个月进行比较,看是否有进步,并确定下个月的目标。再比如安全管理目视化,可以将每个月的日历时间呈现在一张"十字"卡片上,然后将日历时间内的工作安全水平用不同颜色标注在卡片上,红色代表有不可修复的安全事故或重大安全事故,黄色代表有可以修复的安全事故或一般安全事故,绿色代表无安全事故。班组长根据每日工作情况将对应的颜色填充在安全日历卡片上,任何人都可以在远处很清晰地辨别出是否发生安全事故、哪一天发生事故、发生了什么级别的事故等。

异常信号灯用于产品质量不良、作业异常等异常发生的场合,通常安装在大型工厂较长的生产线和装配流水线上。一般设置红、黄两种信号灯,或红、黄、绿三种信号灯,由员工来控制。当发生物料短缺,出现不良品及机器故障等异常时,员工马上按下红灯的按钮,生产管理人员和厂长都要停下手中的工作,马上前往现场,予以调查处理。异常被排除以后,管理人员就可以把这个信号灯关掉,然后继续进行作业和生产。黄灯一般用于生产处于临时停滞状态的显示。图3-77至图3-80展示了部分现场目视化情况,仅供参考。

图 3-77　颜色与标识目视化

图 3-78　颜色与位置目视化

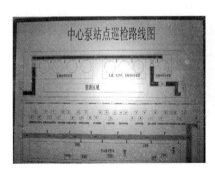 

图 3-79　安全管理目视化

图 3-80　各类警示标识目视化

3. 目视管理作用与优点

(1) 形象直观,利于识别和使用。现场是产品生产与价值创造的核心场所,是所有生产资源输入、转化、输出的中心,与产品生产有关的所有信息无一例外要在现场产生、发布、传递、收集、加工和利用。设计易于被现场员工和自动化设施识别和使用的信息载体至关重要。目视管理就是基于这种需求而在现场建立各种信息识别系统,是管理者和员工实现信息传递、信息沟通和信息控制的方法。可以使用的现场视觉信息系统包括颜色、数字、线条、图表、标识、信号灯等。

(2) 透明度高,便于考核与激励。实行目视管理,生产目标、标准、过程、结果信息可以做到公开化。干什么、怎样干、干多少、什么时间干、在何处干等问题一目了然,有利于自我管理、自觉监督和量化评比,管理者可以对照标准对结果做出评价,采取及时措施纠正错误,也便于对成绩突出的员工予以奖励。

(3) 有利于产生良好的生理和心理效应。显然目视化是一门学问,它十分重视综合运用工程学、管理学、生理学、心理学和社会学等多学科的成果,能够比较科学地改善同现场人员视觉感知有关的环境因素,使之既符合现代技术发展要求,又适应人们生理和心理特点,这样,就会产生良好的生理和心理效应,调动并保持工人的生产积极性。

目视管理客观上是通过对生产环境的设计和改善,使生产设施和生产过程清晰化、有序化、规范化、安全化,为人员的身体健康提供良好的环境保障,使现场员工以轻松、愉悦的心情完成各自任务。同时,由于人员、设备、物料和工具之间有明确的对应关系,操作规程标准化,操作错误的概率降低,对提高产品质量、降低生产成本和提高生产效率均有良好保障,员工也因此获得更多褒奖,自主管理和自主控制能力不断提升,促进个人发展和取得工作成果的有机结合。如在员工操作工位悬挂标准作业卡,清晰指明操作顺序、节拍、在制品存量和质量、安全要求,员工按照标准作业卡要求进行操作,就可以多、快、好、省地达成工作目标。

(4) 直观地暴露问题,减少浪费。结合现场管理的综合需要,目视化管理与5S管理、定置管理、安全管理等紧密结合,清楚地表明什么是对、什么是错、应该如何做和做到什么程度等问题。如按照标识,某类物料应按照标准定量放置在特定位置,我们既可以判断放置位置、方向正确与否,还可以判定物料量的多少,以及物料的装运工具是否符合要求等。因此,目视管理是现场管理规范化、标准化的重要工具,有利于暴露现场的各种问题,消除现场中不符合标准的浪费现象。

(5) 促进班组建设和企业文化建设。目视管理首先在现场推行了一种先进的管理理念,进而形成现场作业规范和管理制度,发挥促进员工优良行为养成的重要作用。通过目视管理,现场管理者和员工都能从中受益,从而逐渐营造员工自我管理、团队合作和协调配合的工作氛围,对促进基层班组建设和管理有直接的推动作用。在现场管理中,激发员工提出合理化建议,以及对合理化建议的讨论、评审、展示和奖励,将十分有助于现场管理氛围和管理状况的实质性转变,从而极大地促进良性企业文化的发展。如根据不同车间和工种的特点,规定穿戴不同的工作服和工作帽,很容易使擅离职守、串岗聊天的员工处于众目睽睽之下,督促其自我约束,逐渐养成良好习惯。

3.3.7 人才育成——尊重人性与激发活力

事实上,产品质量和改善的根本问题是人的质量问题。只有全公司的所有工作人员都热爱自己的公司,都热爱自己的工作,都热爱自己公司的产品,都遵循自己公司的方针,都像一家人一样来开展工作,公司的事业才能长盛不衰。正因为如此,丰田汽车公司强调人的质量,注重对人性的尊重,重视对人的教育和培养。

改善活动本身就包括对人的质量的不断提高和完善,这不但有助于人的发展和公司事业的发展,而且为丰田生产方式的实现提供了最强有力的支撑。美国的《幸福》杂志曾在其"丰田专辑"里指出:"丰田汽车公司高速发展的秘密就在于有一支卓越的管理队伍和一支高效的职工队伍。"很显然,这两支队伍的组员都是人。换句话说,丰田汽车公司高速发展的秘密就在于人——优秀的人才。前面讨论过的丰田汽车公司的准时化生产、看板管理、全面质量管理、质量管理小组、合理化建议制度、以消除浪费为核心的合理化运动和改善活动、生产的分工与协作等,所有这一切都离不开人的直接参与,都离不开具有积极性、主动性、创造性和冲天干劲的人。丰田汽车公司的成功充分体现了"事业在于人"这一经营管理哲理。有人说,"丰田汽车公司不仅出汽车,也出人才"。实质上,丰田汽车公司是"先制造人,再制造汽车",而制造人正是为了制造汽车。丰田汽车公司就是通过教育,培养有知识、有能力、有干劲、有敬业精神的人,来消除汽车生产经营过程中的各种难以预料的不利因素的影响,从而实现准时化生产,实现制造系统的柔性,以不变应万变。可见,通过企业教育来培养丰田式的人才,这是丰田准时化生产方式的又一个重要支撑。

丰田汽车公司把企业教育作为公司人事管理工作的重要内容。通过有计划地实施企业教育,丰田努力把公司各个层次的工作人员都培养成具有独立工作能力、充满干劲和独特风格的丰田式人才。他们曾经对此做过如下表述:

(1) 事业在于人。任何工作、任何事业要想有大发展,就要给它打下坚实的基础,其中最为重要的一条就是造就人才。

(2) 员工不单纯是提供劳动的人,员工是我们资本的一部分。

(3) 事业成败的关键,悉在人谋。不论是优良产品的制造,还是销售收入的提高,其长远有效的方法莫过于造就卓越的人才。

(4) 全体从业人员是公司最宝贵的无形资产,公司应妥善加以照顾。

可见,"尊重人性"这一思想是丰田汽车公司人事制度的纲领,尽管丰田集团各成员企业在业务性质上、企业文化上以及企业教育上不尽相同,但在"尊重人性"这一思想认识上却是完全一致的。

特别值得指出的是,丰田汽车公司的尊重人性以及由此而生发出的对人的教育和培养,形成了以"忠诚于丰田"为认识核心的强大企业凝聚力,而且这种凝聚力所形成的一个团结一致的员工整体,正好与丰田生产方式所要求的生产体系整体化是一致的。即一个团结一致的员工整体,是保证丰田生产方式建立和完善的一个必不可少的基础。

企业的一切活动都离不开人的参与,因此,尊重人性,调动人的积极性,增强员工的自主精神和责任感,贯穿于丰田生产过程的始终。

3.3.8　良好的外部协作关系

在专业化分工高度发达的现代化工业社会里,分工协作所产生的社会自然力,对提高劳动生产率有着重要的作用。

丰田汽车公司的专业化分工协作是世界闻名的。丰田汽车约80%的零部件是由分包协作企业生产供应的。在一个由成百上千家企业共同合作完成的产品生产过程中,企业之间良好的、协调的合作是非常关键的。特别是丰田生产方式所特有的拉动式生产组织方式,必须有协作企业的理解和配合支持,并在协作企业群体内部的成员企业中,大家共同完善这种生产条件,才可能产生出应有的效力。因此,良好的外部协作关系是丰田生产方式的又一个重要支撑。

丰田汽车公司的准时化制造系统从本质上讲是一种生产管理技术。就生产方式的基本理念来说,"准时化"不仅仅限于生产过程的管理。确切地讲,"准时化"是一种现代经营观念和先进的生产组织原则,它所追求的是生产经营全过程的彻底的合理化。

丰田汽车公司在这种分包制下所形成的产业组织体系中,整个生产过程被专业化分工分割成数目众多的生产加工单元(工序及协作企业)。同时,这些数目众多的生产单元又被专业化协作一环扣一环地紧密连接起来,从而形成了一个"离而不断,合而不乱"的有机整体。这样的产业组织体系当然能给丰田汽车公司带来巨大的经济利润。首先,丰田汽车公司的库存费用被大幅降低了。根据美国麻省理工学院牵头的国际汽车研究小组的调查,丰田汽车公司任何零部件,在制品的库存时间只有2~3小时,而且库存备用品几乎为零。其次,丰田汽车公司的产品生产周期被大大缩短了。同样的调查表明,丰田汽车公司每部汽车的平均总装时间为19小时,而美国厂家需要27小时,西欧厂家平均需要36小时。

应该看到,尽管这样的生产组织形式具有很高的效益,但这同时也增加了丰田汽车公司对其分包协作企业的依赖性。生产体系中无论哪个环节出现问题,都会影响生产体系的整体功能。由此可见,在丰田生产体系中,要实现准时化生产,则每一个生产加工单元都必须严格地按照"在必要的时刻,按必要的数量生产必要的产品(或零部件)"的原则进行工作。换言之,要在总装厂实现"在市场需要的时刻,按照需要的数量,装配出市场需要的汽车"的要求,就必须要求各生产工序和各协作企业做到"在总装厂需要的时刻，按照需要的数量，加工生产所需要的零部件"，这就从客观上要求在丰田汽车公司及其分包协作企业群这个完整的生产组织体系内部，统一实施准时化生产。

为了实现准时化生产，丰田汽车公司长期以来始终致力于在整个丰田集团内部的成员企业中全面推广准时化生产和看板管理，而以"工厂集中"为特征的地区性专业化分工协作，为在协作企业群内部全面实施准时化生产和看板管理提供了一个无法替代的天然基础。首先，分包协作企业在地理位置上的集中，给生产指令的传递和零部件的运送带来了方便，容易实现准时化生产。如果分包协作企业距离总装厂较远，那么必然会造成零部件运输上的麻烦。这种麻烦不仅仅在于物流成本的增加，更重要的是在于路途远、运输时间长，运输途中的各种可能性事件发生的概率会大大增加，从而难以确保生产的准时化。其次，由于分包协作企业集中，零部件运输可以不经过中间仓库储存而直接送达生产工序，从而大大简化了运输作业。同时，零部件直接送到生产工位，对于确保零部件的质量，实行"决不把不良品传递给下一道工序"的原则是非常有利的。最后，丰田生产方式是一种适应小批量、多品种、大规模生产的生产方式。这种批量小、变换快的生产方式具有很强的柔性，能够快速适应不断变化的市场需求。但是，批量小、变化快，必然增加单位时间内零部件的运送次数，从而增加运输成本。然而，丰田汽车公司的地区性专业化分工协作所产生的"集中效应"，使得运输成本不再是影响生产率的主要因素。这为准时化生产和小批量生产消除了障碍。

总之，地区性专业化分工协作是丰田生产方式的重要基础，它所产生的"集中效应"对于准时化生产来说，可谓是不可或缺的。

丰田汽车公司在其全部的专业协作工厂和几乎所有的分包系列企业中，逐步实施了准时化生产方式。例如，早在20世纪70年代，爱新精机公司、丰田车体公司、日本电装公司、关东汽车工业公司等丰田汽车公司直属的零部件工厂，以及分布在名古屋地区的所有分包协作厂，都已采用了准时化制造系统。在推广实施准时化生产方式的过程中，只要是协作企业提出求助的要求，丰田汽车公司就会立即派遣生产调研人员去那里从头到尾地进行帮助指导，而且往往是一去就在那个企业蹲上一两个月，直到解决完问题为止，这有力地促进了准时化生产方式在丰田生产组织体系内部的推广普及。此外，丰田汽车公司把准时化生产方式的消化能力作为决定对某一个分包协作企业取舍的重要评价标准之一，其结果是引导着分包企业群共同朝着丰田汽车公司所要求的准时化生产方向迈进。

丰田最新提出的面向全球的竞争架构TNGA在供应链管理领域确立了新的目标和效率型做法。TNGA追求零部件的通用和共享，这大大提高了同一种类零件的订货量，最大限度地降低了供货商的生产成本，从而降低了零件的采购费用。模块化、简洁化的零部件构成缩短了研发周期，降低了开发投资成本，减少了设备的种类和设备投资成本。由此带来的利润被投入研发、生产制造、个性化的各个环节中,力求"生产更优质的汽车"。

在设计过程中,设计单位和供应商合作,共同提升零部件通用化水平,在降低自身成本的同时,也实现了供应商生产成本的降低,从而实现双方的共赢。TNGA在研发投资部分预期实现的目标是削减研发投资20%～30%,工厂投资降低30%～40%。

以丰田变速器组装生产线为例(图3-81),TNGA导入后,混装线构成由6条分线、23种设备减少为1条生产线、1种设备。这不但减少了设备和生产线投资的直接成本,而且大幅减少了产品切换时间,提高了产品质量。

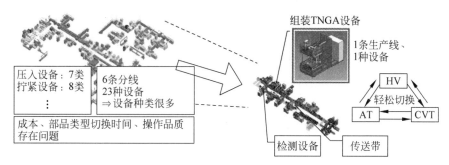

图3-81 TNGA导入前后变速器组装生产线的变化

在精益制造体系中,供应链的稳固性和物料供应的协同性、准时性是至关重要的。基于架构、平台或信息集成网络的供应链管理和基于拉动与看板机制的实时动态响应机制的不断强化,是精益供应链的关键所在。

3.4 案例:基板产品制造过程质量能力改进

本案例以S公司一重要产品低温共烧陶瓷(low temperature co-fired ceramic,LTCC)生产过程质量能力提升为对象,比较系统地阐述了该企业从生产要素能力改进到生产过程能力提升的基本过程,并运用丰田工作法(Toyota business practice,TBP)作为方法论,总体指导和控制了精益改善的全过程。

3.4.1 实施精益质量管理的背景

S公司在其行业领域内,技术开发、产品开发、工艺设计、质量管理、物流管理、设备管理等单项业务和职能管理的规范性较好,但是业务集成度低,职能管理和生产运营业务之间存在冲突,致使所建立起来的相关标准和方法无法有效运用,造成价值流稳定性差、流程效率低、资源浪费较多等突出问题。

LTCC生产过程是S公司的关键部件生产的核心工艺过程,过去主要依靠从西方国家进口方式获得相关材料和关键部件。为了突破在关键部件领域的技术限制,S 公司通过采购部分生产设备并配套一部分自研设备,完全自研一套产品生产工艺,经过三年时间的不断探索、验证、改进,LTCC 产品质量得到显著提升。但当产品合格率达到 80% 左右后,合格率提升变得十分困难,产品一次合格率水平较国际先进水平(90%)有显著差距。为此,S 公司决定在 LTCC 车间推广精益生产来全面提升制造过程能力,期望获得对 LTCC 产品质量的突破。

3.4.2 LTCC 生产线及生产工艺简介

所谓 LTCC 技术,就是将低温烧结陶瓷粉制成生瓷带,切片成型,经过一系列工序,制成电路基板。S 公司的 LTCC 生产线始建于 2014 年年底,是国内第一条专门面对毫米波频段的 LTCC 基板生产线,生产线设备先进、配套完善,自 2017 年 4 月开始为量产批产项目 XXTR 组件提供 LTCC 基板,年产 2000~3000 套。图 3-82 为 LTCC 产品生产工艺流程图。

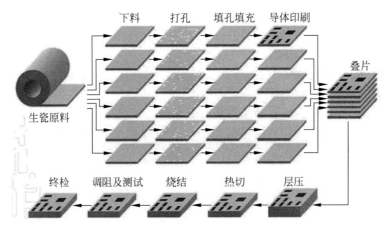

图 3-82 LTCC 产品生产工艺流程图

LTCC 生产以生瓷为原料,制造工艺包括下料、打孔、填孔填充、导体印刷、叠片、层压、热切、烧结、调阻及测试、终检工序。

3.4.3 产品质量改善实施

本项目采用丰田工作法作为现场问题改善的主要指导方法,并根据该方法应用的各个阶段,适当运用价值流图、流程图、帕累托图、直方图、因果图(4M1E、5W1H)、对策表、工程分析法、目视化法、标准作业法等一系列现场管理方法和工具,对产品生产过程开展了严谨的分析、论证和改善。

1. **明确问题**

(1) 通过对现在的工艺、作业和生产环境下的产品质量统计分析,LTCC 生产线最近半年生产的产品一次性合格率水平为 82.5%。

(2) 经过对国内外同行业标杆单位和相关单位的调研对比,行业内 LTCC 产品合格率最好水平为 90%。

(3) 产品合格率低衍生出一系列不良问题,主要有:单套产品成本高、生产材料贵,不合格品影响产品交付,造成材料浪费、时间浪费、成本浪费。

2. 问题分解

1) 问题识别

改善小组对 2020 年 1—6 月的产品合格率进行数据统计。共生产 LTCC 基板 1224 块,报废 217 块。

结合分析数据绘制帕累托图(图 3-83),由图可以看出,LTCC 生产线合格率为 82.5%,不合格品主要有留白、短路、电路不通、电阻偏大、切割损伤、表面多余物、焊盘鼓包、带线损伤、底面凹陷、漏孔、围框损伤、表面划伤、摔伤等类别。

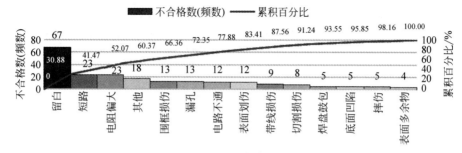

图 3-83 LTCC 产品明细及不合格品分类帕累托图

2) 问题排序

根据分解的问题,结合 FMEA 的风险度分析方法,根据产品特点,按照重要度、紧急度和危害扩展性对分解的问题现象进行排序,赋值 1~4 分,得到问题解决优先度评价矩阵,如表 3-11 所示。

表 3-11 问题解决优先度表

	留白	短路	电阻偏大	围框损伤	漏孔	表面划伤与多余物	电路不通	带线损伤	切割损伤	焊盘鼓包	底面凹陷	摔伤
重要度	4	4	4	3	3	3	3	3	3	2	2	2
紧急度	4	4	4	2	2	4	3	3	3	2	1	1
危害扩展性	4	4	4	3	3	4	2	2	1	1	1	1
评分	12	12	12	8	8	11	8	8	7	5	4	4
排序	1	1	1	2	2	2	2	2	3	3	3	3

按照优先度值排序,选定留白、短路、电阻偏大、表面划伤与多余物四类缺陷为首先要解决的质量问题点。在上述缺陷中,表面划伤与多余物都属于加工过程中环境与作业方式问题造成的,结合在一起统一解决。

3. 设定目标

根据终端产品生产对 LTCC 产品的需要,通过指标分析和生产系统现状分析,项目组确定以达到行业最好水平为改进目标,即将 LTCC 产品生产一次质量合格率由 82.5% 提升至 90%,产品合格率需要提升 7.5% 以上(绝对量)。

在 2020 年 1—6 月,因留白、短路、电阻偏大和表面划伤与多余物问题,导致产品不合格 127 件,占不合格总件数 217 的 60%,总产品合格率为 82.5%,因此各问题解决程度的设定方式如下:

$$7.5\% \div (100\% - 82.5\%) \approx 43\%$$
$$217 \times 43\% \div 127 \approx 73\%$$

即这四个质量问题的发生概率要减小 73% 以上。

4. 真因分析

改善课题组成员利用团队的力量,发动头脑风暴,集思广益,对前期 LTCC 产品的生产过程进行了回顾总结,从人、机、料、环、法、测六个方面分析,针对每个不合格品现象分析原因,并绘制了因果分析鱼骨图。本案例以留白和短路为例开展真因分析介绍。

1)留白问题的真因分析

(1)留白的情况说明。LTCC 基板留白尺寸超过 $50\mu m$ 造成的不合格品是现阶段整条 LTCC 生产线合格率低的主要原因,占总产量的 8.3%,占不合格品的 30.88%。(留白:L1~L3 层下方空腔处与 L4 层图形之间的间距。检验要求规定:留白在 $50\mu m$ 内合格,$50\mu m$ 以上为不合格。)

(2)原因分析(图 3-84)。

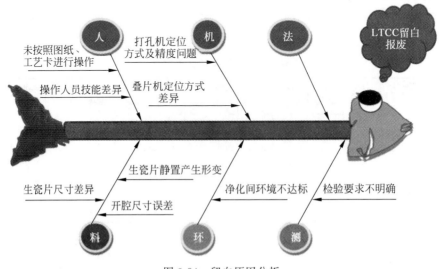

图 3-84 留白原因分析

(3)要因分析与确认(表 3-12)。

表 3-12 留白要因整理

序号	因素	确认标准	确认方法	确认结果	责任人	时间	要因判断
1	未按图纸、工艺卡进行操作	按生产工艺纪律要求,产品生产加工必须严格按照工艺文件要求执行	生产过程全程跟踪监督,确认现场操作人员是否严格按照工艺卡片和各项文件要求执行	现场操作人员均严格按照工艺和各项文件要求进行作业	贾	2020.7	非
2	操作人员技能差异	操作人员是否具备操作技能	对共性部员工培训记录进行调查;确认现场操作人员各个工序现场理论、操作技能考试是否达标	LTCC 部分工序为手工操作,且现场有两名实习生,故操作人员技能存在差异	贾	2020.7	是
3	打孔机定位方式及精度问题	打孔机定位方式是否有异常,精度是否达标	询问打孔机厂家,对比同行业情况,做相关实验进行确认	打孔机定位方式无异常,精度达标,在正常误差范围内	韩	2020.8	非
4	叠片机定位方式差异	叠片机定位方式是否存在差异及反叠	用生瓷片进行实验验证	叠片机定位方式无差异,反叠不影响叠片精度与质量	钟	2020.9	非
5	生瓷片尺寸差异	LTCC 的加工尺寸为 8 英寸×8 英寸(1 英寸=2.54cm),生瓷片材料尺寸是否对打孔精度有影响	测量生瓷片尺寸是否符合要求,并测量对打孔精度的影响	生瓷片尺寸存在差异,不影响打孔精度	卓	2020.10	非
6	生瓷片静置产生形变	生瓷片静置产生形变是否过大	下料 5 块生瓷片静置在净化间内,测量不同时间长度的形变量	生瓷片静置时间过长影响形变量	卓	2021.1	是
7	开腔尺寸误差	开腔尺寸误差是否偏大	测量二次开腔的尺寸误差	经测量,二次开腔尺寸误差偏大	卓	2020.12	是
8	净化间环境不达标	现场环境是否温度过高或过低、是否影响生瓷片软硬度,从而影响产品质量	实测环境温度、湿度,翻阅温湿度记录表查询	环境温度、湿度有时不达标	龙	2020.11	是
9	检测要求不明确	依据检测要求判断产品质量	检测产品性能,分析对比	按照要求检测产品质量	龙	2020.9	非

2) 短路问题的真因分析

(1) 短路现状及问题点。短路多数表现为：在 LTCC 基板上,引脚与引脚短路和引脚与地短接,所造成的不合格品占总产量的 2.8%,占不合格品的 10.59%。

(2) 原因分析(图 3-85)。

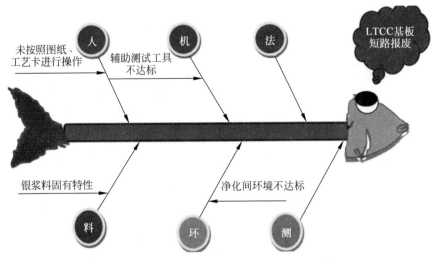

图 3-85　短路原因分析

(3) 要因分析与确认(表 3-13)。

表 3-13　短路要因整理

序号	因素	确认标准	确认方法	确认结果	责任人	时间	要因判断
1	未按图纸、工艺卡进行操作	按生产工艺纪律要求,产品生产加工必须严格按照工艺文件要求执行	生产过程全程跟踪监督,确认现场操作人员是否严格按工艺卡片和各项文件要求执行	现场操作人员均严格按照工艺要求、各项文件要求进行作业	贾	2020.7	非
2	辅助测试工具不达标	检查各辅助测试工具是否达标	检测辅助工具的有效期和作业精度	万用表电量不稳定,故不达标	罗	2020.9	是
3	银浆料固有特性	验证银浆料固有特性	验证银浆料的导电性、迁移性等	银比金更活泼,更容易导电,易出现银迁移	卓	2020.9	非

续表

序号	因素	确认标准	确认方法	确认结果	责任人	时间	要因判断
4	净化间环境不达标	现场环境是否温度过高或过低、是否影响生瓷片软硬度,从而影响产品质量	实测环境温度、湿度、翻阅温湿度记录表查询	环境温度、湿度有时不达标	龙	2020.11	是

3) 其他问题真因分析(略)

4) 产品质量问题真因整理

综合上述主要问题的分析,最终确定了以下 7 个因素为主要因素:①操作人员技能差异;②生瓷片静置产生形变;③开腔尺寸误差;④净化间环境不达标;⑤辅助工具不达标;⑥工艺参数执行不稳定;⑦浆料、网版差异。

5. 对策制定

1) 针对要因制定对策

针对造成 LTCC 产品不合格的 7 个要因,经过工艺师、设计师、现场人员讨论,确定了相应的对策。对策内容主要包括要因内容、基本对策、改善目标、具体措施、责任部分和人员等,并编制了对策表,如表 3-14 所示。

表 3-14 问题对策表

序号	要因	对策	目标	措施	地点
1	操作人员技能差异	组织相关培训,制定详细操作流程,制定设备组合票,××工序暂时定人定岗操作	加强培训,做到每个操作人员作业流程和时间固定,××工序暂时定人定岗,实现质量可控	1. 组织相关培训,巩固加强操作技能 2. 制定详细操作流程,制定设备组合票 3. 工序暂时定人定岗操作,固化下料、包封操作流程	共性部-产品室
2	生瓷片静置产生形变	更改排产方式,缩短加工周期	缩短生瓷片静置时间,减少产生的形变,缩短加工周期	在满足装配的前提下,更改排产方式,缩短生瓷片静置时间,减少静置产生的形变	共性部-产品室
3	开腔尺寸误差	改善二次开腔图形尺寸,验证留白	避免留白产生报废	1. 第六块开腔位置外扩 40μm 2. 验证留白的影响,即是否影响使用	共性部-产品室

续表

序号	要因	对策	目标	措施	地点
4	净化间环境不达标	联系机动处处理空调异常情况	满足生产条件，实现多余物可控	机动处用加除湿处理器的方式使温度、湿度满足生产条件	共性部-产品室
5	辅助工具不达标	更换新的万用表	更换万用表，避免电池不稳定带来的不确定因素	万用表重新交检计量检测中心，或更换新的万用表	共性部-产品室
6	工艺参数执行不稳定	优化工艺参数	降低电阻超差造成报废	优化工艺参数	共性部-产品室
7	浆料、网版差异	更换网版，正确使用稀释剂	更换生产所需网版，正确使用稀释剂，避免烧结后电阻超差、印刷图形不平整等质量问题	注意更换新网版，目检网版情况，使用前测量张力值；时刻注意电阻大小，添加稀释剂	共性部-产品室

2）制订对策实施计划

针对所有的原因和对策，各改善小组按照事业部整体安排制订了统一的工作计划，如表3-15所示。

表3-15 LTCC品质提升对策实施计划

阶段	活动内容	6月	7月	8月	9月	10月至次年2月	3月	4月	5月	6月
P	现状调查									
	设定目标									
	分析原因									
	确定要因									
	制定对策									
D	对策实施									
C	效果检查									
A	巩固措施									
	总结									

课题组在2020年6月对现状进行了充分的调研，从7月开始进入项目实施阶段，按照计划安排，2021年6月对所有的改善成果进行总结，中间设立2020年9月、2020年12月和2021年3月3个点检时间点，届时部门全体成员对LTCC质量全面提升活动的进度和实际效果进行检查，由各改善小组负责人向点检会进行报告。

6. 对策实施

根据对策表和项目推进的计划,所有改善小组在部门领导的统一指挥下,开展了11项针对性工作。改善工作具体内容都有小组领导、专业工程师和小组全体成员参加,各小组间展开竞赛活动,各负其责,团结合作中也有竞争,形成了比学赶帮超的工作氛围,工作开展顺利,效果逐渐显现。

1) 固化操作流程和操作标准,异常情况处置

(1) 组织培训,提升技能。现场发现每个操作者的习惯与力度、操作步骤有细小差异,再次要求对操作人员进行现场培训。2020年7月,工艺师在25号楼二楼净化间内完成对操作人员叠片后工序的培训,强调注意事项,寻找操作薄弱环节进行技术攻关。

(2) 提升技能、定人定岗。××工序为全手工操作,每个操作人员的力度、方式不一致,故暂时采用定人定岗方式进行作业。固化下料、包封工序操作流程,并宣贯学习,保证每一个操作人员方式、方法、顺序一致。

(3) 建立LTCC异常问题快速处理机制。为提高LTCC生产线技术质量问题处理效率,缩短处理周期,避免影响质量,建立LTCC异常问题快速处理机制。

(4) 固化设备作业时间及操作流程。制定每个设备的作业时间,并且进行宣贯、张贴(图3-86),避免设备冲突,明确作业时间,制定设备维护明细,制定各工序详细的操作流程。

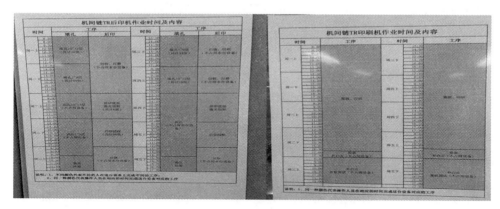

图3-86 ××项目设备作业时间及内容

2) 改进生产排产方式

缩短LTCC基板生产周期,减少生瓷片静置产生的形变,结合实际情况提出"2.5天6版"作业模式,减少下料、叠片工序生瓷片等待时间,尽快步入烧结工序,减少在制品数量,缩短加工周期,在满足装配任务的前提下,定时定量生产。

"2.5天6版"作业模式:从下料到成品产出的周期固定,通过LTCC生产线作业模式改善,采用流动化作业,固化排产模式。

从2020年10月15日开始运行至2021年7月状态稳定,"LTCC生产日报"显

示生产周期从传统模式的 31 天减少到 19.8 天,生产周期缩短 36.1%,生产效率大幅提升。同时,产品产出达到了快速、准时、稳定的效果。工序间按节拍生产,固化每个操作人员工作内容和时间,避免成品堆积,定时定量产出,缩短产品生产过程周期,提升交付能力。

3) 改善二次开腔尺寸、验证留白影响

(1) 改善二次开腔尺寸。根据现场统计结果,LTCC 基板 6 号位置留白约占全部留白的 90%。组织电路设计人员、工艺师及现场人员进行会议讨论,将 L1~L3 层的生瓷片二次开腔位置缩小,覆盖留白区域,即可确保电路性能,为此将 L1~L3 层开腔位置进行调整,将 LTCC 基板 6 号位置 L1~L3 层开腔位置进行了修改,外扩 $40\mu m$。

(2) 验证留白影响。将留白尺寸较大(如 $60\mu m$、$70\mu m$、$80\mu m$)的 LTCC 基板装机进行综合性能测试,以验证留白对性能指标的影响。装机测试情况:对不同程度留白(留白尺寸约为 $60\mu m$、$70\mu m$、$80\mu m$)的 LTCC 基板进行了无源测试,每种装机了 2 套 TR 进行测试(图 3-87)。

电路设计师针对留白尺寸大于 $50\mu m$ 的 LTCC 基板进行仿真,确定其他关键性能是否符合要求(图 3-88)。

切割内埋电路观察对位精度(图 3-89)。

留白尺寸大于 $50\mu m$ 且小于 $90\mu m$ 的 LTCC 基板,在通断、电阻值、外形尺寸均合格的情况下,开具"技术问题质量处理单"后,可按正常流程交付。

4) 改善生产条件

根据环境稳定性测量需要,车间增加空调机组,增设温湿度计,使温湿度满足生产条件(图 3-90)。

5) 增备测量工具

鉴于万用表电池电量不稳定,万用表重新交检计量检测中心,检测后返回现场继续使用,建立万用表定期计量规范。为避免出现类似情况,申请购买 1 部数字万用表用于现场备用。

6) 制定 LTCC 生产线净化间清洁管理要求

制定 LTCC 生产线净化间清洁管理要求,规范净化间相关要求,制定可视化净化间管理细则,强化净化间管理。

7) 规范风淋方式,控制净化间多余物

制作可视化"风淋方式"看板,标注风淋注意事项;定时更换、清洗净化服与防静电鞋,减少多余物产生(图 3-91)。

8) 工艺参数优化

(1) 印刷网版优化(图 3-92)。

(2) 烧结工艺优化。增加预烧结工艺:预烧结工艺温度为 500℃,时长 1 小时。

第3章 精益制造与管理体系的核心内容

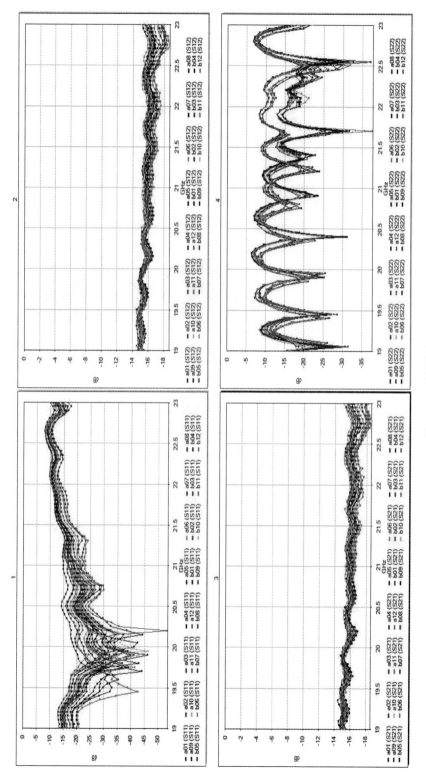

图 3-87 无源测试

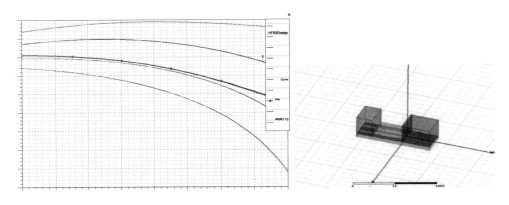

图 3-88　仿真测试

图 3-89　切割内埋电路

图 3-90　新增空调机组(左)和可报警温湿度计(右)

图 3-91　可视化管理(左)和统一更换净化服(右)

2020 年 1—6 月的数据统计中"阻抗超差"不合格品为 23 套,不合格率占比为 1.85%。通过烧结工艺优化,增加预烧结工艺(图 3-93),7 月生产的 252 套产品中,未出现 1 套"阻抗超差"问题,效果良好。

9) 定期更换网版、添加稀释剂

网版在张力不正常、表面损伤、印刷缺陷的情况下,应立即更换。重新购买各个浆料型号的稀释剂,观察浆料印刷黏稠度、黏网版程度等,按一定比例添加稀释剂,提高产品质量。随时测量反馈电阻值,在电阻值偏大的情况下确定是否添加稀释剂(图 3-94)。

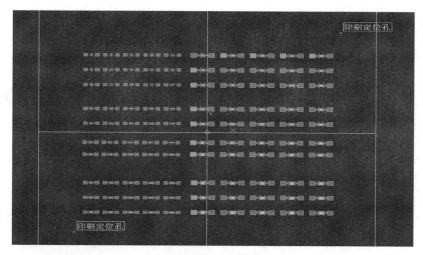

图 3-92 电阻印刷网版优化

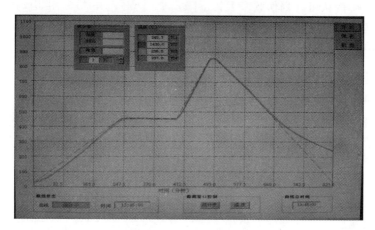

图 3-93 烧结工艺曲线

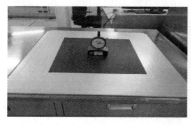 

图 3-94 网版张力测量(左)和稀释剂(右)

10) 多余物改善

玻璃溢出,是材料本身造成的,暂时不能解决,后面两条都是外部多余物造成的。外部多余物可以通过以下措施进行预防和改善。

(1) 注意避免浆料污染,操作者在使用不同的浆料填孔或者印刷完毕后,要确保印刷刮刀、填孔刮刀、收料刮刀、网版等工具擦洗干净,操作的工作台面也要保持干净,用过的脏手套、无尘布尽量不要再次使用。

(2) 避免操作过程中带入杂质,刮孔的时候生瓷片上不得有浆料残余,刮孔用的刮刀使用前要擦洗干净。叠片前认真检查每一层生瓷片是否有多余物或者污染,发现后立即处理。

(3) 机动处做好烧结炉的定期维护保养,确保烧结炉内不出现多余物。

11) 基板划伤改善

在激光切割后,打磨时容易损伤产品外形,可以用胶带包裹打磨锉刀刀尖(图3-95),避免锉刀刀尖划伤产品。该对策从2020年7月底到2021年4月陆续实施,已在LTCC生产线正式批产项目"××项目"中获得了应用,得到了工艺师的认可。划伤频率大幅下降。

图 3-95　锉刀改善

12) 其他问题改善过程(略)

7. 效果检查与评价

1) 实际效果说明

(1) 总体情况

2020年7月初至2021年4月,共生产1728块产品,经检验确认,截至2021年4月,合格率为92.90%,前期留白报废的约180块产品,也通过验证,投入使用。改善达到预期目标,如图3-96至图3-98所示。

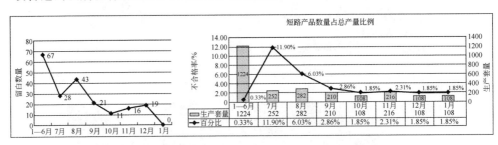

图 3-96　留白情况推移图(左)和短路情况推移图(右)

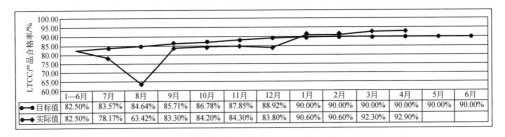

图 3-97　LTCC合格率指标推移图

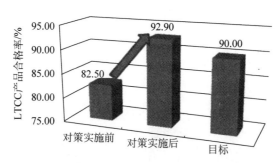

图 3-98　改善前后产品合格率对比

(2) 设定目标达成情况

在改善项目的 P 阶段,利用帕累托图和关键问题分析,解析出留白、短路、电阻偏大、表面划伤与多余物四个问题是解决 LTCC 整体质量问题的关键,并设定四个问题出现概率均要下降 73% 以上的目标,以达成总体合格率超过 90%,达到行业先进水平。经过一年的工作改善和验证,从 2020 年 6 月至 2021 年 4 月,四个问题出现概率平均下降幅度达到 85%(大于 73% 的目标值),目标达成,实施的措施有效。这是工业工程和精益管理方法在 S 公司实施效果的重大体现。

2) 效益评价

通过这次活动产生的效益和其他效果:

(1) 提高了产品成品率,降低了产品成本。

(2) 提高了 LTCC 生产线产品质量。

(3) LTCC 生产线以标准作业组合票的方式进行排产,各个环节公开透明以便现场管理(图 3-99)。

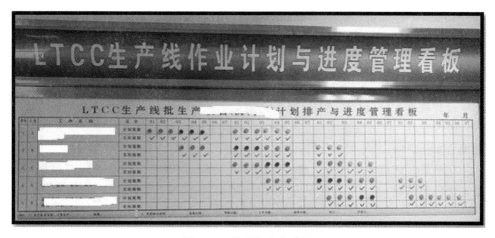

图 3-99　流动化生产看板

(4) 使现场生产更加规范化、程序化、方便管理。

(5) 从 2020 年 10 月 15 日项目开始运行至 2021 年 4 月改善项目结束,总体状态稳定,生产周期从传统模式的 31d 减少到 19.8d,生产周期缩短 36.1%,生产效率大幅提升(图 3-100)。

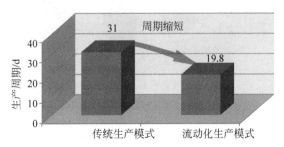

图 3-100　生产周期改善前后对比

通过对 LTCC 合格率的统计分析,对不合格品的留白问题、电阻偏大问题、短路问题进行了逐一排查,并针对不同问题制定了改善对策,对策实施后,合格率从改善前的 82.5% 提升至改善后的 92.9%。

3) 后记

近期,在 2021 年 7—10 月,S 公司又进行了 5 个批次的生产验证,LTCC 一次产品合格率能够稳定在 95%,达到了行业现有最高质量水平。

随着产品生产任务量的增加,预计今年与去年同期水平相比,S 公司因减少材料报废可节约成本 290 万元以上。预计 2022 年在任务量进一步增加的情况下,因上述成果而减少的材料报废成本将达 500 万元以上,同时还将节约工时、工装、设备、电力(折合)费用至少 70 万元以上,综合经济效益达到约 600 万元。

8. 成果巩固

共性部关于关键部件 LTCC 的质量提升改善工作,是 S 公司实施精益管理工作的重要一环。该项目在部门全员的共同努力下取得了让全体成员振奋的成果,也是全公司精益管理工作的成果。为了能够将精益管理成果在共性部固化,并向公司内其他单位共享,各改善小组对成果进行了分析、总结和验证,共输出 12 项工艺规范和管理方法,包括:① 标准工艺规范 7 项;②小批量产品制造计划管理模式;③产品小批流转管理方法;④现场目视化管理方法汇编;⑤基于 PDCA 的管理项目实施方法;⑥一线班组日常管理办法。

这些工艺规范和管理方法将在 S 公司所有单位共享,让精益管理的思想和方法在全公司落地,助力公司顺利完成和达到"十四五"规划的任务和目标。

第4章
流程制造业精益制造与管理

精益制造源于汽车产业,是基于离散制造的品质化与效率化而产生的创新性制造管理体系。精益制造不仅适用于离散制造业,同样也适用于流程制造业以及服务业和农业等。本章着重分析精益制造方式在流程制造业中的应用特点和基本做法。

由生产运营原理可知,任何类型的产品制造过程均是生产要素的配置与转换过程,该过程既体现自然科学和工程原理的基本规律性要求,也反映企业作为社会组织的人文特征和经济性追求,因此所有类型产业和企业均具有相似的生产运营方法论,同样也存在着品质、效率、柔性、安全及对环境呵护的基本功能要求,均需要通过识别和消除浪费的方式不断对制造系统进行改进。

4.1 流程制造业及其制造管理特点

流程制造业是区别于离散制造业的称谓,从性质上看,流程制造业的主体加工过程属于连续系统,即系统的状态变量为不可数变量,是时间的连续函数。这种连续性特征主要是由产品必须经过的转换工艺决定的,进而,同时被决定的是生产组织方式。

4.1.1 流程制造业及相关企业特性

流程制造业,又称为流程工业或过程工业,是指通过混合、分离、成型或化学反应使原材料实现加工、增值的行业,主要包括化工、冶金、石油、电力、橡胶、制药、食品、造纸、塑料、陶瓷等行业。流程制造业中的企业又可细分为批产品制造流程企业、大批量制造流程企业和连续制造流程企业。

批产品制造流程企业,如制药、食品企业,对原材料和产成品的批次投产、批次控制要求十分严格。此类企业的物料在库房和加工现场都有明确的批次标识并隔离存放,在企业生产加工的各个环节,都要同时指定物料号和批号,批号和物料号被用来共同确认产品。

大批量制造流程企业,如冶金、钢铁(炼铁)、水泥等企业,其生产呈现规模性重复生产(repetitive manufacturing)模式,生产规模一般十分庞大,多以吨甚至万吨为单位组织生产。该类型企业以原料、燃料、辅料等的大批量不断投入和生产为特征。

连续制造(continuous manufacturing)流程企业,比如电力、化工企业,其生产在时间、空间上连续进行,原材料连续投入,产品连续产出,中间无中断,除定期的设备检修及遭遇意外事故外,生产线不停工。连续流程制造一般只生产某一种或固定的几种产品,除非进行大的工艺改进,否则不能改变产品的类型、工艺参数及原材料类型。

区别于离散制造,流程制造可以概括为:被加工对象不间断地通过生产设备,经过一系列的加工装置、过程使原材料进行化学或物理变化,最终得到产品。由于流程制造行业较多,不同行业的制造工艺之间存在着差异,其生产组织方式、市场需求特点等也存在差别。

4.1.2 流程制造业的制造与管理特点

流程型生产又称连续型生产,有的企业的生产类型是多阶段连续型生产的连接过程,并非完全连续生产。流程型生产中的连续生产过程的鲜明特点是,物料以均匀的、连续的方式,按规定的工艺顺序运动或流动,以确保产品生产的连续和稳定。

4.1.2.1 流程制造业工艺与生产组织的共性特点

(1) 流程型生产的地理位置集中,原料、燃料、辅料等运送至生产所在地组织生产,因此企业一般都建有较大规模的原料、燃料、辅料和必要的中间料存储仓库。

(2) 工艺过程的加工顺序是固定不变的,其生产过程一般是连续的或成批的,需要严格的过程控制和安全性措施,具有工艺过程相对固定、生产周期短、产品规格少、批量大等特点,流程制造业生产的工艺过程,是连续进行的,不能中断。

(3) 生产设施、设备按照产品原则布局,一般占地面积较大,呈现平面与空间综合布局特征,体现工艺的连续性要求。

(4) 流程制造行业企业的原材料和产品,通常是液体、气体、粉状固体等,因此通常采用罐、包、箱、柜、桶等进行存储、转运。

(5) 流程制造行业的生产过程自动化程度相对较高,甚至是全过程自动化,生产对设备的可靠性、可用性要求很高,工艺装备具有比较突出的"串联"特征,一旦局部设备出现故障,将导致生产系统全面停产。

(6) 产品过程质量依赖于制造工艺的稳定性、加工装备运行的可靠性和原材料本身的稳定性,生产状态及其质量信息主要靠设备系统自动化功能和关键工艺环节的传感器呈现。对于批量生产、连续生产等,普遍采用首检、抽检和SPC分析相结合方式进行质量评价。

(7) 劳动对象按照固定的工艺流程连续不断或分段连续地通过一系列设备和

装备被加工处理成产品。

（8）生产组织较为简单，原料、工艺、产品等通常都无太大变化，生产计划基本上是按月或按日进行产量平均，生产控制的主要任务是监测生产过程，进行必要的调控，保证整个生产线处于稳态下运行，保证产品质量稳定。生产过程中的协作与协调少，生产管理相对简单。

（9）大多采用大规模生产方式，生产工艺技术成熟，并采用比较成熟的自动化设备，广泛使用过程控制系统（PCS）控制生产工艺条件，生产系统中的人员主要工作是管理、监视和设备检修。

（10）流程制造行业的生产工艺过程中，多产生各种协产品、副产品、废品、回流物等，对物资的管理需要有严格的批号制度。例如，制药业中的药品生产过程要求有十分严格的批号记录和跟踪，原材料、供应商、中间品以及销售给用户的产品，都需要记录。一旦出现问题，企业可以通过批号反查出是谁的原料，是哪个部门，何时生产的，直到查出问题所在。

（11）数据采集方面，设备控制级大量采用DCS、PLC等在线检测驱动方式，普遍运用各种智能仪表、数字传感器。过程控制则广泛采用以小型机为主的自动控制系统，部分行业仍采用传统的"计、电、仪"功能方式，需要人工对记录信息进行采集和二次分析。

4.1.2.2 流程制造业管理的个性化特点

流程制造业看似以确定的输入来获得确定的输出，较离散制造的多物料输入、多加工及装配过程、物料齐套性供给等要更简单一些，但流程制造行业间也存在较大差异，且在单一流程行业中也存在分阶段、不同工艺、不同质量特性要求等典型问题。

就产品的物料清单（bill of material，BOM）而言，离散型制造中，BOM一般为规范的上小下大的树型结构，称为A型BOM。而流程型生产类型中的BOM，往往不是A型，有时是上大下小的网状结构，称为V型BOM；有时则是上下大、中间小的哑铃型结构。概括而言，有以下几种生产过程特点。

1. 1 to *N* 型

1 to N型是指仅以单一原料作为输入，产出多种产品（包括主产品、副产品和协产品）的多产出的生产类型。由于流程制造多为物理过程、化学过程叠加过程，所以以单一物料作为输入的极少甚至难以存在。如火力发电，虽然主要以燃煤作为输入，但同时也需要大量水、风、氧等的输入，不过这种生产方式及理化过程相对简单，可以视为单一资源输入型产品制造类型。火电生产中，伴生大量的水蒸气、粉煤灰、脱硫石膏等副产品。

石油化工产业也有相似特点，以较少类型的生产原料作为输入，通过蒸馏、分解、裂化、萃取等多种中间过程获得数十种中间产品和终端产品。

2. N to 1 型

相对于 1 to N 型生产的反向工艺类型即为 N to 1 型,即以多种原材料、辅料、燃料等作为投入,末端生产出单一的产品。显然这种类型的生产也极为少见,因为任何生产往往都伴随着水、气、烟等的排放。除"三废"外,水泥生产几乎无副产品,并且水泥生产需要石灰石、砂页岩、煤、冶金工业废渣等多种原料,可视为 N to 1 生产类型。

还比如钢铁生产中的炼铁工艺过程,铁精粉、焦炭、球团或烧结矿等作为主要的生产原料投入高炉生产,核心产出物是铁水,同时伴生了矿渣、高炉煤气及含有碳、硫等成分的烟尘等。如果从核心产出物的比重角度考虑,可将炼铁视为 N to 1 型生产。

3. N to M 型

N to M 型,即多对多型生产,是指有多种原料、辅料、燃料输入,经过一系列转换过程后,产出多种产品,包括副产品和协产品。这种生产类型十分普遍。

严格来讲,从绝对投入和绝对产出的视角分析,几乎所有的流程制造业产品生产都是 N to M 型,如前述的石化产品生产,其原料不仅是原油,往往还有天然气和各种化工辅料、催化剂等。但从主要原料和目标产品角度考虑,可以将前述的案例视为 1 to N 和 N to 1 型生产。

从主要投入要素和产出物角度考虑,多数流程制造业趋向于 N to M 型生产,比较典型的是冶金、钢铁、药品等行业。钢铁企业是典型的 N to M 型生产企业,并可以进一步准确定义为 N to 1 to K to M 型生产,其中 N 代表铁前原料、燃料种类,1 代表铁水,K 代表品种钢类别,M 代表轧制的钢材种类。

4.2 流程制造业生产运行中的普遍问题

流程制造业因其比较典型的理化工艺过程的普遍特性,除具有生产规模大、速度快的基本特点外,其生产对原材料、燃料、辅料等的品位、材性等的要求及敏感性较高,原材料、燃料和辅料的物理化学特性对制造工艺的影响比较直接,进而对生产设备的状态稳定性要求很高。事实上,流程制造业普遍面临着原材料、燃料品位自然变化、供应条件差异、生产管理水平差异、设备条件差异、工艺稳定性及柔性响应不足等现实情况,各行业产品的制造质量、成本、安全等问题也相对突出。随着行业竞争加剧,以及原材料、燃料、辅料供应条件的不断变化,精益生产能力要求显得日益突出。下面概要归纳了流程制造业产品制造中的主要问题。

(1)"冰火两重天"的制造现场。流程型制造企业的生产现场,以设备多、管道多、地沟多、平面与空间综合利用为主要特点之一;高温、高压、高腐蚀、高速度等是该行业另一主要特点;水、电、气等多种能源用量大是该行业又一主要特点。在不同行业的流程制造企业中、同一行业的不同企业之间,现场管理因投资能力、设备设施条件、生产管理等不同而存在较大差距。有的企业生产现场跑、冒、滴、漏现象常见,脏乱污染问题相对突出,污染源(灰尘、油污、废料、废渣)、困难源(费时费力、不易识别、不便操作)、故障源(浸润、腐蚀、渗漏、短路)、缺陷源(锈蚀、脏污、磕碰)、浪费源(无效存放、缺料、不良搬运、不当检验)、危险源(喷溅、渗漏、腐蚀、磕碰)等风险问题普遍存在。近年来,我国制造业中偶发的大型、恶性生产安全事故几乎无一例外地都发生在流程制造业。

此类问题是典型的现场 4S 管理缺失,生产要素受控性差、可用性低,导致生产过程风险积聚。

(2) 生产状态的可识别度低。在很多企业现场中,很难立即识别出现场在生产什么、生产多少、何时开始、何时结束、合格品如何,以及难以判别物料准备与生产需求之间的关系是什么。如果想了解生产状况及后续班组生产安排、物料状况,需要查阅计算机中的 ERP 等相关信息,否则很难作出系统性判断。

此类问题属于制造管理的可视化、目视化水平低,日常管理缺乏科学性。

(3) 设备综合利用率低。设备维护不当,故障率居高不下,设备状态不一,故障偶发率较高,造成全局设备效率(over equipment efficiency,OEE)显著降低,进而导致生产状态不受控,而为了完成生产任务采用高强度方式生产,则会进一步增加设备状态劣化风险。

此类问题属于不清楚设备与生产之间的相互关系,需要进行生产性维护能力建设,强化 TPM 管理能力建设。

(4) 均衡生产组织能力不足。虽然企业都在积极按照订单组织生产,但其生产计划制订方式落后,生产决策受惯性生产组织方式的约束严重,原料、燃料、辅料、中间品、产成品存货居高不下,占用巨大空间和大量设施用于存储各类物料和资源,对市场需求的响应不及时,且成本高。

此类问题属于生产组织方式落后,未能针对生产工艺及装备特征建立起具有快速响应机制的准时化生产机制,多工艺段之间衔接不畅,缺乏统一的拉动生产驱动力。

(5) 质量波动控制手段较弱。受原料、燃料、辅料品位影响、设备条件影响等综合因素作用,生产过程难以实现以变应变,生产工艺过于刚性,从而导致产品过程受控度低。

此类问题是缺少工艺条件分析和多种工艺条件下的产品生产试验研究,需要基于统计过程控制开展工艺柔性度分析,建立具有区间或阈值条件的动态工艺技术标准和作业管控标准。

(6) 备品、备件响应不及时,补品管理方式落后,资金占用大。流程制造业的设备用量大,设备维修、更换量大,设备状态识别、预测能力不足,采用改良性、预防性维修策略导致备品、备件储备量大,而应对突发、偶发性故障的部品、部件采购不及时,导致设备带病工作或生产停滞,损失生产效率。

此类问题是设备、生产线可靠性分析、风险及影响分析意识不足,专业技能建设缺失,基于数据、信息的分析、预测能力弱,需要利用故障树分析(FTA)、失效模式与影响分析(FMEA)、统计过程控制(SPC)等工业工程手段,提高基于过程数据、历史数据的预测分析能力,改进维修策略进而改进备品、备件响应模式。

(7) 车间、班组管理弱化,现场持续改善能力不足。由于行业的设备自动化率高、人员对工作参与度低等因素,车间、班组的专业能力建设、生产要素保障能力建设、问题或潜在问题识别与改善能力建设等逐步弱化,导致对设备供应商、第三方维修方的依赖度高。

此类问题是生产管理意识不足导致的根本性问题,应注重人才育成基础性工作,将工艺标准化、作业标准化、设备保全、现场目视化、变化点管理、单点课教育、多技能培养等统筹推进,建立完备的精益现场管理标准和运行规范,通过不断识别和消除浪费,全面激活基层员工参与意识和改善热情。

4.3 流程制造业精益制造与管理的主要做法

虽然流程制造业自身的制造系统构造具有较高的工艺连续性特征,但除极少的全过程装备系统刚性连续外(石化、部分制药企业),绝大多数的制造过程还是多段式工艺衔接过程,这就导致生产过程未必是连续的。如钢铁企业中,为保障炼铁工艺的连续性、稳定性,建立大量原燃料存货和铁前料(焦炭、球团等)货仓,而铁水不同程度上以待发运、在途、转炉前等待等多种方式存在,冶炼后的钢水分别在转炉下、精炼炉下、铸机前、大包上处于等待状态,钢坯则大批量存货于炼钢厂、轧材厂等,其主要原因是轧钢、炼钢、炼铁、铁前料生产等并未按照统一的生产规则和具体指令执行同步化生产,各工艺段为了完成既定生产任务而独立决策和操作,形式上满足了生产任务的需要,但严重破坏了生产的连续性。

因此,流程制造业精益生产面临两个重要任务:首先是恢复流程行业应具有的、固有的生产流动性规则和做法;其次是不断改进、优化流动性水平,使之具有拉动式、均衡化、同期化的准时化生产水平。为达成这两个任务,结合 4.2 节所分析的流程制造中的普遍问题,建议从以下几方面开展精益制造能力建设。

4.3.1 现场秩序化

现场秩序化旨在建立规范、有序、清洁、安全的生产现场,提高环境、设施、设备、物料、人员、能源和信息的受控水平,有效呈现生产系统及其运行客观状态,推动现场问题的持续改善,形成标准化现场管理机制。

1. 扎实推进 4S 管理

整理、整顿、清扫、清洁是渐进恢复生产现场应有原貌,融入科学现场管理思想,确立现场环境标准,规范生产要素状态的最重要、最基本、最有效方法。

一般来讲,流程制造业的制造现场以设施和设备系统为主,现场环境普遍优于离散的机加工现场,但流程制造业的现场不能局限于产品生产的制造现场,还应包括各类原料、燃料、辅料库房、中间品库、产品库和副产品库,以及"三废"处理的现场等。这些库区因原料、燃料、辅料及主副产品的物理化学属性特殊,需要按照相应的安全管理原则制定现场管理规范。

对于制造现场,由于大量设备、管路、容器、坑道、水电气设施等普遍存在,高温、高压、渗液、潮湿、霉变、漏电、漏油、噪声等多种工况因素并存,需要将多专业管理规范融合制定现场4S的规范,以确保现场可视、可控。

2. 坚持不懈实施六源治理

(1) 识别并确立六源治理内容和标准。企业应结合生产实际,面向全局生产要素、生产过程、生产流程,仔细甄别各类现场中的风险因素,确立污染源、困难源、故障源、缺陷源、浪费源、危险源的具体事项及风险成因,可以通过六源清单列表方式实施源头管理,便于达成无死角、无遗漏的风险管理。

(2) 建立规范的六源识别方法。五感法和专项指标监测法是使用比较普遍且有效的方法。

首先,充分利用人的视觉、听觉、嗅觉、触觉、味觉的五感功能,在安全第一原则下,适当运用五感分类识别各现场、各区域的风险事项,如形状可用视觉识别、气味可通过嗅觉识别、温度可用触觉识别等。通过确立五感评估事项和标准,建立点检制度。

其次,可采用专业传感器,对不易识别、精度要求高、环境复杂、危险度高的对象进行监测,通过监测信息的变化情况,识别各类风险存在与否及其程度。

(3) 根据"源"的不同,建立具体治理措施。不同的"源"有其存在的基本环境条件和主要成因,既需要尊重客观事实正视问题的存在,还需积极主动建立有效解决办法。如困难源,可能是难以点检、难以清扫、难以调整,需要根据环境和对象的物理特征建立专用设施和工具;如污染源处置,应优先考虑切断污染源,其次是集中污染源,最后是控制和消除污染源。

六源治理与现场4S、可视化、定置化、标准化管理等密切相关,这些做法是同一事物的不同侧面,可将这些方法相互融合运用,或基于特定主线配合使用,均会获得很好的效果。

3. 扎实推进标准化

流程制造业的标准化管理,除前述4S、六源治理所形成的现场标准化外,更应注重生产要素管理标准化和生产过程管理标准化。生产要素管理标准化重在物料的期量标准制定与执行、设备关键性能与状态标准制定与执行、人员生产作业标准制定与执行、工艺路径标准制定与执行、质量检化验标准制定与执行、现场4S标准制定与执行、能源计量与分析标准制定与执行等。生产过程标准化重在工艺配方标准化、质量控制和计量分析标准化、物料流动过程标准化、工艺/工序执行标准化、生产换型过程标准化、设备点检维修作业标准化、产成品流转标准化、缺陷处置流程标准化等。

生产流程标准化管理，是对价值流管理的更高水平，不仅关注人、机、料等具体生产要素的可用性和具体配置过程，更关注各个配置过程之间的相关性，通过将多个相关过程的科学整合和流程化，使得各生产过程产生更大的综合价值。如在钢铁企业中，控制特定生产期间的燃煤质量和数量，是实现焦化生产获得高品位焦炭产品的前提，这是通过要素管理获得炼焦工艺过程的有效性；焦炭、球团矿或烧结矿等多种铁前物料的品质和数量决定了炼铁工艺过程的有效性，决定了铁水的品位、产出量、生产周期；只有将焦化生产、球团生产或烧结生产与炼铁生产过程统一到一个生产流程中，才能确保所有铁前物料的生产满足炼铁工艺的持续动态需求，实现 N to 1 的"一个流"同期化生产状态；进而，铁水对炼钢工艺的响应，钢水对铸坯的响应，钢坯对多品种小批量钢材轧制生产的响应，品种钢轧制对市场交付的响应，可以组成一个由订单驱动的完整的价值流程，即呈现 N to 1 to K to M 的复杂流程状态和水平。为了使这个复杂的长流程生产系统运行更有价值，需要依据工程原理、运营管理原理、流程经济原则等制定相关标准，统筹生产活动的价值理念、价值方法和价值规范，以获得全局生产的品质提升、效率提升、成本降低和交付周期的缩短。

价值流程图就是描述前述生产流程价值属性（水平）的工具，可以很好揭示生产系统本身的意义和运作的水平。以图 4-1 为例。

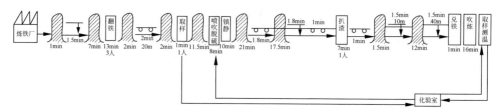

图 4-1 某企业炼钢工艺过程价值分析（部分信息）（min：分钟）

图 4-1 信息对应的生产现场的场景如下：

（1）钢铁企业长期以来坚持"以炼铁为中心"，铁水生产出来后马上转运至炼钢厂；

（2）炼钢厂按照炼钢工艺组织钢水生产作业；

（3）在炼钢厂内，钢水冶炼后运至铸机浇铸钢坯。

作者团队成员完整记录了一罐铁水从铁厂发出至钢厂转炉炼钢，最后完成钢水浇铸生产出钢坯的全过程信息，如表 4-1 所示。

从图 4-1 中可以直观看到，生产中存在多种形式的物料停滞、等待（即在制品存货），可能导致生产周期过长；从表 4-1 中数据可以看到，全部炼钢工艺时间中，只有 41.10% 的时间在进行增值作业，其他时间都在进行非增值甚至减值活动。

表 4-1 炼钢工艺的时间分布

项　　目	加工时间	搬运时间	等待时间	工艺时间总和
时间/min	4784.56	261.49	6593.47	11 639.52
所占比例/%	41.10	2.25	56.65	100

企业生产管理者对以上分析结论提出强烈质疑，其理由是企业始终在不间断生产，铁厂、钢厂每年都完成了既定产能、产量目标，基本不存在延迟交付情况。作者团队中多名观察人员看到的基本现象是铁水始终能够保证炼钢所需，从不间断，保证了钢水冶炼和钢坯生产的连续性。那么，问题出在哪里呢？

根本问题在于价值分析的视角不同：企业管理者以每年、每月、每日都完成了既定生产任务的视角判断其工作的有效性；我们以任意生产要素的流动速率或时效性判断工作的有效性。用后者的视角看前者的做法，事实上企业是以大量在制品存活方式满足了生产任务要求，但在任意任务的完成中，物料的流动周期远远超越了铁水运输、铁水加工（炼钢）、钢水搬运、钢水加工（铸坯）的必要时间，所以铁水、钢水的时效性显著降低。其间，由于热量发散（相当于能量损失，需要能量补偿，增加成本）、长时间等待（相当于流动资金占用）等造成生产周期过长、生产成本过高、生产场地存货量过大、生产管理复杂性显著增加、生产安全隐患增加、现场管理的秩序性显著下降。

通过一系列标准化活动和过程，不断促进日常生产运作活动日益规范、合理和经济，减少管理者、技术人员、现场员工应对和处置不必要异常的各种投入，从而使企业和人员将更多精力投入到更高标准的分析、制定和持续应用中。

4．可视化与目视化

可视化是指所需关注的对象的状态、过程、结果可以被识别；目视化是指用人的眼睛（视觉）进行一目了然的管理。

流程制造业产品生产，尤其是大型的电力、化工、冶金等企业生产活动，从需求确立、原料采购、生产准备到生产组织运行和产品交付，是庞杂的、持续的生产过程。需要什么、生产什么、在哪里生产、何时生产、生产多少、生产状态如何、何时交付等基本信息，需要以科学的逻辑和方式进行展开、传递、更新，周而复始。

为了使利益相关者及时、准确了解基本生产相关信息，企业需要构建全面的、规范的可视化系统，将计划信息、执行信息、状态信息、结果信息等呈现并持续传递给相关者。

过去，流程制造业的生产过程管理主要依赖于生产计划的逐级传递，以推动各生产作业环节按照既定要求完成基本任务，生产信息分段隐藏在各个工艺环节，很多信息是不传递、不贯通的，如只记录相关工艺环节生产的制品是否合格，而不记录和传递具体的质量水平信息。现在，大量的生产信息存储于 ERP、MES 等管理信息系统中,很少调用和分析,也很少在生产现场有序呈现。过去的生产管理有盲人摸象的感觉,现在的生产管理有大海捞针的意味。这些做法都是不科学的,需要加以改进。

图 4-2 展示了丰田汽车公司 TNGA 理念下高度自动化汽车生产中的目视化看板,从中可以清楚识别所有关键工序、工程的计划及执行、品质及流动、工艺间衔接、工序间流转的状况,并体现着关键环节的控制标准(红色数据为控制上限标准,黄色数据为预警标准,绿色数据为正常水平),可以使员工、管理者和客户对生产过程和状态水平一目了然。这种以生产过程数据驱动的现代目视化做法,非常值得流程制造业学习和应用。

彩图 4-2

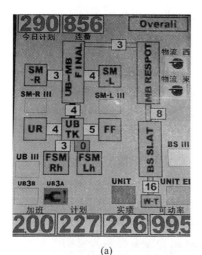
(a)

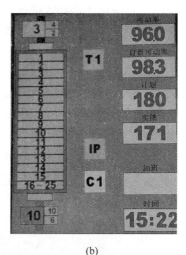
(b)

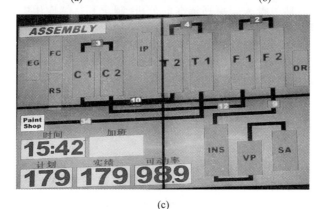
(c)

图 4-2 目视化看板示例
(a) 焊装工艺多工序生产流动性可视化；(b) 总装全工序状态可视化；
(c) 总装工艺多工序生产流动性可视化

目视化是十分经济、有效的现场管理方式。它基于人的视觉感知有效性和直观性特征,可以通过人的思维逻辑对生产逻辑的合理性做出分析和判定,并对可视的不合理现象及对应的问题提出改进要求。问题被一一发现和解决,可视化系统呈现的信息质量得到改进,反映了制造系统本身的质量不断获得提升。因此,将生产系统及其生产过程可视化,并结合目视化手段强化生产管理的有效性,这一做法是自然科学与社会科学相结合、工程系统与组织系统相结合的产物。而将数据隐藏于计算机和数据库的做法,不能代替可视化管理,也达不到可视化管理的目的。

4.3.2 识别并消除制造系统中的浪费

精益制造中所定义的浪费内容和形式,同样普遍存在于流程制造业之中。识别和消除浪费,是企业获得精益性能力的重要方法和过程。

1. 识别浪费是制造管理能力建设的重要举措

熟视无睹、视而不见,在企业中往往是人们司空见惯的群体行为特征。一旦这种现象存在,基本意味着管理者和员工可以忽视客观存在的问题而日复一日地低效率、低品质工作。这种现象本身恰恰代表了最严重的浪费——人力资源的浪费。可见,人力资源的浪费往往会导致、容许、接受、纵容其他浪费的存在。

消除浪费的前提是识别浪费。识别浪费的基本前提是引导、教育、培养员工具备审查、识别不增值现象与活动的理念、方法和技能。识别浪费的另一前提是管理者主动带动员工而不是单纯推动员工去发现浪费。员工一旦具备识别浪费的能力和意愿,就好似在贫瘠的山野中发现了潜藏的金矿,其意义极为重大。建立识别浪费的能力,其更深层的意义在于激活了人的识别工作价值的活性,可以进一步源源不断地发掘深层次的、更广泛的浪费。

流程制造业由于其高度自动化的特点,很多浪费都隐藏在一系列的常态化生产方式和生产系统运行之中。比如,大量生产需要大宗原料的采购、存储、搬运,串联系统中的任一设备故障均会造成生产线或生产系统的全面停产,千分之一的质量缺陷或不合格率会使年产千万吨产品的企业每年增加数万吨废品等。

2. 逐步培养消除浪费的技能

浪费的产生有多种形式,根据其原理或根本原因可将浪费概括为两类:一类是"因小而大"的浪费,另一类是"因大而小"的浪费。

因小而大的浪费原理,是指小的环节出现错误或不受控而逐步导致了更大的缺陷或损失。如金属毛坯铸造或锻造中没有消除局部的砂眼缺陷,在机加工过程中发现砂眼的存在导致废弃整个零件;如果机加工过程中没有发现这个砂眼,隐藏砂眼的零件在产品使用中出现失效,造成整个产品损失甚至更大的危害。所以,从小处着眼、着手,是企业识别和消除浪费的重要举措。人员、设备、设施、物料、能源、信息、方法等任何生产要素的不良,均可能导致生产要素配置过程的损失而产生更大浪费。因此,优先消除生产要素的浪费,确保生产要素的可用性,是流程制造业消除浪费的必然要求。如产品质量管理过程中,如果建立了全面的面向生产要素的质量控制方法和应用工具,生产作业和生产过程的质量就可以获得基本保障,所以企业质量管理体系建设不能仅仅用一些框架性要求来保证生产质量,必须用分层的系统化的方法作为关键保障措施。

因大而小的浪费原理,是指全局性、系统性、战略性、引领性的工作方式方法存在不良,无论微观层面如何努力,永远都不可能消除企业生产中的浪费。比如,不建立拉动式生产功能,生产计划的制订和执行方式不发生质的改变,各生产单元和工艺环节执行生产任务的方式和方法一定是不一致的,企业的全局生产难以形成稳定的、快速的"一个流"水平。这种差异必然导致不同单元和工艺环节处于混乱关系之中,单一单元或工艺环节无论采取什么措施,都无法彻底消除其内部的浪费。因为,全局生产环境中的任务式、推动式生产组织方式可以不断创造新的浪费或加深固有浪费的程度。

流程制造业中,物理制造系统具有显著的连续性或分段连续性特征,这说明流程制造业本身是具有先天的价值流程创造优势的。但是,决定物理系统价值水平的决策和控制功能主要在于管理信息系统,管理决策既可以强化也可以削弱物理系统的流程化功能。

精益制造的理念和方法,可以将离散制造过程整合、改进成为连续的、高效的价值流程。同样,低水平的管理可以将具有连续价值流程属性的物理活动拆解成为不连续的过程。流程制造业中的精益制造能力建设,一方面可以通过不断强化物理系统内在功能的连接,提高产品生产的品质性和连续性;另一方面应切实从精益能力内生机制创建的维度出发,不断赋予物理系统更高的品质功能、柔性功能、均衡功能和连续性功能,使之能够对外部需求做出灵活响应。

流程制造业中的浪费还可以从生产要素浪费、生产作业浪费、生产系统结构浪费、生产过程(工艺、工序)浪费和生产体系浪费的视角进行识别和消除。企业可以依据前述多维度、多视角、多方法的分析,面向管理者、专家和技术人员、普通员工开展分层次、分领域、分功能的识别与消除浪费技能的培养活动。

4.3.3 开展精益车间/班组建设

车间/班组精益能力建设是离散制造企业中的常用措施和有效手段。对于流程制造企业而言,员工由于对生产的参与度较低,比较容易脱离生产制造的客观环境和基本原理,而流程制造系统内在构造与功能的高关联性、高复杂性和高风险性特征,使其本质上更加需要员工对生产系统的了解、理解和控制能力。因此,精益车间、精益班组建设对流程制造企业的重要性不言而喻。

1. 了解和理解生产系统功能与构造

车间/班组是企业的基层组织,是知行合一完成生产任务的重要载体,是物理系统的使用者、监控者和维护者。物理系统的构造、功能和运行过程普遍遵循了响应的工程原理和方法,是多学科、多专业、多功能、多过程的有机组成。车间/班组建设,应首先学习生产系统的构造原理、基本功能及其实现方式和方法,综合掌握使用、控制和维护物理系统的基本技能和技巧,通过车间、班组成员间的组合、配合,达到生产组织与管理的目的。

2. 建立清晰的技能培养标准

车间/班组的主要任务是按照生产计划组织生产,建立并执行作业计划,确保生产安全,达到生产和产品的质量和效率标准,控制生产成本,维护生产系统状态。因此,车间/班组建设主要围绕这些日常生产活动而展开,根据分工建立相应的技能标准。

技能培养主要分为两个维度:一个维度是技能领域能力水平,另一个维度是特定业务领域的技能水平,为此可以建立员工技能管理矩阵,如表 4-2 所示。

表 4-2 员工技能培育与评价表

项 目	安 全	生 产	质 量	设 备	成 本
一级					
二级					
三级					
四级					
五级					

在表 4-2 中,可以对员工技能培育效果作出评价,可以参照精益制造中的饼图和辅助符号(圆圈、半圆圈、三角符号等)的方式对员工技能作出可视化评价。

3. 持续推进基础技能发展

车间/班组建设的要点是人才培养,一方面培育高水平的车间主任和班组长,另一方面是全员能力育成。无论面向基层负责人还是全体员工,都需要有系统的培养规划、知识体系、实践训练方案和评价考核标准。结合流程制造管理的基本特点,建议企业的车间/班组建设重点考虑如下技能技巧的培养:

(1) TWI 技术。TWI 全称是 training within industry,主要是面向督导人员或一线主管的技能培训。TWI 包括工作教导(job instruction)、工作方法(job methods)、工作关系(job relations)和工作安全(job safety)四项基本内容,是实施精益生产、丰田生产方式、TPM 和 5S 等各项能力建设的基础。

此外,在岗培训(on the job training,OJT)、丰田的人才培养(on the job development,OJD)和面向基层班组的单点课(one point lesson,OPL)都是全员技能培育的重要措施。

(2) 工作研究技术。包括方法研究(methods study)和作业测定(work measurement)两部分核心内容,前者分别从工艺、流程、操作、动作等几乎所有层面探索并建立更加合理和经济有效的工作方法,后者是在方法研究基础上确立时间标准,即建立工时定额。工作研究技术是精益制造的核心方法基础,是建立标准工艺、标准作业的前提思想和系统知识。

（3）QCC/PDCA/TBP 系统改善方法。品管圈或质量环（quality control circle,QCC）和 PDCA 循环改善、丰田工作法 TBP 等具有异曲同工的作用,是基于问题导向的解决方案设计,形成了简单易行的改善逻辑、活动步骤和基本规范,不强调具体领域的原理、技术和方法,旨在推动不断识别和消除各种浪费,小组成员根据问题的性质和程度,自主学习和运用任何可能领域的知识和方法解决问题,是一种开放式的解决问题策略。

（4）数据分析技术。流程制造的特点是生产规模大、速度快、连续性强,无论面向设备系统还是工艺过程,制造管理均需实施大量检测和分析工作。车间/班组人员需要具备相应的统计分析、控制图分析、预测和预警分析判断的能力。随着生产系统和生产过程自动化程度提高,数据采集和数据分析功能越来越多融入生产管理实践中,除可以借助的常规数据分析软件外,员工还需要掌握越来越多的数据驱动的问题识别和解决技能,如基于多传感数据的设备状态判定,是设备保全、维修决策的基本前提。

4. 强化 TPM 功能

TPM（total productive maintenance）,即全面生产维护,是根据生产需要对设备及相关辅助系统的维护,其重点在于维护不是单纯面向设备本身,而是面向满足不断变化和提高的生产能力的需要。因此,TPM 不能简单视为设备维护,而是价值维护。

对于流程制造系统而言,庞大的设备、设施系统必须建立完备的 TPM 管理机制,其中两方面内容十分重要。一是建立完备的点检、专检、巡检功能,确保对设备状态的识别、确认、报告及时和准确,相当于建立设备系统的健康保健和诊断功能。点巡检的方式方法应随着技术进步不断改进,采用更加精确的、可靠的专用工具和传感器替代人员的五感判断,建立以数据为基础的设备状态点检、专检规范。二是对于设备的保全、维护、维修应更加贴近设备的客观状态和生产需求,应基于原理和数据分析的综合方法,尽可能将改良性维修、预防性维修改进为预测性维修和状态维修（也称视情维修）,达到精准和低成本维护的目的。

建立生产系统点巡检制度,不仅面向设备设施系统,还应面向生产现场的所有要素和必要过程,如对 4S、六源管理、备品备件等都应实施点巡检管理。

4.3.4　强化基于需求响应的工艺柔性能力

对于所有的流程制造企业而言,工艺过程稳定是企业的理想状态,因此企业总想找到一种稳健的工艺方法和过程应对任何可能变化的生产变量,但企业的实际生产往往是在一定波动中进行的,甚至是在"过山车"的状态中度过的。究其原因有两种：一是确实没有建立稳健的工艺过程和方法,始终不能使生产处于相对平稳、有效的状态,缺少应对生产要素变化的可行工艺策略和方法,处于被动应对的状态,经常以"救火"的方式开展日常生产管理工作;二是以相对不变的生产组织方式和工艺方法被动应对市场需求,难以面向不断变化的市场需求建立灵活的生产组织方式和工艺对策。

与离散制造相同,流程制造管理的有效性应体现在对市场变化的低成本、高质量和及时的响应能力上。显然,企业需要不断打破甚至颠覆固有的思维,认真分析生产要素变动对生产过程的各种影响,将生产要素组合关系进行分类、分组分析和实验,通过配方调节和工艺参数调整等方法,将质量变化点的综合变化范围控制在若干区间内,从而建立起多种可能生产工艺方案,这样企业就提高了对供应商原燃辅料供给变化和客户需求变化的响应能力。

4.3.5 建立均衡拉动的准时化生产体系

均衡生产、拉动式生产、准时化生产,是一组递进的理念和方法,构成了价值创造哲理。

均衡生产体现的是多种产品在同一生产周期内均衡地计划和组织生产,目的是在要求的时间内响应客户对不同产品、不同数量、不同质量的交付需求。

拉动式生产是按照交付节点的时间要求,按照合理的生产提前期,由生产的末端按照交付需求向生产前端和物料准备端发出生产要求的做法。对于一个完整的连续生产系统,前端控制和后端控制并无显著区别,但对于多阶段、多工艺过程的流程生产系统而言,这种拉动机制极为重要。

准时化生产在界定必要时间、必要产品和必要数量的同时,在实际生产组织中也是一套全局性规则(比如必要时间必须考虑全局生产提前期问题,目标是以最短的周期实现,就需要不断识别和提高全工艺生产过程的紧凑性、连接性,否则生产提前期就显得很松弛),包括物料齐套性、及时性和最小期量,设备设施的物理换型和作业程序切换等。

为此,流程制造企业需要建立三个层次的精益生产功能:

(1) 建立市场需求牵引的拉动式生产功能。以交付端的交付节点为依据,根据价值流的逆向路径和节点关系,面向生产系统、物料筹措系统、质量控制系统、工艺支持系统、物流保障系统等发出生产指令,按照看板管理原理,使各个系统只在必要时间生产或准备必要数量的必要产品。

(2) 建立多品种均衡生产能力。首先,通过工艺改进、装备改进、作业方法改进和控制策略改进等综合措施,提高制造系统的柔性生产能力,使之逐步具备将大批量生产转化为小批量高频次生产的基础技术和管理条件;其次,通过分批、分期验证方法,进行多品种组合生产的实践经验和方法积累;最后,能够根据变化的市场需求进行多产品的实时均衡生产。

(3) 实施全工艺过程准时化生产。对于长流程、多工艺阶段生产而言,企业应按照先易后难、先试点再扩展的原则,逐步实施均衡拉动的准时化生产。部分行业需要根据产品生产的工艺特殊性，选择准时化生产的突破口。如钢铁企业中，决定品种钢生产的关键是炼钢工艺环节，将单一组成成分的铁水分别冶炼为不同材性的钢水，是功能分化的过程。只有从炼钢工艺上下功夫，实现突破，将大规模、多浇次的生产方式转化为小规模、少浇次的品种钢生产方式，才能显著降低钢坯库存，缩短钢坯交付周期。因此，钢铁企业的精益制造必须紧紧抓住均衡化炼钢这一关键抓手，才能实现对炼铁的准时化供应拉动和对品种钢轧制的多样性响应。

通过必要的试点过程，企业可以探索出适合行业特点的均衡拉动的准时化生产组织方式及控制策略。

4.4 案例：特大型钢铁企业全业务链精益制造与管理

本案例以流程制造业的特大型国有钢铁企业 B 集团构建全业务链精益制造管理体系为对象，开展实证研究。

4.4.1 全业务链精益管理体系构建背景

我国经济发展方式的转变对钢铁品种、质量和服务提出更高要求，对钢铁工业节能减排、提升效率提出更新要求。就钢铁企业而言，要主动适应新常态，发展方式必须从规模速度型转向质量效率型；发展动力要从主要依靠资源和低成本劳动力等要素投入转向创新驱动。在新常态下，B 集团作为全流程、体量大、内陆型、资源特色型钢铁企业，实施精益管理能够有效推动企业提高市场运营效率，消除各种浪费，提升价值创造能力，因而成为 B 集团打造转型升级软实力的内在要求。

B 集团成立于 1954 年，是国家"一五"期间建设的 156 个重点建设项目之一。经过 60 多年的发展，B 集团已形成了钢铁、稀土、矿业、非钢四大产业板块，以及循环经济、资源综合利用、金融等新兴产业，涉及产业领域广，经营方式更加多元化。钢铁产业具备了本部 1850 万吨以上铁、钢、材配套能力，拥有驰名中外的白云鄂博铁矿及配套的选矿系列，是世界上最大的钢轨生产基地、品种规格最为齐全的无缝钢管基地之一、西北地区最大的板材生产基地，同时还生产线棒材、型钢等产品，是集采、选、冶、轧为一体的全流程且品种规格最齐全的特大型钢铁企业。

B 集团虽然拥有千万吨钢铁生产规模，但该企业的信息化基础十分薄弱，经营管理未使用 ERP，生产管理未使用 MES，质量管理未建立 QMS。日常生产运营主要依赖于若干业务信息孤岛进行，如生产指挥中心有自己的生产排程系统，但并不与各生产单位联通，生产信息通过 OA 系统以报表方式定期上报；设备管理部有自己的设备管理系统，同样未与各生产单位相通，设备部有比较宏观的设备资产管理和设备状态的统计管理信息，各单位基于计算机自己开发简单的设备管理表格，用于日常设备管理。质量管理、原燃料管理、产成品管理等也是如此。

2011年以来，B集团在提升装备制造水平的同时，先后实施5S管理、工业工程（IE）管理、员工自主改善等管理项目，为B集团构建与实施全业务链精益管理体系奠定了一定基础。B集团决定自2014年7月至2017年6月连续开展为期3年的精益管理提升项目，为此开展了一系列规划、设计、实施、评价和循环改进活动，获得了显著的、全方位的效益。

4.4.2 创建全业务链精益制造模式的内在要求

1. 体系建设基本内涵

B集团已构建形成具有自身特点的"3+1"精益管理推进模式，即以准时化拉动生产、精益改善项目、精益车间创建为三条推进主线，以精益人才育成为支撑的推进模式，并逐步形成了涵盖组织架构、制度建设、过程管控、考核评价、人才培养培训、知识管理、价值流管理七大模块的精益管理推进保障机制，以及精益现场管理、精益流程管理、精益设备管理、精益质量管理、精益安全管理五大精益管理体系。

2. 体系建设目标

1）精益体系建设总目标

通过全业务链精益管理体系构建，建立起快速响应市场需求的均衡化生产系统和高效率运营能力；通过持续的精益改善，形成具有行业竞争优势的卓越价值流程和管理模式。

2）精益体系建设子目标

（1）精益思想和理念深入人心，进一步优化公司的制度和文化，改进员工的行为方式。

（2）建立精益生产组织和制度管理体系，逐步形成价值流程引导的高效运营体系。

（3）培养一批通晓精益生产技术与方法的管理人员，逐步建立自主发展、自我改善的精益团队和人才培养机制。

（4）在生产、质量、成本、效率、安全等关键指标上实现显著突破：

- 生产均衡性程度提高，柔性化程度提高30%以上；
- 削减库存，消除浪费，原料、在制品、产成品总体库存量降低15%以上；
- 设备综合效率OEE提高2%以上；
- 钢材产品成材率提高1.5%以上；
- 流动资金周转率提高25%以上；
- 制造周期（从获得订单到产品交付的时间）缩短20%以上；
- 劳动生产率提高20%～30%；
- 千人负伤率低于2.5‰。

4.4.3 构建全业务链精益制造模式的主要做法

1. 顶层设计、分步实施、系统推进

结合 B 集团生产流程相对刚性化、工序衔接复杂、环节众多、品种规格多、业务链长且规模大等实际情况,以及近年来相关管理工作推进成效,研究制定了精益管理实施方案,确定了精益管理推进方式、实施内容和技术路径。

1) 体系构建的推进方式

采取样板引领、点线面结合、渐进叠加的推进方式,以炼钢厂、轨梁厂作为公司样板单位先行推进,并在钢铁主线确定 22 个重点指导单位,分 6 批展开,取得效果和经验后逐步拓展至稀土、矿业和非钢产业板块,实现精益管理全覆盖。

2) 体系构建的技术路径

(1) 重塑钢铁产线生产运营系统:以构建准时化均衡生产管理系统为方向,制定全局拉动生产网络计划→重点针对厂际间衔接环节开展调研分析→针对问题下达改善项目通知单→实施改善项目,验证效果,持续固化。

(2) 确立样板厂和重点指导单位:分期分批进行现场调研→拟定"量身定制"方案→研讨与确认方案→实施单位将方案转化为阶段实施计划→按阶段计划推进,确立并实施精益改善项目→阶段性评价。

(3) 创建基层组织(精益车间):启动精益车间创建活动→进行充分的现状分析并制订创建计划、确定创建主题→开展创建工作,突破瓶颈,强化基础,提升组织绩效→公司组织评价、审核、命名→进入下一个循环提升过程。创建过程和内容如图 4-3 所示。

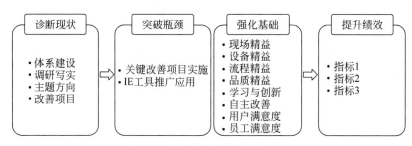

图 4-3 精益车间创建过程及内容

2. 创新实践精益管理"3+1"推进模式

根据精益管理实施方案,B 集团积极创新实践精益管理"3+1"推进模式。"3+1"模式各条主线自成体系却又相辅相成,准时化拉动生产是核心主线,精益改善项目、精益车间创建配合并支撑准时化拉动生产协同推进,互促共进。三条主线以彻底消除浪费、提升效率为核心,以精益改善为手段,以提高全局价值创造能力为目标,更加注重过程导向和能力提升,形成高效的精益管理推进体系。

1) 定位全局、系统协作,准时化拉动生产项目构建生产运营新模式

在钢铁企业全业务链推行准时化拉动生产模式,B集团应属首例。要做到钢铁生产过程准时准量控制、工序间建立需求拉动生产体系,形成自适应机制,是对过去传统生产组织方式的重大变革。B集团从实际出发,积极开拓创新,逐步构建了适合钢铁企业的准时化拉动生产体系。

(1) 先期策划,开展现状分析诊断。B集团组建近30人的调研写实团队,针对铁钢、钢轧生产过程的物流、信息流、现场作业等方面开展调研写实工作,形成分析诊断报告,说明来料、生产、交付的差异性水平,决定在钢铁主线生产运营系统推行准时化拉动生产方式(图4-4),并将其确立为B集团推行精益管理的一条核心推进主线。

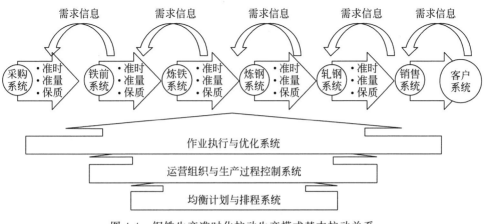

图 4-4 钢铁生产准时化拉动生产模式基本拉动关系

(2) 试点先行,建立拉动看板系统。以炼钢厂5号铸机和轨梁厂1号线为试点,开展厂际间供需现状及厂内工序能力评估,重点针对提升铸机恒拉速比率、铸坯热装热送、降低中间库存等进行试点改善,并在各自生产调度区域建立拉动看板系统,更加直观地显示生产时序和坯料库存,实现上下工序信息双向互通、快速响应,建立按需组产的准时化生产系统。

(3) 实施拉动生产子项目。2014年针对炼钢厂5号铸机和轨梁厂1号线、稀土钢板材公司高炉铁水供应炼钢转炉生产线两条试点产线,开展试点单位调研写实,先后针对重轨坯热装热送、化检验过程、库存,以及铁水供应的鱼雷罐装满量、一罐兑一包和运输环节等展开写实,共采集分析数据1724组,形成调研分析报告4份。在此基础上,项目组先后研究确立了6项改善子项目,下达相关单位。在试点的基础上,2015年B集团针对铁前、铁钢、钢轧制定了全局拉动调研写实计划,并制定实施了《准时化拉动生产系统调研写实管理办法》,全年确立并完成铁前、铁钢、钢轧调研写实项目79项,累计分析数据124 393组,形成调研分析报告24份,下达改善项目通知单并确立实施子项目27个(表4-3)。准时化拉动子项目将过程

停滞、流程繁复、效率低下、库存超限等影响价值流动性的问题逐个击破,提升了工序间的衔接能力和全局效率。

表 4-3 准时化拉动生产子项目列表

序 号	项目编号	准时化拉动生产子项目
1	JY20141101	缩短重轨坯化检验时间(炼钢厂)
2	JY20141102	缩短重轨坯化检验时间(化检验中心)
3	JY20141103	提高高炉与转炉之间铁水一罐兑一炉比例
4	JY201505001	7号铸机异型坯热装热送
5	JY201505002	提高5号铸机定拉速合格率
6	JY201505003	提高5号铸机高速轨、普轨坯合格率
7	JY201505004	炼铁厂6号高炉出铁场工艺磅投入使用
8	JY201505005	实现原燃料均衡到达
9	JY201505006	实现物流信息共享
10	JY201505007	提高卸车货位满线配车率
11	JY201505008	提高卸车设备作业率
12	JY201505009	优化薄板厂热轧成品出库入库管理
13	JY201505010	提高铁路运输物流效率
14	JY201505011	提升薄板厂热轧产品检验效率
15	JY201505012	提升期末库存量的准确度
16	JY201505013	改善铸机剩钢处理方案
17	JY201505014	提高热焖池和热泼池生产效率
18	JY201505015	优化钢渣运送方法
19	JY201506016	按合同组织生产,降低死库存量,提高保产能力
20	JY201506017	提高产品外发装车能力
21	JY201506018	调整库存布置,提高装车效率
22	JY201509019	提升渣罐处理能力,提高渣罐周转效率
23	JY201509020	合理组织渣罐运输,提高渣罐周转效率
24	JY201509021	强化出渣作业流程管理,减少重返罐
25	JY201509022	实现灰粉直付卸车
26	JY201509023	稳定产品品质减少非计划产品、减少合同余材
27	JY201509024	均衡安排热处理生产,缩短交货期

(4)期量控制,构建拉动生产网络。物料供需的期量标准是实现均衡拉动的保障。B集团以"炼铁厂四烧—4号高炉—炼钢厂5号铸机—轨梁厂1号线"和稀土钢板材公司SPHC钢种单浇次生产组织为试点产线建立期量控制标准,结合下工序需求和物流能力,通过定期不定量、定量不定期等方式实现物料的准确供应,初步构建了快速响应、均衡拉动的生产网络。

(5)全局拉动,实现体系能力突破。通过准时化拉动生产模式的不断完善和展开,产生倒逼效应,生产瓶颈、管理盲点、管理短板等一系列问题不断暴露,且逐步得以改善解决。

2) 消除瓶颈、系统改善,精益改善项目拓展降本增效新空间

精益改善项目作为 B 集团推进精益管理的又一条主线,成为 B 集团各职能管理部门和二级单位推进精益管理的重要模式。精益改善主要以消除过程浪费和制约瓶颈、提升生产效率和经营绩效为突破口,组建项目团队,应用精益改善的工具、方法,达成项目改善目标,拓展降本增效空间,改善提升组织绩效。在解决各单位瓶颈环节、浪费现象、协同效率、资源高效配置等问题的同时,有效地配合准时化拉动生产,解决各工序衔接、价值流流动等方面的改善问题。

(1) 注重顶层设计,建立系统改善思维。B 集团组建调研写实团队深入生产作业现场开展分析诊断,直指价值流能力和全局效率提升方向,做到系统思考、有的放矢。要求各单位结合实际和分析报告制定精益管理推进规划,从顶层设计上明确推进思路,立足效率、质量、成本、交货期等全局能力提升方向确立精益改善项目,明确各个改善项目对产线体系能力提升的对应性和支撑作用。

(2) 规范实施步骤,跟踪项目节点输出。为避免出现只重结果而轻过程,只改表象而不纠要因,问题反复无法根治等现象,B 集团出台了《精益管理改善项目管理办法》和《精益改善项目立项、过程管控及结果评价实施细则》,以此规范各单位项目推进过程。

(3) 实行分级管理,保障过程管控有效。2014 年,各重点指导单位共确立精益改善项目 241 项,年底完成 205 项。2015 年,B 集团全面开展精益改善,各单位先后立项 418 项,年底完成率达 94%。由于项目数量的剧增,需要建立有效的管控机制,为此,按照项目的系统性、关键性以及对全局能力提升的支撑作用,B 集团从公司层面和二级单位层面推行项目管控分级管理,从而降低了管控难度,保障了重点项目实施过程的有效性,实现了既定创效目标。

(4) 冲破专业壁垒,协同打造改善团队。精益改善项目的系统性定位要求团队成员必须高度协同,共同探究改善方法、解决问题。项目团队往往并非由单个部门、单个专业的人员构成,而是一个多专业配合、相互协作的矩阵式组织。B 集团鼓励各单位针对系统性项目组建跨部门、跨专业,甚至跨单位的改善团队,冲破专业阻隔和部门壁垒,更好地服务于项目改善。如生产部"提高自发电量"项目团队汇集了生产部能源管理处、热电厂、燃气厂等多个单位的生产骨干力量。

(5) 创新评审激励方式,重奖获奖项目团队。B 集团每年年底组织开展精益改善项目成果评审工作。评审过程中,不仅关注项目对经营绩效方面的贡献,同时也将项目的系统性、关键性,以及过程分析和改善方法的有效性、团队能力提升和成长等方面纳入评审范畴。项目管理评委针对项目管控、工具方法应用、成果固化及项目团队对改善思路的认知情况进行评分,综合汇总后经公司精益改善项目成果评审领导小组最终审定获奖等级。B 集团对获奖项目实行重奖激励,奖励不低于 5000 元,最高的特等奖奖励 8 万元,并在公司大会上进行专项表彰,由项目组成员介绍项目改善经验。各单位还依据项目改善团队成员的表现和业绩,加大对他们

的培养和选拔力度,激励全体员工积极参与精益改善。2014—2015 年的项目获奖情况如表 4-4 所示。

表 4-4 2014—2015 年精益改善项目获奖数量统计

年份	全年立项	完成项目	申报成果	特等奖	一等奖	二等奖	三等奖	鼓励奖
2014	241	205	156	5	10	15	20	24
2015	418	393	369	6	16	28	41	43

(6) 固化改善成果,纳入精益改善知识管理模块。B 集团在总结分析前期精益改善项目完成后的持续应用情况后,出台了《精益改善项目成果固化和推广实施办法(试行)》,将改善成果纳入绩效考评范畴,并通过标准化作业指导书、操作规程、技术规程等标准化文件固化改善成果,纳入精益改善知识管理模块。

3) 标准引领、全面推进,精益车间创建带动基层组织绩效新突破

为了从底层发力,提升基层组织的精益认知和管理水平,提高作业效率和执行力,有效支撑单位生产经营和公司全局拉动,B 集团在方案设计时便将精益车间创建活动作为推进精益管理的第三条主线,使之成为 B 集团精益实践落地基层的重要载体。已先后有 3 批共 68 个车间获得公司精益车间命名。

(1) 标准先行,明确创建思路。B 集团在活动启动之初下发了《精益车间评价标准》,明确精益车间的内涵和创建思路,引导各车间"调研写实找问题,针对问题定主题,围绕主题做改善",通过精益改善项目解决关键问题,强化各项基础管理,最终实现现场精益、设备精益、流程精益、品质精益,提升用户和员工的满意度,获得组织绩效突破和员工能力提升。

(2) 明确主题,实施创建工作。主题是精益车间创建的方向和引领,明确了主题即明确了方向,也体现了创建的针对性,从而有重点地提升组织绩效。在调研写实的基础上,车间针对突出问题、瓶颈问题或车间的绩效关键点确定创建主题。

(3) 持续创建,实施动态管理。B 集团精益车间创建活动以半年为周期开展评审验收。对于车间而言,无论创建成功与否,精益车间创建都不是一次性活动,而是一种持续改善、周期性循环提升的工作机制。与此同时,公司层面继续推进新晋精益车间的评审命名,对获得命名的精益车间适时开展抽查工作,实现通过即命名,不达标即取缔的动态管理。

(4) 经验交流,先进引领。B 集团充分发挥典型的引领示范作用,先后举办 4 次创建经验交流会,选取有特色、重实效、可推广的精益车间进行经验分享和交流,并深入车间现场开展观摩学习活动。

4) 全员精益人才育成与核心精益队伍建设

在精益管理的持续推进中,人才培育是关键。B 集团深谙人才培养的重要意义,早在项目启动之初便在公司范围内选聘了 410 名精益督导员作为储备力量,随

着推进工作的逐步深入,创新性地开展了人才调训和内训师培养工作,建设了一支知晓理念、精通方法、勤于改善、勇于实践的骨干人才队伍。利用内部师资力量,自创培训教程,推动全员精益培训工作,使全体干部职工有效掌握并应用精益理念及改善的工具与方法,主动参与精益实践,逐步形成了"我要精益,全员改善"的推进氛围。

（1）人才调训,学用结合,培养精益核心骨干。为进一步加大精益人才培养力度,2014年8月,B集团创新开展人才调训工作,每批3个月,已成功开展8批,累计调训培养精益人才223人。通过对调训人员返回单位的工作情况进行回访跟踪发现,其中97%已成长为单位内部推进精益管理或承担精益项目的核心骨干,成为了精益理念的传播者和践行者。

（2）内训师培养,自创教程,打造内部师资团队。培养公司内部的精益师资力量是普及精益知识、实现持续推进的必要保障。2015年年初,B集团启动内训师培养工作,成功举办了两期内部培训师养成班,每期1个月,培养公司级和厂级内训师共49名,形成了内部培训师资团队,为后期全员培训提供了保障。内训师结合生产实际,自创7个标准课件,2015年累计完成培训1005期,精益管理内训师和咨询师已成为B集团职工羡慕并追求的一份荣誉。

（3）全面培训,理念普及,提升全员精益认知。2015年5月,B集团启动了精益管理知识全面培训工作。各单位结合自身需求,分层级、分批次、有针对性地开展培训工作,以邀请公司内训师为先导,累计完成培训2309课时,71 324人次参加,在岗职工培训覆盖率达93.62%,有效消除了认知短板,提高了推进效率。

3. 系统构建六大管控模块,保障精益管理目标有效达成

三年的推进历程,B集团由最初的分阶段推进向平行推进转变,由集中推进向常态化运行转变,逐步构建起一套切合实际、行之有效的管控保障机制,涵盖组织架构、制度建设、过程管控、考核评价、人才培养培训、知识管理六大模块,切实为项目的高效推进和能力突破保驾护航。

1) 健全精益管理组织架构

精益管理启动之初,B集团即成立了精益管理推进委员会和推进办公室,明确了机构组成和主要职责。推进委员会由B集团董事长担任主任,总经理担任副主任,各分管领导担任委员,主要负责推进工作的关键事项决策,对运行状态进行管控,在全公司范围内协调资源,对推进全过程给予决策性和稳定性保障。推进委员会下设13个推进工作组,由相关的职能管理部门牵头组成,负责推进的专业指导和决策执行,以及公司全局项目的立项实施工作。

2) 完善推进工作制度

以《精益管理项目实施方案》为总纲,B集团分别从健全机构、工作指导、过程管控、考核评价等方面根据工作需求制定并实施了30项规章制度,形成了各层级推进工作有章可循、高效协同的制度保障机制。

3) 强化过程管控建设

过程策划方面,重点针对三条推进主线实施。过程实施方面,由精益管理推进办公室协调各精益工作组,分别从三条主线着手,指导协同各单位精益管理推进办公室和改善团队,按照调研写实—查找问题—明确要因(主题)—确立项目—实施改善—固化成果—推广应用的过程推进精益管理工作,形成了可复制、可管控的过程实施方案。过程监测方面,强化节点控制和追踪,强化实施情况月报制度和实时监测。过程改进方面,随着项目推进的深度和广度逐步加大,精益管理推进过程中遇到的问题和实施中存在的难点暴露得越来越充分,及时从中汲取经验,弥补不足,并在样板单位的推进实践中总结方法,改进措施,应用于其他重点指导单位。

4) 推进考核评价建设

建立并修订了重点指导单位和各推进工作组考评细则,每半年对各单位推进情况进行调研评价,每月对各工作组推进工作进行评价打分;制定了精益改善项目成果评审办法,每年末开展一次项目成果的评审工作;出台了精益车间创建活动推进方案,每半年组织一次评审验收,命名一批公司级精益车间;将精益改善项目成果固化纳入综合绩效考核,每半年会同专业管理部门对成果固化效果开展检查评价;建立了对内训师及各单位精益管理知识培训工作的考评办法,每月统计培训课时和培训覆盖率,年底纳入综合考评;实行公司内部用户满意度评价,每季度开展工序间满意度测评打分,兑现专项绩效奖励。

5) 创新人才培养和培训

B集团在项目初期培养的410名精益督导员的基础上,创新精益人才培养和培训体系,启动了人才调训、内训师培养、车间主任及工班长短训班、精益大讲堂、精益知识全面培训等一系列工作,培养了一大批精益火种,并以此为中心不断扩展形成燎原之势。经过不断摸索完善,针对不同培训方式,各自制定了一套行之有效、理论与实践相结合的培训方案,形成了系统的培训内容。

6) 构建完善知识管理

B集团完成了知识管理体系框架的设计,细化知识分类,搭建共享平台。一方面挖掘优秀的有推广意义的案例供各单位借鉴学习;另一方面,编印《精益管理知识系列读本》《精益管理项目推进文件资料汇编》《精益改善项目成果案例集》等(图4-5),梳理推广典型经验,共享精益管理知识成果。

4. 拓展推进五大精益支撑功能,构建全业务链精益管理体系

B集团在精益管理实施过程中,深刻感受到精益管理对企业管理和组织绩效的提升作用非常巨大。为此,B集团积极促进精益管理全面贯彻到企业各项管理体系之中,打造全业务链精益管理体系。

1) 构建精益现场管理机制

B集团以5S管理为载体,在加大现场管理制度化执行和常态化保持力度的同时,以推行标准化作业为重点,以推进看板化管理为手段,以实施目视化控制为目

图 4-5　精益管理工作汇编和知识手册

标,以提升职业化素养为支撑,全面构建和有效实施持续改进和可视可控的精益现场管理体系,成为创建精益车间的一项重要评价标准。

2）构建精益流程管理机制

在实践中,B集团逐步形成了包括调研写实、期量控制、标准制定、问题改善、评价考核等环节的具有 B 集团特色的精益流程管理体系。B 集团以精益车间创建活动为载体,把流程精益作为其中一项评价标准,有力地推动了各单位生产流程、管理流程的持续优化,与准时化的拉动效应形成互促互进状态,进而推动了全局流程优化。

3）构建精益设备管理体系

为适应自动化、信息化、智能化设备管理的需求,在精益管理推进过程中,B 集团遵循全面生产维护管理理念,在设备星级站所评定、三级点巡检管理的基础上,推行设备精益维修、设备在线检测诊断、"全优"润滑管理、设备信息化建设等设备管理项目,借助精益改善项目改善设备运行状态、工艺水平和产线平衡性,形成以持续改善为核心的设备精益管理理念和方法;依托精益车间创建,完善设备点巡检管理体系、星级站所管理体系、在线检测、预知维修与自主保全、全生命周期管理,构建"设备维护精心化,设备换型精准化,状态预测精确化,设备修理精细化"的精益设备管理体系,有效提升了全员设备保养能力和设备管理水平。

4）构建精益质量管理体系

为不断提高产品竞争力,B 集团推行的卓越绩效和六西格玛管理项目与精益管理有效融合,通过推行"工序标准化,测量精准化,改进对标化"来构建精益质量管理体系。工序标准化,即把工序作为钢铁企业形成产品的最基本单元,以工序质量保证产品质量和生产效率,达到"准确的产品(符合客户要求的质量)、准确的数量、准确的时间"的要求;测量精准化,即要求通过严格的质量检测,确保质量指标准确客观,为质量改进奠定基础;改进对标化,即通过强化质量标准、制度建设,实施质量目标动态管理,推行精益质量对标攻关模式,不断与先进企业对标,持续改进质量管理,并以顾客为关注焦点强化技术服务。

5)构建精益安全管理能力体系

为实现安全管理"零伤害、零事故"的目标,在推进精益管理过程中,B集团通过推行安全标准化作业,建立旨在提升安全度的精益安全改善体系,健全隐患排查、统计、分析、反馈、整改的闭环管理机制,推行全员安全教育和精益安全班组创建,强化全员参与安全和丰富企业安全文化建设等措施,逐步构建起以安全生产标准化为基础,以安全责任、安全制度、运行控制、安全投入和安全文化为五大要素的精益安全管理体系。

4.4.4 构建全业务链精益制造管理体系取得的成效

1. 经济效益

精益管理三年的全力推进,为B集团"以管理创效益"开辟了一条新的通道。三条技术主线在实现生产组织方式和人员状态能力转变提升的同时,对B集团降本增效工作发挥了重要作用。

1)准时化拉动生产提升全局运营能力

B集团借助准时化拉动生产项目的全力推进,以需促供降库存,畅通工序提效率,极大降低了原料、燃料、中间坯、成品材的库存和资金占用量,提高物料运输效率、准时到货率和资金周转率。2014年以来,大宗原燃料库存每年降幅达52.4%,减少资金占用17亿元左右,少支出利息约1亿元;中间坯库存两年降幅达44.4%,减少资金占用约2.4亿元,少支出利息1000多万元;成品材库存降幅达36.7%,减少资金占用约3.5亿元,少支出利息2000万元左右。B集团借助准时化拉动生产项目的有效推进,明显缩短了各品种合同交货期,使综合合同交货期缩短了10d,为提高产品市场竞争力奠定了坚实基础。2015年产成品装车综合静载重完成59.83t,比2014年提高了0.88t,减少铁路外发亏损10.42万t,节约铁路运费1970万元。

稀土钢板材公司鱼雷罐铁水按240±5t标准装入率由过去不足10%提高到78.5%,一罐兑一炉比率由过去不足5%提高到63.08%,鱼雷罐周转次数由2.1次/日提高到3.04次/日,铁水温度由改善前的1331℃提高到1341℃,鱼雷罐在线运行数量由过去的16个减少到12个,减少维护费用约360万元/年;老体系通过增加鱼雷罐运输铁水比例,入炉铁水平均温度提高16℃,降低成本约800万元/年。

2）精益改善项目有力支撑降本增效

2014年,各重点指导单位共确立精益改善项目241项,完成205项,年创效约3亿元。随着各单位理念认知的提升和实践经验的积累,各单位于2015年先后立项418项,截至年底项目完成率达94%,申报成果369项,实现累计创效约5.25亿元。薄板厂"工艺成分优化"项目,年降本1.21亿元;炼铁厂"降低高炉吨铁风耗"项目,全年降本5334.45万元;炼钢厂"提高7号铸机铸坯合格率"项目年创效1103万元;无缝厂"加强159热轧产线过程质量控制"项目,仅其中某一规格产品年创效就达432万元。生产部"增加发电机组自发电量"项目,使得自发电占比由2014年的46%提升至57%,增加发电量4.7亿kW·h,节省电费2.115亿元。技术质量部积极推进"降低非定尺攻关"和"原燃料质量攻关"项目,使得钢坯非定尺率降低了19.38%,钢材非定尺率降低了0.08%,创效461.44万元。同时,2015年减少非计划品为公司减少效益损失1325.03万元。[上述经济效益中,没有考虑2015—2016项目年度经济增效情况(因为具体效益核算是在2016年年底进行),没有考虑稀土钢板材公司实施精益改善的经济效益(因为该公司项目不在项目合同范围内)]。

3）精益车间创建全面提升基层组织效能

轨梁厂新轧部围绕"打造世界上最具竞争力的百米钢轨生产线"主题实施改善,合格百米轨挑出率由93.3%提升至94.8%,居国内四家钢轨生产厂之首。热轧部以"创建优质高产、具备持续改进能力的生产线"为主题,使百米轨挑出率由上年的92.46%提高至95.51%,创造经济效益335.6万元。供电厂供电四部2015年上半年线变损平均值下降了0.08%,非计划停机率平均值较上年同期下降0.3%。特钢分公司连轧制造部和精整部,煤气吨钢消耗下降11.27元/t,扁钢成材率提升了1.11%,新增8个规格产品,生产柔性提升40%,精整区交货期缩短了1.18天。巴润分公司采矿部平均延米爆破量提高8t/m,炸药单耗降低22g/t,单位爆破成本从1.34元/t降低至1.25元/t。

2. 管理效益

1）管理软实力全面提升,支撑软硬件"两条腿走路"

以精益管理为支撑,B集团不断练内功、强管理、提效益,进行管理创新、技术创新,产品服务逐步向卓越化迈进。2015年,B集团设备主要技术经济指标得到持续提升,设备修理费指标达到行业领先,设备故障率指标继续领跑同行业,并获得中国设备管理协会授予的"第十届全国设备管理优秀单位"称号。2015年,B集团获评"全国质量奖",成为内蒙古自治区首家获评该奖项的企业。B集团以市场为导向,深化技术创新,在贝氏体钢轨、高速轨、淬火轨、电工钢、汽车钢、特殊用途无缝管等开发上实现突破,填补了国家和行业空白。B集团低合金高强度结构钢热轧厚钢板、低合金结构钢热轧钢板及钢带被授予冶金产品实物质量"金杯奖"及"冶金行业品质卓越产品";低中压锅炉用无缝钢管、结构用无缝钢管被授予冶金产品实物质量"金杯奖"和"冶金行业品质卓越产品";高速铁路用钢轨被中国钢铁工业协会评为冶金产品实物质量"特优质量奖"。与 2013 年相比,2015 年 B 集团钢材产品成材率提高了 1.97%,产品质量管理能力得到显著提升。

2)精益人才队伍不断壮大,成为"精益 B 集团"核心动力

B 集团以精益人才队伍建设为根本,通过实施全方位、多角度、立体化的精益人才培养策略,打造了不同专业、不同层级、各有侧重、全面互补的精益人才队伍:410 名精益督导员,356 名 IE 工程师,223 名调训人员,49 名精益内训师,以及公司层面具备精益思维和价值流管理能力的中高层管理人才数百名。与此同时,精益管理向基层渗透,员工自主改善的热情高涨,参与积极性和主动性明显加强,2014 年 B 集团各单位开展自主改善 21 165 项,2015 年达 25 865 项。2013—2015 年 B 集团获国家授权专利 605 项,省部级以上科技进步奖 10 项;近年来共引进 5 名院士及其团队,建立 4 个院士工作室,博士后科研工作站进站博士 4 名,为技术创新提供了强有力的人才保障。

3)精益理念落地生根,塑造协同发展的精益文化

B 集团通过全员精益培训、内部经验交流和体会分享、精益改善实践等形式,多渠道灌输精益理念,引导各层级职工树立全局价值观念和系统改善思维,掌握精益改善的工具与方法,在日常工作中"用数据说话",执行标准化作业,在项目实施中发挥团队协作力量和集体智慧,形成了全员精益、协同发展的精益文化。

3. 社会效益

B 集团将精益管理理念延伸至社会领域,以"坚持环保创一流,塑造绿色发展新形象"为目标,加快环保项目建设,累计投资 5.9 亿元,完成炼铁厂四烧脱硫净化系统升级改造、热电厂锅炉脱硝改造等一批环保工程;响应国家去产能政策,关停炼铁厂 2 号高炉;推进环境治理,持续改善厂区面貌,拆除废旧建筑 17.3 万 m^2,绿化覆盖率达到 45.2%,尾矿库区域生态进一步恢复。在 2014 年去除厂区上空烟罩子的基础上,吨钢二氧化硫排放量等四项主要指标均好于年初制定的目标,为包头市空气良好以上天数同比增加 57 天做出了重要贡献。此外,B 集团树立消除各种浪费的理念,加大节能减排力度,大幅节约了社会资源,提升了服务社会和创造未来的水平和能力。2013 年 B 集团获评"全国绿化模范单位",2014 年获评"全国大气污染减排突出贡献企业",2015 年获评"全国 2015 年度节能减排突出贡献奖",2017 年获得中国钢铁工业协会授予的"冶金企业现代管理创新一等奖"。

第5章
智能化精益制造与管理

20世纪80年代,美国人保罗·肯尼斯·怀特(Paul Kenneth Wright)和戴维·阿兰·伯恩(David Alan Bourne)在专著《制造智能》(Smart Manufacturing)中首次提出"通过集成知识工程、制造软件系统、机器人视觉和机器人控制来对制造技工们的技能与专家知识进行建模,以使智能机器能够在没有人工干预的情况下进行小批量生产"。在此基础上,英国Williams教授对上述定义作了更为广泛的补充,认为"集成范围还应包括贯穿制造组织内部的智能决策支持系统"。之后不久,欧、美、日等工业化发达地区或国家围绕智能制造技术与智能制造系统开展国际合作研究。1991年,日、美、欧在共同发起实施的"智能制造国际合作研究计划"中提出"智能制造系统是一种在整个制造过程中贯穿智能活动,并将这种智能活动与智能机器有机融合,将整个制造过程从订货、产品设计、生产到市场销售等各环节以柔性方式集成起来的能发挥最大生产力的先进制造系统"。

美国国家标准与技术研究院(National Institute of Standards and Technology, NIST)在《智能制造系统现行标准体系》的报告中提到,智能制造区别于其他基于技术的制造范式,是一个有着增强能力,从而面向下一代制造的目标愿景,它基于新兴的信息和通信技术,并结合了早期制造范式的特征。2009年,IBM提出"智慧地球"的概念,并且将"智慧地球"理念延伸到制造业的应用实践而提出了"智慧工厂"的概念,系统的智能制造表述主要源于这个概念,这与德国科学与工程院在工业4.0倡议中呈现的信息物理系统(cyber physical system)概念比较接近。这两种提法基本确立了工厂范畴的智能制造未来模式。

此后,关于智能制造的提法很多,几乎成为产业界和学术界耳熟能详的内容。尤其"中国制造2025"倡议提出后,中国政府层面、行业机构、大学和研究院所、产业界均对此极为热衷,积极开展多种形式的研究、探索和应用尝试,逐步将数字化、智能化作为中国制造业转型升级的基本方向。

制造体系的先进性,不仅在于制造技术的先进性,如柔性自动化技术、在线检测技术等,还在于如何将先进制造技术与其他制造资源整合成为高品质、高效率、高灵活性和低成本的制造管理模式的水平。

这里,我们以智能制造中的精益管理为重点进行分析,以便为读者提供一定的参考价值。

5.1 智能制造的管理功能

根据前述企业的马车模型的研究,任何制造体系都是技术、管理和人的综合集成系统。它的功能一定取决于系统的技术能力、管理能力和人的能力及三者融会贯通、集成的水平。根据 1.2 节中的原理,无论使用什么技术都是在追求系统的高效率、高质量、低成本,即效益能力。这是企业最基本和最重要的目标。因而智能精益制造与管理系统应具备如下能力。

1. 先进而有效的运营理念

首先,制造管理理念应体现在企业运营管理能力的掌控上。向上能够衔接到企业的使命和战略,向下渗透到生产流程系统和具体作业过程中,关联到所有的生产要素和运营要素,与企业经营理念达成一致。理念的先进与否,往往体现在对企业发展的方向指引,和沿着这一方向发展的持久性水平。运营理念越是符合市场需求和社会发展规律,其存在就越长久、越稳固,因此运营理念的提炼一定是重要的科学问题,尤其是管理科学问题。

2. 技术与管理融合能力

企业对技术创新与管理创新必须同等重视,否则会像马车模型中所述,如果两个车轮直径不一样大,一大一小,马车肯定跑不快,企业竞争力不强。

制造体系的融合能力,是指技术和管理在运行过程中,根据需要,不断互相支持和在理念上的融合。在全球范围内,现今精益制造体系做得较好的企业不多,如丹纳赫、空客、华为、三星、通用,那为什么全球制造业都强烈要求学习和应用精益制造模式呢?最主要原因在于,精益原理和方法为企业提供了有效的解决问题的方案和方法,只要应用就有效果,而且改进无止境,使企业始终有更高的追求。

精益制造管理用准时、拉动、均衡、同期化、混流、快速换型、一个流、防错、标准作业等一套相互关联的逻辑和具体做法,形成了具有可操作性的系统功能。根据精益系统原理,精益就是把生产周期 T、资源输入 Q_0 和物流速度 V 三个参数实现最佳的组合和运行,从而提供高水平的竞争力。如果企业仅仅运用大量的数字化、智能化设备,而管理系统不能与之匹配,企业效益就不能达到预期目标。

关于技术和管理融合还有个顺序问题。很多企业都是先构建信息化和智能化设备技术体系,然后再进行管理改善,这是不对的。根据第 3 章的内容,应该先做管理改善,奠定基础,保证数据准确性,才能启用信息化和智能化的设备和技术。

3. 高效运行的精益管理过程

制造是常态化过程,无论面向单一产品、多品种产品还是定制化生产,企业都要建立一个稳健的工作流程,用以不变应万变的制造思维响应客户需求的变化。如对于多品种生产,用多个成组制造单元衔接的方式,比传统的以工艺原则布局的设备系统更有柔性和效率,其原因就在于在保持工艺标准的前提下构建了短而快的响应流程。定置化、目视化和标准作业管理,是现场管理最有效的方法,其基础方法是工作研究技术,遵循了流程经济原则和动作经济原则,在工艺、流程、作业和动作层面逐级对制造系统赋予精益管理功能,是制造品质和效率的保障。

因而企业需要注重管理功能方面的改进与完善,构建高效的精益管理系统以便于更好发挥智能制造的作用。

5.2 智能精益制造与管理的主要内容

1. 精益理念和企业文化基础

精益首先是个理念问题。制造看似简单的物理过程,其实包含了十分复杂的经营决策和管理问题。决定制造方式和制造行为的内在依据是价值运营理念。同时,还需建设企业高水平文化基础。企业文化是企业的源动力。不管是在欧美,还是在日本、中国,企业的成功都证明了企业文化是企业的重要基础。

精益制造体系确立了尊重人与人性,运用科学方法,精益求精,持续改善,现场育人的卓越文化。其中的每一方面都是一种内涵,综合在一起,构建了"激活人性,持久创造价值"的发展理念。智能制造是一种高端模式,需要高端文化的支撑,也需要高端文化赋予其内涵。精益文化可以为智能制造提供丰富的精神食粮。

2. 改善与永续改善

全员、全过程的改善是精益管理实施和推进的永续活动,切不可认为有了信息化、智能化的技术就代替了人的作用,这是重大误区。进行信息化、智能化改造后,只是对人的要求更高、所需员工数量更少;原来的管理理念也不会过时,只是对象和方法会有不同。

通过操作分析、动作分析和作业测定建立起真正意义上的标准作业,覆盖加工、装配、物流、设备保全等全部活动范畴;通过工位保障度、自工序完结、"三不"原则、柔性节拍化等,在工序和底层作业层面建立坚实的质量基础和效率释放空间。

以现地、现物、现实("三现"主义)为原则的现场管理,确立了面向生产要素、生产过程和生产流程的严密工作组织和科学工作方法,以严谨务实的作风迅速对发现的问题进行处置,并根据识别的问题通过课题改善逐步解决。这种制造管理机制无疑已经在极大程度上消除了制造中的不确定性,从而为智能制造的数据集成提供坚实基础,为智慧功能创建指明方向和需求,在此基础上创建智能制造功能才更具科学意义。

坚持工作本身育人的原则,用改善激活员工、团队和各级组织活力,用识别和解决问题增强员工责任心和工作技能,用不间断学习和团队合作突破一项又一项难关,推动企业不断进步、进化。

3. 精益管理功能与过程能力

1) 准时化是及时响应客户需求的最佳方式

精益制造体系中,以 JIT 为核心的物理系统具有极强的稳健性,以及对多品种生产的高度柔性响应能力。拉动式生产、均衡生产、同期化制造、连续生产、U 型和联合 U 型布局、快速换型、标准化作业、多技能工等一系列相互衔接、相互融合的做法,形成了高品质、高效率、安全和稳健的生产流程,确立了科学而完整的精益价值创造方法论,为智能制造指明了清晰的努力方向。

在 JIT 模式下,看板管理方式形成了统一的、稳固的、贯穿产品全生命周期和延伸至整个供应链的信息管理机制。按照门田安弘教授所著《丰田生产方式》和《新丰田生产方式》所述,丰田汽车公司在 20 世纪 70 年代已经引入物料需求计划(MRP),自 2000 年开始已经按照计算机集成制造系统(CIMS)建立了比较完备的生产与物料信息管理系统,确立了信息集成运行机制。精益制造体系所构建的信息管理架构基础、信息管控逻辑和信息集成策略,显然已经为智能制造提供极佳的信息管控机制,确立了经典制造模式中的信息系统与物理系统融合范式。丰田的全球平台化、分布式集成的经营模式,进一步为智能制造提供了数字经济、共享经济模式下的物理信息系统创建的标杆。

2) 自働化的智慧赋能基础

精益体系中的自働化是将人的智慧赋予机器使之具备异常自律的判断,以确保不制造有缺陷的产品。自働化的功能不仅包含一般的自动化,还包含系统防错能力。自働化通过全员生产性维护、人机分离、差错预防、全面质量管理和安东系统等具体措施,使精益制造具有内建品质。

自働化与准时化两种功能交互融合在一起,用准时化能力和目标建设驱动自働化功能的完善,用不断提升的自働化能力使准时化制造机能不断得到改进。使准时化与自働化功能有机结合在一起的是人员的持续改善所发挥的作用。

4. 看板为机制的数据与信息集成

精益制造有先进的方法论、明确的价值形成机制、清晰的工作结构和路径、标准的环境和工作方法、面向多层级目标和任务的管控措施,这种制造管理基础已经为智能制造创建了十分明确的工作架构,产生了十分规范、具体的数据基础(数据结构、数据品质和数据关系),无论面向日常运行监控还是挖掘潜在问题,均提供了高可用性的数据环境。

精益制造确立的看板管理机制,贯通了客户需求、产品决策、制造过程及其供应链的整个价值网络,确立了以价值流为核心的业务管理和改善机制,建立了从客户需求到产品交付、从产品开发到供应链物流响应、从工艺规划到现场工位控制的全方位、全过程、全要素管理体系,为信息的横向集成、纵向集成和端到端集成提供了现实可行的架构和具体路径。

5.3 案例：基于智能精益的成组制造单元改造

5.3.1 项目背景

1. 高精密零件加工的现状

高精密机加工是航空产品零部件生产的基本做法。企业在高精密机加工自动化制造单元建设过程中，普遍存在制造系统运行不连续、过程质量波动大、废品率高等问题，制造单元系统内人员、设备、工艺、环境、信息等全要素的质量控制相对被动，无法消除人工扰动与系统不稳定性，无法满足现代高精密智能制造环境下的质量过程控制要求。

D公司核心产品的生产，需要集成大量高性能、高精密组件，这些组件由若干类高精密零件构成，这些高精密零件制造具有半成品多、批量小、品种多、临时性强的特点。

2. 高精密零件工艺流程简介

1）零件属性

功分组件、和差组件是某产品的重要组成部分，其关键的差分性能决定产品的精度和灵敏度，因此其制造精度与稳定性对产品性能至关重要。其核心组件分别由功分板1、功分板2、功分板3、功分板4、和差底板、和差波导板、方位板、辅助板共8种零件组成。

2）零件工艺特点

两种组件的8个零件均为薄壁结构，功能性结构要素多且位置公差精度要求高，在加工过程中主要存在如下困难。

（1）零件为薄板类零件，厚度尺寸要求较严，在加工中容易出现厚度方向局部尺寸超差的现象，如何有效控制零件变形是加工过程中应该考虑的因素。

（2）零件功能特征位置公差精度要求高，在多次装夹的情况下，精度定位孔受误差积累影响较大，合理利用设备资源，让零件在最少的装夹次数内完成多因素加工是提高零件质量稳定性的重要手段。

（3）零件存在较多波导腔，只能采用小直径铣刀加工，考虑到加工精度与刀具磨损影响，只能采用高速加工设备完成精加工工序。

鉴于以上情况，单个零件传统加工方案采用单面、单工序、螺钉装夹、定位孔找正方式，待齐套后组合焊接，电性能测试合格后完成交付。

5.3.2 改善思路与方法

面向8种高精密零件加工的关键共性需求，本改善项目拟从三方面实施综合改进：

(1) 采用行之有效的丰田工作法作为项目改进的总体指导方法,指导项目组的全部工作过程。

(2) 鉴于产品加工工艺的特殊性要求,将全面采用防错防呆策略与方法,在原因分析基础上建立系统防错机制,规避以往存在的错漏装、误加工、工伤、断刀等一系列现场问题。

(3) 拟将两台数控机床进行智能化功能改造,并将其重构为一个高柔性的成组加工单元,使之具备同步加工8种零件的能力。

概括而言,本项目将两台传统的数控机床进行集成单元智能化改造,使之具备系统防错、智能控制和高度自动化的制造功能,减少人为干预,实现自主加工,显著提高加工质量和生产效率。

5.3.3 基于TBP的智能精益制造项目实施

1. 明确问题

1) 产品交付需求分析

统计、预测了构成功分板与和差组件的8种零件2016—2021年的交付量与2022—2023年的可能交付需求,见图5-1。至2023年,预计交付量将达到2021年的2倍,接近2020年交付量的3倍,产能和生产柔性压力剧增。如按现有加工方式,预计质量缺陷产品数量将以指数级增长,企业难以完成交付任务。

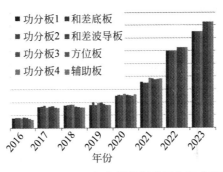

彩图5-1

图5-1 2016—2023年交付数据分析与需求预测

根据总装配套需求与历史统计分析,按照每批120件计算、预测交付周期平均数据,如图5-2所示。从图中可以判断,至2023年,产品交付周期将缩短至2016年的25%、2020年的40%,生产效率需要显著提升。

产品交付数量的数倍增长与交付周期大大缩短,衍生的核心问题是产品质量的严重波动。为了确保产能倍增和交付周期显著缩短,产品制造过程质量需要得到严格控制。

2) 产品交付目标定位

根据目标产能推算,产品交付目标为:

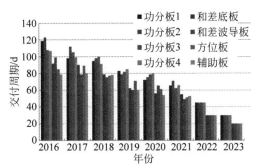

彩图 5-2

图 5-2　2016—2023 年每 120 件交付周期数据统计分析与预测

（1）满足产品交付数量：功分板类零件≥1600 件/年，和差组合零件≥1350 件/年。

（2）交付周期缩短：功分板类零件 30d/120 件，和差组合零件 20d/120 件。

（3）高精密零件一次交验合格率 96% 以上，比目前一次交验合格率提高 10 个百分点。

（4）制造工艺成熟度达到国内先进水平。

2．问题分解

1）分解问题

通过梳理精密加工车间各零件加工工艺和设备布局、物料流转、质量控制等基本信息，调取、分析了制造系统全流程要素图（现状图），对生产现场进行实地观察、写实与相关性分析，归纳了生产过程中存在的 8 类问题：设备利用率低；生产断点多；齐套性差；一次交验合格率低；物流布局不合理；无法满足技能要求；工艺通用性差；现场安全度低。

2）问题排序

项目团队对影响交付的 8 类问题做帕累托分析，对问题重要性的排序如图 5-3 所示。

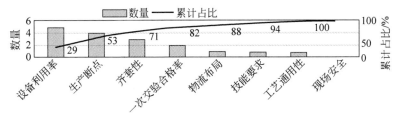

图 5-3　影响交付因素排列图

3．真因分析

改善课题组成员利用团队的力量，发动头脑风暴，集思广益，对前期板类零件配套生产过程进行了回顾总结，从人、机、料、环、法、测六个方面，针对每个影响交付的问题分析原因，确立真因。

1)"设备利用率低"的真因分析

(1)"设备利用率低"的情况说明

对前述的 8 种板类零件加工对应的数控机床有效加工时间进行统计分析(包括换型时间),由精密加工分厂 DNC 数据分析可知,设备最低利用率仅为 15%,最高利用率为 76%,设备平均利用率不足 60%,明显不能满足未来生产需求。

(2)原因分析

运用因果图(图 5-4)对"设备利用率低"开展原因分析,操作人员暂离岗位、生产准备时间长、设备与零件加工工艺匹配性低、切削刀具配置不当、调度计划不合理、工艺路线不合理、检测效率及准确性低和生产环境温湿度不稳定等是当前存在的主要影响因素。

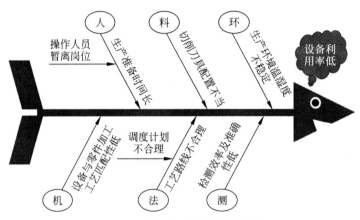

图 5-4 "设备利用率低"原因分析

(3)要因分析与确认

要因确认一:操作人员暂离岗位。

经日常观察发现,操作人员在工作时,除因正常的工作需求与日常需求会暂离工作岗位外,其余时间均在工位旁,操作人员离开工位时,机床仍在正常运行程序。操作人员暂离岗位对设备利用率影响不明显。

不符合确认标准:非要因。

要因确认二:生产准备时间长。

通过观察设备运行情况与操作人员在工位上的工作状态,发现机床停机等待的时间大部分为操作人员进行零件装夹调试的时间,而加工零件批次切换所需要的换型时间更长,生产准备时间过长直接拉低了板类零件的机床利用率。

符合确认标准:要因。

要因确认三:切削刀具配置不当。

切削刀具配置不当时,会影响零件的加工效率,对上述 8 种零件分别采用高速钢铣刀与合金铣刀进行加工试验,结果表明不同刀具对这 8 种零件的加工效率影响有限,对设备利用率的影响亦不明显。

不符合确认标准：非要因。

（注：本部分共进行 8 个要因的分析,其他要因分析略,要因分析结论见表 5-1。）

表 5-1 "设备利用率低"要因整理

序号	因素	确认标准	确认方法	确认结果	责任人	时间	要因判断
1	操作人员暂离岗位	操作人员在岗时间	生产全过程观察操作人员在岗状态	除必需情况外,操作人员均在工位	林	2020.2	非
2	生产准备时间长	生产准备时间长于普通零件生产准备时间	跟踪观察操作人员生产准备的过程	这 8 种零件的生产准备时间长于普通零件的生产准备时间	林	2020.2	是
3	切削刀具配置不当	刀具配置不当时,加工效率降低	不同种类刀具进行切削加工对比试验	刀具选择不同对加工效率影响有限	赵	2020.2	非
4	生产环境温湿度不稳定	现场温度、湿度指标超出合理范围	观察温度、湿度记录表	在过去一段时间内,温度、湿度记录均在正常值范围	杜	2020.4	非
5	设备与零件加工工艺匹配性低	普通设备不能够加工高精度零件	在普通设备上进行加工试验	在普通机床上加工高精度零件后,加工质量难以保证	赵	2020.4	是
6	调度计划不合理	不同调度策略影响加工效率	两种调度策略进行对比	调度计划不合理时,设备利用率下降	史	2020.4	是
7	工艺路线不合理	工艺路线不合理影响加工效率	不同工艺路线进行对比加工试验	工艺路线不合理时,设备利用率降低	刘	2020.4	是
8	检测效率及准确性低	检测效率及准确性影响有效加工时间	观察记录零件检测占用时间	零件检测时间与设备有效加工时间关系不明显	林	2020.4	非

2）所有问题真因确认

按照前述原因分析方法,逐步对 8 类问题的真因——识别和确认,最终确定了以下 7 个因素为主要影响因素,如表 5-2 所示。

表 5-2 主要因素确认表

序号	要素	确认结果	要因判断
1	生产准备时间长	刀具、量具等生产要素准备周期较长,影响交付周期	是
2	技能水平要求高	涉及操作人员的故障成因占比 19.9%,为影响零件质量的关键因素	是
3	设备数量与性能	设备数量与设备性能均对交付目标有直接影响	是
4	工装设计不完善	工装使用不当易造成零件质量问题	是
5	程序调用易出错	程序调用出错严重影响零件合格率	是
6	工艺通用性差	工艺路线安排与设备资源能力存在冲突	是
7	调度计划不合理	调度计划不合理直接影响零件交付目标的实现	是

4. 制定对策

1) 针对要因开展对策分析

从通过进一步增强加工设备自动化功能来提升制造系统能力的视角出发,结合柔性制造系统基本架构图(图 5-5),通过分析底层系统的流程信息,明确后续执行改进的目标对象(系统设备人员在系统运行之外,不予考虑)。具体要素控制为工艺信息(工艺技术方案、数控程序信息流)、系统测量控制(数控机床控制手段、刀具在线测量方法、零件在线加工测量控制、机器人控制、工装物流控制等数据信息流)、系统集成设计(工装硬件、工装运行、机床与工装集成、数控机床与机器人集成、数控机床与刀具集成能量流)。

结合原因分析确立的几个关键要因,项目团队考虑到产品质量、产量、加工柔性、工艺、物流、自动化、智能化等关键功能需求,通过整合,确立如表 5-3 所示的关键对策表。

表 5-3 关键对策表

序号	要因	对策	目标	措施	负责人
1	生产准备时间长	专用工装夹具	生产准备周期缩短 30%	定制专用工具与量具	林
2	技能水平要求高	减少操作人员参与	少人化操作	机器人替代操作工	邓
3	设备数量与性能	购买新设备	购买高精度机床	新购两台精雕机	邓
4	工装设计不完善	加工工装优化	工装具有防错设计	工装上设计防错孔	鲁
5	程序调用易出错	基于自动化制造优化	控制程序自动调用加工程序	控制系统增加功能	张

续表

序号	要因	对策	目标	措施	负责人
6	工艺通用性差	工艺流程优化	工艺路线统一	适当增删工序	刘
7	调度计划不合理	基于成组制造的调度优化	零件成组加工	板类零件采用专机成组加工	史

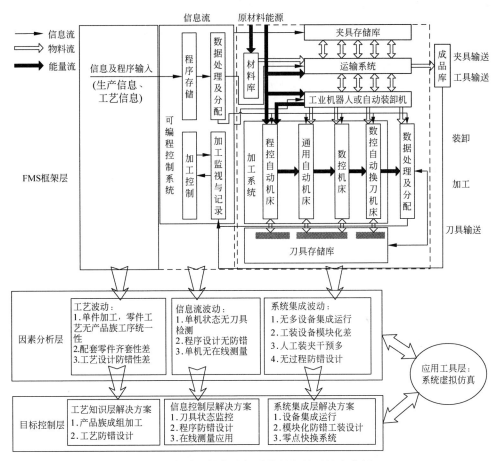

图 5-5　制造系统能力提升的层级关系导向分析

2）基本对策方案内容

面向精密机加工智能制造单元建设,以适应于传统高精密零件机械加工单元的智能化改造,围绕"状态感知、实时分析、自主决策、精准执行"的过程实现策略,探索从单因素分析、局部控制到全流程分析、系统构架集成控制的过程质量控制方法,在分析自动化制造单元架构综合因素的情况下,采用DMAIC流程进行项目建设与策划,详细流程见图5-6所示。

根据前述影响生产质量和效率的关键问题和问题原因,结合后续生产规模扩大和产品加工质量稳定性、一致性目标要求,项目团队经过跨业务协同论证和分

目标定义(define)	框架分析(analyze)	目标控制(control)	过程测量(measure)	措施改进(improve)
1. 国产化 2. 自主集成 3. 无人值守 4. 过程连续性 5. 高效性	1. FMS基础结构 2. 信息流关系 3. 物料流关系 4. 能量流关系	1. 工艺成熟度 2. 成组配套性 3. 系统稳定性 4. 管控逻辑性	1. 虚拟仿真测量 2. 刀具检测分析	1. 成组技术 2. 模块工装 3. 防错设计 4. 在线测量反馈

图 5-6　基于 DMAIC 的制造过程能力改进对策思考

析,以及经过团队内部多次小组会议讨论,确立了以系统防错为基准,以成组单元改造为导向,以自动化加工能力提升为目标,以过程质量集成控制稳定性提高为目的的方案设计与实施的基本对策。

主要对策内容体现在:

(1) 围绕 2 类 8 种零件加工质量、设备开动率和产能要求,测算了对设备能力的需求,确立了由 2 台设备构成 1 个成组加工单元的基本方案。

(2) 建立以专用工装夹具为支撑,实现基于零点定位为策略的工件快速装夹和换型能力,提高设备利用率。

(3) 利用防错原理和方法,对加工工装进行全面改进和整体功能优化,使之既满足自动化加工需要,也满足成组制造需要,实现一次精确装夹和定位,并可以同时实现 4 个零件的同步装夹和加工,显著提高加工柔性和生产齐套性水平。

(4) 提高自动化和连续加工作业功能,一方面通过功能改进建立机床自动找正加工能力,缩短找正、对刀时间,另一方面通过改进送料和自动入位功能,实现无人值守和连续生产。

(5) 建立成组加工功能,满足多零件同步加工需要,提升零件齐套性速度,缩短齐套周期,快速响应装配要求。

(6) 建立过程质量集成控制功能,通过信息技术、先进的质量管理理念及控制技术,对产品质量形成全过程、全流程的制造活动进行系统控制,消除信息孤岛、人工干预问题,实现分布、异构制造过程的融合,以满足单元高效、高质量运行需求,实现高精密产品全生命周期的信息化、智能化、集成化,进而提高制造业务流程的健壮性和敏捷性。

(7) 基于仿真手段整体改进工艺流程,结合成组制造与机器人轨迹优化,借助虚拟仿真技术,按照器件与线缆级要求细化加工作业颗粒度,改进和验证 PLC 程序功能,建立高柔性、动作可靠、生产连续的工艺方案。

通过上述改进,建立一套以成组加工为导向的高度柔性化和自动化的加工单元,同步解决质量问题、效率问题和产能问题。鉴于生产计划与调度可基于工艺优化和装配生产的拉动关系进行改进,本项优化中暂不考虑。

3) 制定对策实施计划

针对所有的原因和对策,项目团队安排制定了统一的工作计划。本计划自

2021年2月开始实施,于2021年6月底完成,基本工作方案如表5-4所示。

表5-4 自动化成组加工单元改进项目实施计划表

阶段	活动内容	2月	3月	4月	5月	6月
P	现状调查	→				
	设定目标		→			
	分析原因			→		
	确定要因			→		
	制定对策				→	
D	对策实施				→	
C	效果检查					→
A	巩固措施					→
	总结					→

5. 对策实施

1) 设计制作专用工装夹具

为了缩短生产准备周期,用专用零件快换工装取代原来的工装夹具。零件快换工装本体设计以匹配智能单元无人化运行控制为要求,通过零件系统的机械定位精度保证机床与工业机器人之间物理实物传递的准确性,采购定制的专用工装如图5-7所示。

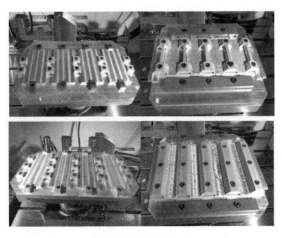

图5-7 专用工装

2) 加工工装优化

加工工装设计旨在满足自动化与成组制造要求,工艺设计采用压板装夹,能够满足4种零件同时安装、一次加工需要,设置了工艺防错机制,设置了位置防错、方向防错、触点防错、颜色防错等系统化的防错功能,使2类8种工件可以实现一次性准确、精确安装和定位,避免错装和错误加工。具体工装设计图见图5-8。

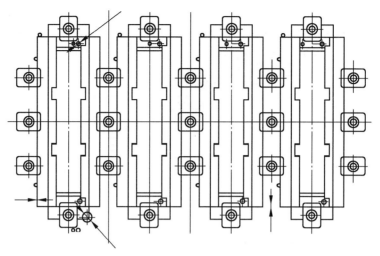

图5-8　功分板加工工装设计图

3)自动化制造能力优化

为了满足自动化生产要求,制造过程避免人工干预,需要机床具备自动校正加工功能,工序按照设计基准孔机床校正。图5-9所示为基于以上要求进行的相关设计。

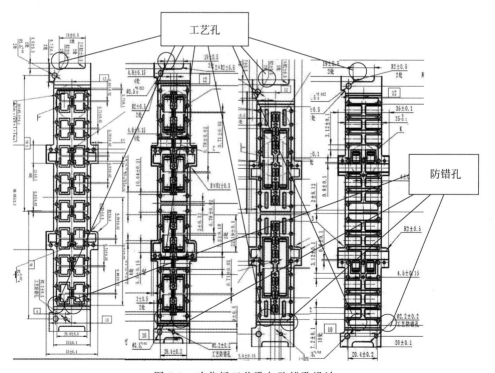

图5-9　功分板工艺孔与防错孔设计

工装与零件装夹采用防错销机械设计,同时加工区采用机械限位防错设计,消除零件族内制造过程中的误装错装等一切因素,如图 5-10 所示。

图 5-10　工装与装载站传递的防错机械设计

在装载站、设备端、加工工装等处对工装及其附件通过阳极化进行了色标识别管理,避免人工装夹错误问题出现,如图 5-11 所示。

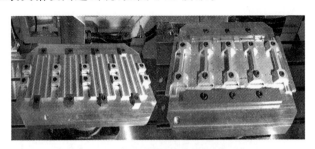

图 5-11　工装与装载站传递的防错色标设计

自动化制造单元的控制逻辑采用逻辑程序防错设计,通过逻辑防错避让与流程重构控制集成系统无差错运行,如图 5-12 和图 5-13 所示。

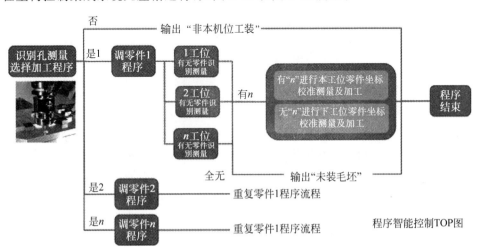

图 5-12　系统程序逻辑控制防错

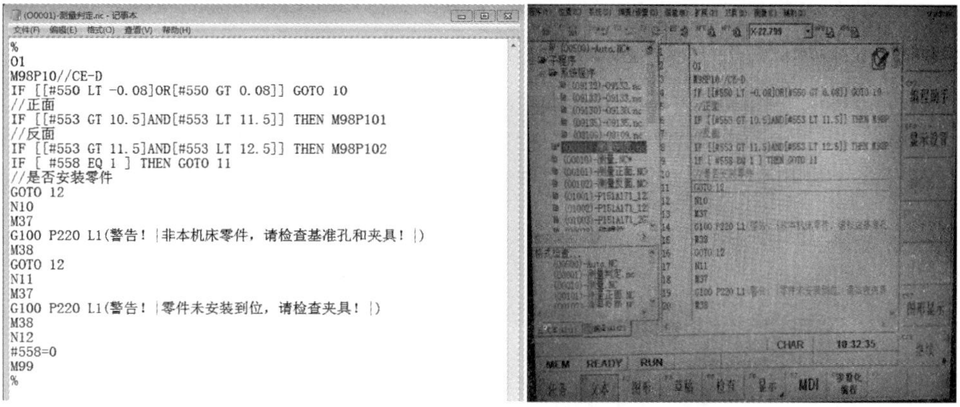

图 5-13 数控运行程序智能防错

4)建立成组加工功能

面向多零件齐套性需要,确立多零件成组制造工艺,需要进行工序设计,使配套零件满足工序路线一致的要求。因功分板 1 反面无须加工,经过重新设计将反面加工内容调整为铣加工长度尺寸,保证 4 种零件工艺路线一致。成组化工艺重构设计综合兼顾自动化制造单元配套加工的齐套性,工艺图如图 5-14 所示。

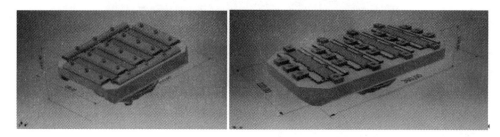

图 5-14 成组制造工艺图

5)工艺流程与控制策略优化

结合零件制造资源与自动化加工单元建设需求,零件采用适应自动化与成组制造的原则进行工艺优化,优化后的工序路线见图 5-15。在自动化制造单元运行前,通过虚拟仿真设计,颗粒度准确到了器件与线缆级别,按照虚拟设计仿真结果的指导完成了各种电器元件的放置、线缆的压接、型材的组装、机器人的轨迹确认、PLC 程序功能的验证优化、机器人程序的功能验证优化、人机界面的程序验证优化等具体工作,充分提高自动化制造单元系统的稳定性与容错性并采用仿真技术对加工过程进行虚拟仿真优化(图 5-16)。

2021 年 6 月 10 日,在精密加工分厂和公司质量管理部门支持下,项目团队顺利完成成组单元改造工程,并通过初期验证和局部改进,达成了改进目标。

图 5-15 工艺优化后板类零件工序路线

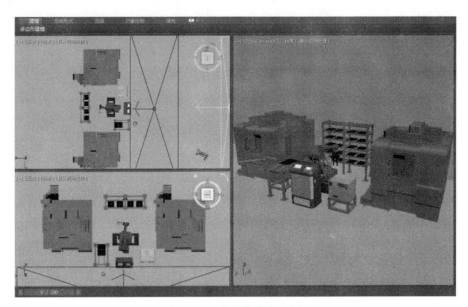

图 5-16 虚拟仿真优化图

6．效果检查与评价

（1）效果验证

2021 年 6 月下旬，结合新的工艺标准，通过必要的培训和现场指导，分厂选取功分板零件加工作为成组单元功能集中验证对象，开展了功分板系列 20 套（合计 80 个零件）24 小时连续运转加工任务，结果显示精雕机满足自动化加工单元生产要求，生产效率综合提升 50% 以上，基本信息见表 5-5。

表 5-5 原工序加工时间与现工序加工时间对比

	图号（功分）	正面工序加工时间/s	反面工序加工时间/s
原工序	×××131-01	103	33.5
	×××131-02	93	0
	×××131-03	84	17.3
	×××131-04	102	23
	4 件合计	382	73.8
现工序	4 件成组计	270	24
	节省加工时间	112	49.8
	工序效率提升	29%	67.5%

改进后,4种功分板零件同步加工效率显著提升,正面加工时间减少29%、反面加工时间减少67.5%,功分器零件生产齐套性达到100%,极大缩短向总装厂的成套交货周期。

改进后,产品加工质量提高显著,4种零件同步一次交验合格率达到99.2%,较改进前提高了13.2个百分点,质量合格率提升15.3%,实现预期改进目标。

（2）成果评价

本项目借鉴丰田工作法（TBP）的原理和过程,运用问题识别、问题分解、问题排序、真因分析、对策制定、对策实施、效果验证等一整套方法论,紧密结合排列图、帕累托图、因果图、对策表、工艺程序分析、动作分析等现场方法,对两台数控加工机床进行成组自动化整体改造,在工装设计与设备自动运行工程中巧妙运用系统化防错技术,使用动作经济性原则和快速换型方法,对工艺流程、加工工装布局、锁紧装置等进行了系统优化,使改造后的自动化加工单元具备24小时连续生产能力,具备根据装配需求快速加工2类产品8种零件的能力,产能水平匹配2023年产量预期能力,产品质量合格率达到99%以上,单元OEE水平达到85%以上。

此项工艺优化和质量效率提升方案可作为平板类同产品族零件工艺设计的参考,具有较高的推广价值。通过该项目改造过程,工艺技术部门、质量管理部门、生产管理部门和精密加工分厂相关业务骨干成员,对现有条件下如何开展产品质量改进、工艺流程改进、生产效率提升和生产柔性改进有了全新的认识,对于深化精益管理思想、学习和应用系统化的现场管理方法解决现场问题触动极大,团队成员均感受到科学方法、工具对解决问题的现实性和重要性,对于进一步在公司和工厂大范围推行精益生产和实施先进质量管理方法有了新的思考和设计。团队以此为参考,后续将对另外6台离散数控设备进行改造升级,建立一条覆盖精密加工主要零件加工的连续生产线,使得一次交验合格率不低于98%、生产能力达到现有产能的2.5倍,单位产品加工费用降低为现在的55%。

7. 成果巩固

本项目完成了一项基于过程质量集成控制方法的高精密机加自动化制造单元建设任务,在制造单元建设和验证过程中,质量部门、工艺部门和精密加工分厂共同结合该单元生产特征,制定了一整套生产管理制度:

① 制定了《功分板与和差组件生产物料准备及搬运规程》;

② 制定了《功分板与和差组件制造单元加工程序调用说明书》;

③ 制定了《功分板与和差组件制造单元点检维修手册》;

④ 优化并制定了《功分板与和差组件检验标准》。

此外,编制了《精雕机自动化加工技术研究报告》《适应于自动化成组制造的高精密薄板零件质量控制技术应用》。

结束语：精益制造与管理是一门"朝阳学问"。19世纪末的科学管理、工业工程为其奠定了科学的基础。由于我国工业发展比西方晚上百年,管理发展滞后更多,因而在我国高速发展之时,工业工程和精益制造与管理在我国的需求越来越大,特别是发达地区如广东、浙江、江苏、山东等和发达产业如汽车制造、机械制造、冶金钢铁、电子等。除此之外,服务业、军工制造、建设项目等也都对精益制造与管理提出众多的需求和课题,特别是基于项目管理模式的工程建设,航空航天、造船等的精益管理,医院、机场等服务业精益管理,都是十分重要的。精益制造与管理正是我国实现"中国制造 2025"、制造业"双循环"发展极为需要的。可以想象,我们的企业如果能够同时紧握技术创新和管理创新两把利剑,那么比肩甚至超过美、日、德等发达国家的企业,指日可待。由于篇幅和精力有限,很多产业的精益管理本书未能涉及,敬请读者谅解,也恳请广大读者和同仁们不吝赐教。

参 考 文 献

[1] 沃麦克.改变世界的机器[M].沈希瑾,译.北京:商务印书馆,1990.
[2] 大野耐一.大野耐一的现场管理[M].崔柳,等译.北京:机械工业出版社,2006.
[3] 沃麦克,琼斯.精益思想[M].北京:机械工业出版社,1996.
[4] 莱克.丰田汽车案例:精益制造的14项[M].李芳龄,译.北京:机械工业出版社,2004.
[5] 肖智军,党新民,刘胜军.精益生产方式JIT[M].广州:广东经济出版社,2004.
[6] 苏学东.我们其实没有读懂丰田[J].中外管理,2008(3):82-83.
[7] 今井正明.现场改善:低成本管理方法[M].华经,译.北京:机械工业出版社,2010.
[8] 梅.优雅地解决:丰田革新之道[M].孙伊,译.北京:中信出版社,2007.
[9] 刘洪伟.基础工业工程[M].北京:高等教育出版社,2019.
[10] 齐二石.现代工业工程与管理[M].天津:天津大学出版社,2007.
[11] 丁继武,刘洪伟,许丹.平准化生产模型研究及应用分析[J].工业工程,2015,18(1):32-36.
[12] 石渡淳一.最新现场IE管理[M].深圳:海天出版社,2004.
[13] 门田安弘.丰田生产方式新发展[M].王瑞林,译.石家庄:河北大学出版社,2001.
[14] 宝斯琴塔娜.离散制造系统空间组织精益设计理论与方法研究[D].天津:天津大学,2017.
[15] 施国洪.物流系统规划与设计[M].重庆:重庆大学出版社,2009.
[16] 野地秩嘉.丰田传[M].朱悦玮,译.北京:北京时代华文书局,2020.
[17] 雅各布斯,蔡斯.运营管理[M].任建标,译.北京:机械工业出版社,2011.
[18] 沙利文,威克斯,科林.工程经济学(第17版)[M].影印版.北京:清华大学出版社,2020.
[19] 中国质量协会.全面质量管理[M].4版.北京:中国科学技术出版社,2020.
[20] 以TNGA实现车辆性能提高和成本降低[EB/OL].(2023-04-01)[2023-05-20]http://www.toyota.com.cn/toyotatimes/tinfo/index.php?t_id=502&lmid=0.